John Hormann

FUTURE WORK

Signale für das Leben im 3. Jahrtausend

edition
ZUKUNFT DER ARBEIT
ARBEIT DER ZUKUNFT

Herausgeber
Prof. Dr. Hans-Jörg Bullinger
Dr. Walter Eichendorf
John Hormann
Prof. Dr. Ernst-Moritz Lipp
Siegfried Pabst

John Hormann

FUTURE WORK

Signale für das Leben im 3. Jahrtausend

Mit einem Beitrag
von Hanswerner Voss

Universum Verlagsanstalt

Der Autor
John Hormann ist Zukunftsforscher und Managementberater. Er war langjährig tätig als Manager für IBM in New York, Paris und in verschiedenen Städten Deutschlands. Er veröffentlichte zahlreiche Publikationen zu Fragen künftiger Denk-, Arbeits- und Gesellschaftsformen, – zum Beispiel NEW SPIRIT.

John Hormann
FUTURE WORK
Signale für das Leben im 3. Jahrtausend
2. Ausgabe 1998
(vollständig überarbeitete und erweiterte Neuausgabe)

Universum Verlagsanstalt GmbH KG
65175 Wiesbaden
http://www.universum.de
http://zukunft-der-arbeit.universum.de
E-Mail: zukunft-der-arbeit@universum.de
Grafische Gestaltung: Schrimpf und Partner, Wiesbaden
Satz: Gabel Typographie, Oppenheim
Druck: p. altmann-druck GmbH, Berlin

ISBN 3-923221-92-4

Erscheint in der Edition:
ZUKUNFT DER ARBEIT – ARBEIT DER ZUKUNFT

ISSN 1436-5553

Für Willis Harman

Inhalt

■ Einführung

Stellen Sie sich vor, im Jahr 2005 gibt es die Möglichkeit, die innere Zellenuhr zurückzustellen und damit die durchschnittliche Lebenszeit der Menschen um 25 Jahre auf 100 Jahre zu verlängern; gleichzeitig werden körperliche Leiden reduziert. In den letzten 200 Jahren hat sich die durchschnittliche Lebenserwartung enorm gesteigert, von 25 Jahren im 18. Jahrhundert auf 50 Jahre im Jahr 1900 und auf 75 Lebensjahre in der Gegenwart.

Stellen Sie sich weiterhin vor, daß sich bis zum Jahr 2004 viele bekannte Großunternehmen zu globalen Trusts zusammenschließen, um auf dem Weltmarkt wettbewerbsfähig zu bleiben. Industriezweige wie Banken, Versicherungen oder Teile der Automobilindustrie werden verschmelzen, um gemeinsam stärker zu sein. Computergesteuerte Arbeitsabläufe werden jeden zweiten der heute Beschäftigten ersetzen. Computer werden hundertmal schneller sein als heute und die tausendfache Menge an Informationen speichern.

Bereits die sozialen Implikationen dieser beiden Szenarien sind gewaltig. Jeder kann sich selbst ausmalen, wie die Auflösung traditioneller Arbeits- und Gesellschaftsformen beschleunigt wird.

Die Zukunftsangst vieler Menschen ist verständlich. Zuviel Unheil ist im Namen des Fortschritts schon angerichtet worden. Man ist versucht, sich die alte paradiesisch verklärte Welt wieder herbeizuwünschen. Aber die alte Welt ist voller Paradoxien, wie nur ein paar Beispiele zeigen:

Frieden auf Erden würde Soldaten und die Rüstungsindustrie brotlos machen. Die UN-Friedenstruppen befrieden mit hohem Kostenaufwand Kriegsparteien, deren Kriege von vornherein durch Waffenverkäufe von UN-Mitgliedern entzündet wurden. Eine gesunde Lebensweise und gesunde Ernährung würden Ärzte, Krankenhäuser, die Pharmaindustrie und Versicherungen überflüssig machen. Gigantische Staatsschulden, die den Wohlstand vergrößern sollten, erzeugen Zinsen, die den Wohlstand zerstören. Massenkarambolagen auf der Autobahn tragen zum Bruttosozialprodukt bei, während Bildung als Kostenfaktor gesehen wird. Unersättliche Gewinnmaximierung und Machtstreben erzeugen ursächlich Folgen, die das Überleben der gesamten Gesellschaft in Frage stellen.

Vielleicht ist die neue Welt um einiges besser als die paradoxe alte Welt, in der wir heute leben. Die Entwicklung ist nicht mehr zu stoppen.

An der Schwelle zum 3. Jahrtausend steht die Menschheit vor einer neuen Ära, die die Arbeits- und Lebenswelt fundamentaler verändern wird, als es in den vorhergehenden 150 Jahren geschehen ist. Die neue Ära wird nicht mehr von Produktionstechnologien, sondern von Technologien der Information, Organisation und der Koordination bestimmt. Ähnlich dem menschlichen Nervensystem und Gehirn wird der Erdball von einem bio-elektronischen Nervensystem und von Schaltzentralen überzogen, wodurch die Menschen selbst, ihr Wissen und ihre Arbeit völlig neu organisiert werden. Es entstehen neue Zusammenhänge, die Geschäftsfelder und Möglichkeiten schaffen, die bisher undenkbar waren.

Große und kleine Firmen befinden sich derzeit im Übergang von Kommandounternehmen zu Partnerschaften, Joint Ventures und virtuellen Unternehmen. Manche versuchen, zum Teil noch halbherzig, veraltete hierarchische Kontrollstrukuren zu überwinden, um sich in moderne, sich selbst organisierende Allianzen und globale Strukturen einzugliedern. Menschen, die in Kommandounternehmen jahrelang zu Befehlsempfängern degradiert wurden, müssen plötzlich lernen, unternehmerisch zu denken und an der Produktivität ihrer Firma interessiert zu sein. Ein gesundes Unternehmen ist ein zukunftsträchtiger Arbeitsplatz.

Eine der dringlichsten Fragen der Gegenwart ist:

Wenn meine Mitbewerber innovativ, zuverlässig, kompetent, qualifiziert und preiswert sind, was macht mich besser?

Eine Antwort gilt für alle Menschen und Organisationen:

Neue Erkenntnisse schnell umsetzen, ohne gleich die eigene Identität und den eigenen Kurs aufzugeben.

Es gilt, die Lücke zwischen Wissen und Tun zu schließen. *Walk your talk*, sagen die Amerikaner und setzen ihre Ideen um, ohne sich absichern zu müssen, und das macht sie stark. Diese Haltung setzt sich auch international durch. Neuesten Meinungsumfragen zufolge sind die sechs wichtigsten Eigenschaften erfolgreicher deutscher Führungskräfte: Glaubwürdigkeit, persönliche Integrität, positive Lebenseinstellung, Einfühlungsvermögen, Flexibilität und Reflexionsfähigkeit.

Viele europäische Unternehmen werden durch die derzeitige Globalisierungswelle in eine virtuelle Arbeitswelt getrieben, für die sie denkbar schlecht vorbereitet sind, weil beispielsweise gesetzliche Rahmenbedingungen fehlen. Die virtuelle Arbeitswelt zwingt vermehrt dazu, vertraglich gesicherte Mitarbeiter zu sogenannten abhängig Selbständigen umzufunktionieren. Abhängig Selbständige arbeiten auf eigene Rechnung, allein oder in Netzwerken für verschiedene Unternehmen. Je nach Bedarf können sie befristete Arbeitsverträge haben, sie verdingen sich als Zeitpersonal oder als Telearbeiter. Sie arbeiten als *knowledge navigators* an multimedialen Telekommunikationsnetzen, in denen sie Wissen organisieren und für Kunden aufbereiten. Wissensmanagement, globale Produktions-, Waren- und Dienstleistungssteuerung und Koordination werden Berufe solcher Menschen sein.

Natürlich werden viele Menschen, die sich nicht zum Kopfarbeiter berufen fühlen, eher körperlichen Tätigkeiten nachgehen, die aber nicht weniger virtuell sein werden. Viele Produkte sind längst nicht mehr *Made in Germany*, sondern werden virtuell hergestellt. Zum Beispiel der VW Golf. Seine Bremsen kommen aus England, die Felgen aus Kanada, der Tachometer und die Sonnenblenden aus den USA, die Reifen sind aus Italien, die Kupplung, der Kühler und die Instrumententräger aus Frankreich, das Radio aus Japan. Zusammengebaut werden könnte er dort, wo es am wirtschaftlichsten ist.

Die Wirtschaft insgesamt wird durch globale Allianzen und finanzielle Beteiligungen immer virtueller und damit auch immer undurchsichtiger. Wer weiß noch, welche Marke zu welchem Unternehmen gehört und in wessen Besitz sie sich befindet. Ein Unternehmen in Korea beispielsweise stellt ein bestimmtes Produkt her, das von vielen Firmen lokal über ihr eigenes Logo als Markenartikel verkauft wird. Konsumenten wissen nicht mehr, wer sich hinter vielen Produkten verbirgt. Die Lufthansa läßt ihre Reklamationen in Indien buchen, Siemens läßt in Indien programmieren, und Korea kauft in Deutschland Produkte, die in Polen hergestellt werden.

Eines ist nicht mehr von der Hand zu weisen:

> *Wer sich auf seine Erfolge der Vergangenheit beruft, ohne den Willen zur Erneuerung zu haben, beweist sein „Nach mir die Sintflut"-Denken.*

Im Angesicht eines wachsenden Heeres Arbeitsloser, wachsender Armut und einer Jugend ohne Perspektiven brauchen wir resolute Menschen, die sich keinen Illusionen, leeren Versprechungen und fragwürdigen Subventionen hingeben, sondern bei sich und in ihrem Umfeld einen Neubeginn wagen. Die Zähler sind auf Null gestellt:

Vollbeschäftigung ist vom Standpunkt der Produktion nicht mehr nötig, die Beteiligung aller am Arbeitsprozeß aus sozialer Sicht aber unerläßlich.

Die Erstausgabe dieses Buchs mit dem Titel *Future Work – Trends für das Leben von morgen* erschien in Deutschland 1990, als viele noch an die Möglichkeit einer Vollbeschäftigung im traditionellen Sinne glaubten. Die vorliegende, erweiterte Wiederauflage ist für Menschen gedacht, die eine neue Arbeits- und Lebensweise, neue Möglichkeiten und Vorbilder suchen und gewillt sind, ihre eigene Einstellung zur Arbeit zu verändern. Sie richtet sich an Pioniere und neue Helden, die ihre Grenzen ausdehnen möchten, um sich und ihr Umfeld in eine lebenswertere Zukunft zu führen.

Besonders bedanken möchte ich mich bei Hanswerner Voss, der das sechste Kapitel geschrieben hat, und den ich als besonders kompetenten Gesprächspartner schätzen gelernt habe.

■ 1. Kapitel
Die Arbeit der Zukunft

> *Der Mensch hat zwei Optionen:*
> *Er kann das Problem*
> *oder die Lösung sein,*
> *das liegt in seiner Freiheit.*

■ Probleme des Erfolgs

Kontinuität sucht man in der heutigen Geschäftswelt vergeblich. Loyale Führungskräfte laufen weg, Freunde verschwinden, der Gegenwind weht aus unerwarteten Richtungen, und die schlimmsten Gegner werden zu Verbündeten. Dabei treibt die Rationalisierungwelle den Wandel weiter voran. Die Geldautomaten der Banken beispielsweise sind schon jetzt 24 Stunden am Tag zugänglich, kosten weit weniger als menschliche Bankangestellte und erledigen das Zehnfache an Vorgängen. Frithjof Bergmann von der Universität Michigan, Consultant für die Automobilindustrie in den USA, schrieb dazu:

> *„Die Automatisierung von Banken, Versicherungen und Büros steht doch erst am Anfang. Und die Industrie dürfte die Erwerbsarbeit auf bis zu einem Zehntel des heutigen Niveaus senken. Denn die nächste Generation der Roboter ist ungleich fähiger und schneller. In der Autoindustrie etwa, in der ich seit über 15 Jahren ein- und ausgehe, kann man Geschwindigkeit und Präzision um das Zehn- bis Zwanzigfache erhöhen. Wenn man einmal unter die Kühlerhaube eines Elektroautos geschaut hat, dann sieht man, wieviel einfacher es dort aussieht – ohne Vergaser, Kühlung und Ölleitungen."*

Kaum ein Aspekt der Zukunft dürfte so verworren sein wie die Rolle der Arbeit im individuellen wie im gesellschaftlichen Leben. Die gegenwärtige Bedeutung der Arbeit ist in den Jahren des Wiederaufbaus nach dem Zweiten Weltkrieg entstanden. Damals bestand die primäre Funktion der Arbeit in der Produktion der dringend benötigten Güter und Dienstleistungen. Durch den immensen Nachholbedarf schien es kein Ende der gesellschaftlichen Konsumbereitschaft zu geben. Heute ist diese Mangelmentalität obsolet geworden, von einem Nachholbedarf in den Industrienationen kann seit langem nicht mehr die Rede sein; vielmehr muß der Bedarf weitgehend künstlich erzeugt oder aufrechterhalten werden. Trotz allem hat sich aber unsere Einstellung zur Arbeit seit jener Zeit nicht entsprechend geändert. Nach wie vor sind wir der Auffassung, menschliche Arbeit diene einzig und allein der Sicherung und Mehrung unseres materiellen Wohlstands.

Dieses Festhalten an einer liebgewonnenen und bislang zweifellos erfolgreichen Einstellung zur Arbeit führt aber unweigerlich zu folgendem Dilemma: Auf der einen Seite muß die Produktivität der Wirtschaft konstant erhöht werden, um die Wettbewerbsfähigkeit auf den internationalen Märkten zu sichern. Das geschieht durch verstärkten Einsatz arbeitsplatzsparender Techniken. Um aber die gleiche Anzahl von Arbeitsplätzen sicherzustellen, müssen neue Produktionsbereiche erschlossen werden. Die Wirtschaft muß wachsen.

Auf der anderen Seite entstehen gerade durch die ungehemmte Steigerung der Produktivität immer mehr Engpässe, etwa bei der fachlichen Ausbildung der Arbeiter oder bei der Nutzung natürlicher Ressourcen. Auch die zunehmende Zerstörung von Umwelt und Mitwelt sowie das steigende Verbraucherbewußtsein stehen einem ungehinderten Fortführen der bisherigen Wirtschaftsstrategie im Wege. Hätten Staat und Wirtschaft nur als Beispiel die Senkung der Energiekosten mit der gleichen Intensität betrieben wie den Abbau von Arbeitskräften, wären unsere Produkte intelligenter und vor allem preiswerter.

Mit den Problemen wächst aber auch die Einsicht in die Grenzen des Wachstums. Und das bedeutet konkret: Chronische Arbeitslosigkeit wird zur systemimmanenten Zukunftsperspektive.

Statt sich dem Arbeitsdilemma mit der notwendigen Konsequenz und Entschlossenheit zu stellen, winden sich Politiker mit subtiler Rhetorik und verdecken mit halbherzigen „Arbeitsbeschaffungsmaßnahmen" die Tatsachen, um die Lösung dieser Probleme auf den Sankt-Nimmerleins-Tag zu verschieben. Funktionäre der Tarifparteien ihrerseits klammern sich an überholte Machtspiele und Rituale und sind blockiert.

▓ Unterforderung

Nicht wenige Staaten behelfen sich damit, daß sie das Arbeitslosenproblem kurzerhand mit Hilfe von Statistiken weginterpretieren. Die Unausgewogenheit von Angebot und Nachfrage an ausgebildetem Fachpersonal, die hohe Zahl ungemeldeter Arbeitsuchender sowie die stetig wachsende Schattenwirtschaft tragen das ihre zur Verdunkelung des wahren

Sachverhalts bei. Schließlich kann ein Staat Vollbeschäftigung auch dadurch sicherstellen, daß jedem Erwachsenen Arbeit durch öffentliche Stellen zugewiesen wird, ohne Rücksicht auf den jeweiligen Bedarf an Arbeitskräften. Abgesehen von den rein ökonomischen Problemen, die derartige bürokratische Verordnungen zwangsläufig mit sich bringen, fragt es sich, ob man den Menschen mit diesen Arbeitsbeschaffungsmaßnahmen wirklich einen Gefallen tut. Wer fühlt sich schon wohl, wenn er weiß, daß er eigentlich überflüssig ist?

Unterforderung, das heißt ein geringerer Einsatz als es die persönliche Leistungsfähigkeit erlaubt, ist die andere Folge des Arbeitsdilemmas. Sie dürfte eine der Hauptursachen dafür sein, daß viele Menschen mit ihrer Arbeit unzufrieden sind und infolgedessen eine geringe Motivation an den Tag legen. In den Industrienationen hängt die Unterforderung eng mit ihrem Bildungskonzept zusammen. Bildung und Ausbildung dienen derzeit primär der Vorbereitung auf eine spätere Tätigkeit in der Volkswirtschaft. Die abverlangte Anpassung an die freudlose Rationalität der Arbeitsteilung, an die starren Abläufe, wie sie die Logik der Maschinen vorschreibt, und nicht zuletzt das sture Beachten bürokratischer Richtlinien erzeugen bei den Menschen Unwillen und führen zur Entfremdung von ihrer Arbeit. Bildung ist nicht mehr der sichere Weg zu gesellschaftlicher Anerkennung, Macht und hohem Einkommen. Sie ist auch nicht mehr Garant für eine Arbeit, die Kreativität verlangt und persönlichen Ausdruck ermöglicht. Immer mehr gut ausgebildete Menschen, Angestellte wie Arbeiter, nehmen Jobs an, die lediglich Routine verlangen, kaum anregend, eher verdummend wirken. Eine erschreckend hohe Zahl an Tätigkeiten in der Industriegesellschaft ist heute so beschaffen, daß sie für den einzelnen keinerlei Herausforderung mehr darstellt.

Die innere Kündigung und zunehmende Illoyalität bei den Beschäftigten trotz Arbeitslosigkeit machen immer mehr Unternehmen schmerzhaft bewußt, daß sie ihre alten Führungkonzepte aufgeben müssen. Inhuman waren diese schon immer, auch wenn sie in der Vergangenheit scheinbar erfolgreich waren. In wirtschaftlich unruhigen Zeiten, angesichts des sich verschärfenden internationalen Wettbewerbs und des wachsenden Selbstbewußtseins vieler Menschen, wirken die alten Führungskonzepte jedoch kontraproduktiv. Sie unterdrücken Kreativität, Initiative und Innovation – Potentiale, die heute für jedes Unternehmen überlebensnotwendig sind. Es genügt nicht, Kompetenzen und Verantwortung einfach nach unten zu verlagern. Erst Menschlichkeit und Sinn lassen eine Vertrauenskultur entstehen, die sich schöpferisch und kraftvoll den neuen Herausforderungen stellt.

Auch in den Entwicklungsländern kann man das Phänomen der Unterforderung beobachten. Nur ist es hier keine Folge der Überqualifikation weiter Bevölkerungsschichten wie bei uns, sondern das Resultat der zunehmenden Zerstörung traditioneller Dorfgemeinschaften und deren intakter Arbeitskultur. Die Städte in diesen Ländern sind aufgrund einer entwurzelten Landbevölkerung, die dort armselig und würdelos ihr Dasein fristet, dem Kollaps nahe.

Unterforderung hat aber nicht nur objektive, sondern auch subjektive Gründe. Nicht so sehr was man tut, sondern wofür und mit welcher inneren Einstellung man es tut, entscheidet darüber, ob man seine Arbeit als Lust oder als Last erfährt. Keine Mutter, die aus Liebe zu ihrer Familie den Haushalt führt, kein Handwerker, der aus Freude an seinem Können seine Arbeit verrichtet, und kein Bauer, der aus Verantwortung und Liebe mit seinem Land und den Tieren sorgsam umgeht, käme auf die Idee, sich als unterfordert zu bezeichnen. Nur, wenn zum Beispiel aus dem Bauern ein Agraringenieur geworden ist, der sein Land und seine Tiere nunmehr voll mechanisiert *nutzt*, dann entwickelt sich eine Eigendynamik, die allein dem Kosten-Nutzen-Denken folgt. Die Pflege der Landschaft und die Kultur des sorgsamen Umgangs mit allem Lebendigen haben in diesem Denken keinen Platz. Wenn Roboter und Maschinen Gegenstände in Massen produzieren können, besser, präziser, schneller und damit kostengünstiger als es je ein Mensch vermag, dann verliert nicht nur die Handarbeit immer mehr an Bedeutung, sondern auch der Mensch selbst. Dem Menschen wird aber damit eine Möglichkeit genommen, sich kreativ und eigenhändig mit Stofflichem auseinanderzusetzen. Er verliert auch im übertragenen Sinne den Kontakt zu den Dingen, die er produziert.

Viele Menschen sind gefangen in einem Paradox, das sich an der Oberfläche wie Unterforderung darstellt, aber doch eine andere Ursache hat.

> *Viele dürfen nicht, was sie wollen; was sie können, wollen sie nicht mehr und was sie sollen, können sie noch nicht.*

Wenn die Kluft zwischen persönlichen Interessen und Anforderungen am Arbeitsplatz zu groß wird, egal, ob durch Überforderung oder Unterforderung, so ist das Resultat dasselbe, nämlich *Null Bock auf gar nichts*, da man keinen Sinn mehr in seinem Tun erkennt. Viele Betroffene in Unternehmen möchten zu Beteiligten werden und sich kreativ einbringen, müssen aber zusehen, wie ein ängstliches Management den Laden bis zum Ausverkauf herunterwirtschaftet. Es leiden meistens die Unschuldigen.

Der bekannte englische Ökonom John M. Keynes hat bereits vor 60 Jahren in seinen *Essays in Persuasion* das Problem der Unterforderung erkannt:

> *„Wenn die wirtschaftlichen Probleme (der Überlebenskampf) gelöst sind, wird der Menschheit damit ihr traditionelles Ziel genommen. (...) Zum ersten Mal seit seiner Schöpfung wird der Mensch mit seinem eigentlichen, ständig vorhandenen Problem konfrontiert werden. – Was fängt er an mit dem Freisein von drückender Existenznot? (...) Es gibt meiner Ansicht nach kein Land und kein Volk, das einem Leben in Freizeit und Überfluß ohne Bangen entgegensehen kann. (...) Es ist dies ein beängstigendes Problem für jeden Menschen, der über keine besonderen Talente verfügt, mit denen er sich beschäftigen könnte, insbesondere dann, wenn er nicht mehr in der Natur, der Gewohnheit oder den liebgewonnenen Konventionen einer traditionellen Gesellschaft verwurzelt ist. "*

Widerstrebend wächst in Europa und Nordamerika die Einsicht, daß trotz Massenkonsum und Werbung die Industriegesellschaft sich langfristig auf chronische Arbeitslosigkeit und das sozialpsychologische Problem der Unterforderung einstellen muß. Zwei Gründe sprechen für diese Prognose: Erstens wird das Wirtschaftswachstum nicht die Arbeitsplätze schaffen, die nötig wären, um allen Menschen bezahlte Arbeit zu geben, und zweitens wird die Qualität der Arbeitsplätze den steigenden Bedürfnissen der Arbeitnehmer nicht gerecht werden.

■ Überkonsum

Was machen wir, wenn die Produktivität der Wirtschaft an einen Punkt gelangt ist, wo die Bedürfnisse der Menschen mit einem Bruchteil der Arbeitskräfte befriedigt werden können? Die gängige Antwort lautet: Noch mehr Bedarf erzeugen! Der Bürger hat sich weiterhin im Konsumrausch zu ergehen, denn nur so bleibt die Produktionsmaschinerie am laufen und können Arbeitsplätze gesichert werden.

Der Werbung und den Medien ist es gelungen, die christlichen Todsünden in Tugenden zu verwandeln: Lust, Luxus, Neid, Eifersucht, Besitzgier und Gewalt sind die treibenden Kräfte des modernen Kommerz. Werbung und Medien bedingen einander, mit wenigen Ausnahmen sind sie wie siamesische Zwillinge, untrennbar. Wo früher Reklame ein Hinweis war, um die Aufmerksamkeit auf ein neues Produkt oder eine neue Dienstleistung zu lenken, dient heute die Werbung dazu, idealisierende Projektionen und

Traumwelten zu schaffen, um möglichst viele Menschen durch immer neue Reize und Produkte von ihrem Alltag abzulenken. Die gähnende Leere im Inneren vieler Menschen wird durch äußere Statussymbole kaschiert. Die persönliche Einsamkeit und Beziehungsunfähigkeit wird durch das Bild des einsamen Cowboys in der unendlichen Prärie legitimiert und mit der Zugehörigkeit zu einer Zigarettenmarke aufgehoben. Man ist nicht irgendwer, man ist jemand. Tom Berry schrieb in seinem Buch *Dream of the Earth:*

> *„Es ist diese Traumversion einer von Menschen gemachten Wunderwelt, deren Werbung uns zu erhöhtem Konsum treibt, von dem die Unternehmen wiederum abhängen, um zu weiterer Steuerung der Gesellschaft und weiter wachsenden Gewinnen zu gelangen. Durch die Werbung haben die Unternehmen Kontrolle über die Medien. Durch die Medien steuern die Unternehmen die tiefsten psychologischen sowie größten physischen Kräfte auf unserem Planeten."*

Nicht die Werbetexter und ihre Ideen sind gefährlich, sondern deren machtmäßiger Mißbrauch. Projektionen sind das Gegenteil von Visionen. Während die Vision, die Realutopie einen ganz persönlichen Lebenssinn aktualisiert, verhindert die Projektion die Begegnung mit sich selbst, sie externalisiert die eigene Befindlichkeit, um der Konfrontation mit sich selbst zu entgehen. Projektionen erzeugen Ideale, erzeugen Statussymbole, die ein Gefühl von Sicherheit geben, aber das alltägliche Leben herabsetzen und dem praktischen Materialismus als Alibi dienen. Für viele bedeutet das die Lustsuche mit schlechtem Gewissen, weil es letztlich doch nur die eigene, wenig entwickelte Liebeskultur überdeckt.

Viele Menschen sind auf der Suche nach etwas Unbestimmtem, nach etwas, das sie nicht kennen. Die Werbung tritt in dieses Vakuum ein und gibt vor, es füllen zu können. Dabei sind die meisten Menschen auf der Suche nach ihrem ursprünglichen Selbst, nach ihrer verlorengegangenen Unbefangenheit und Originalität. Die edelste Absicht und der aufopfernste soziale Einsatz für andere scheitert, wenn die eigene Subjektivität nicht wirklich erfahren wird. Die liebenswürdige, verständnisvolle Maske, die sich viele Menschen aufsetzen, ihr Klammern an Status und Vorurteile verhindern das tatsächliche Erleben der inneren Bedürftigkeit und damit der Selbstbefreiung.

Was machen wir also, wenn technische Entwicklungen uns befähigen, das, was ein Mensch nur mühsam lernen kann, besser, schneller und vor allem billiger von einem Roboter erledigen zu lassen? Weiterhin auf Wirtschaftswachstum, auf neue Anreize für Konsum setzen?

Diese Antwort ist unangemessen, denn sie zeugt von einem ungenügenden Verständnis für die Rolle der Arbeit; die menschlichen Fragen beantwortet sie nicht.

Bei alldem sollten wir nicht vergessen, daß Unterforderung in den wirtschaftlich entwickelten Nationen zum Teil erst durch die erfolgreiche Anwendung geistiger und manueller Fähigkeiten möglich wurde. Der Teil der Bevölkerung, der durch Initiative und Intelligenz, durch Wissen und Kreativität sowie durch ein ausgeprägtes Unterscheidungs- und Entscheidungsvermögen die Erfolge der modernen Gesellschaft ermöglicht hat, ist so groß wie nie zuvor in der Menschheitsgeschichte. Faktoren, die zu diesem Durchbruch geführt haben, sind unter anderem ein höherer Bildungs- und Ausbildungsstand, die tägliche Auseinandersetzung mit anregenden Informationen und herausfordernden Techniken sowie eine nahezu grenzenlose, weltumspannende Kommunikation. Ironischerweise ist diese außergewöhnliche wirtschaftliche und kulturelle Entwicklung heute zu einem Problem geworden, da gerade sie es war, die eine Form des Arbeitens etabliert hat, bei der die Menschen zunehmend unkreativ werden und ihnen weitgehend die Möglichkeit genommen wird, ihre vielfältigen Fähigkeiten zu entfalten. Wir leiden an unserem Erfolg!

Warum ist es in der modernen Gesellschaft nicht möglich, die Dinge so einzurichten, daß jeder Bürger die Möglichkeit hat, einer bedeutsamen und ihn erfüllenden Tätigkeit nachzugehen?

Bedeutsame Arbeit muß nicht unbedingt immer anregend oder zu jeder Zeit eine Herausforderung für den einzelnen darstellen. Es genügt, wenn sie Teil eines größeren, sinngebenden Ganzen und auch als ein solcher erfahrbar ist. Vielleicht ist es dieses große Unterfangen, dieses gemeinsame und sinnstiftende Ziel, das unserer modernen, auf Massenkonsum ausgerichteten Gesellschaft fehlt? Das derzeit dominierende einfach strukturierte Kosten-Nutzen-Denken wird es nicht hervorbringen. Es muß möglich sein, daß jeder Mensch ein erfülltes Leben ohne Arbeitslosigkeit führen kann, wenn er das möchte. Alles andere ist eine unwürdige Kapitulation vor einem unsichtbaren Feind.

■ Bedeutung der Arbeit in der modernen Gesellschaft

Wenn von der Krise der Arbeit in der modernen Gesellschaft die Rede ist, dann ist damit mehr gemeint als bloß anhaltende Arbeitslosigkeit. Die Problematik ist viel tiefgehender. Im nächsten Kapitel werden wir versuchen zu zeigen, wie das Arbeitsdilemma mit nahezu allen sozialen und globalen Problemen, die uns derzeit beunruhigen, zusammenhängt. Zuvor aber sollten wir uns erinnern, wie es zu diesem Dilemma kam.

■ Von der Agrarkultur zur Informationsgesellschaft

Die Geschichte der Entstehung unserer Industriegesellschaft liest sich wie eine Erfolgsstory. Innerhalb relativ kurzer Zeit gelang es der westlichen Welt, einen Quantensprung zu vollziehen, von einer traditionellen, agrarisch geprägten Gesellschaft, die lange Zeit kaum Wandlungen unterworfen war, hin zu einer Gesellschaft, die weitgehend durch Technik geprägt wird und sich stolz auf die Fahnen geschrieben hat: „Nichts ist unmöglich!" Diese Industrialisierungswelle hat mittlerweile fast jedes Land der Erde erfaßt; und der Wohlstand, den sie mit sich bringt, lockt auch jene, die sich ihrem Glitzer zunächst widersetzen wollten.

Bislang schien die Industrialisierung auch ein durchaus sinnvolles Unternehmen zu sein. Die Menschen bekamen neue und feinere Werkzeuge in die Hand, um die natürlichen Ressourcen der Erde in Produkte des Konsums zu veredeln. Entsprechend nahm durch Einsatz von Technik die Kontrolle über die unberechenbare Natur zu. Die Menschen wurden vom Geld angezogen in der Erwartung, daß mit den Produktionssteigerungen, die durch die Industrialisierung ausgelöst wurden, auch der eigene materielle Wohlstand entsprechend wächst. Immer mehr Bauern und Landarbeiter zogen in die Städte, so daß in weniger als zwei Jahrhunderten der Anteil der Bevölkerung, der in der Landwirtschaft tätig ist, von 90 Prozent auf einige wenige Prozent gesunken ist.

Normalerweise sollte man annehmen, daß die reduzierten Erzeugerpreise, die durch die höhere Effektivität der Landwirtschaft ermöglicht wurden, eine erhöhte Nachfrage nach sich zögen, und daß damit die Beschäftigung der Landarbeiter gesichert sei. Aber beides traf in der Vergangenheit nicht zu. Im Gegenteil, die Nachfrage nach Agrarprodukten stagnierte, die Märkte waren offensichtlich gesättigt, und durch fortschreitende Technisierung konnte die Landwirtschaft zusätzlich Millionen ungelernter Arbeitskräfte „freistellen". Aufgrund immer modernerer Anbaumethoden und größerer Maschinen wurden immer weniger Menschen benötigt, um das Land zu bearbeiten. Die Formen industrieller Massentierhaltung, die sich in den letzten Jahrzehnten herausgebildet haben, machen den menschlichen Betreuer ohnehin weitgehend überflüssig. In großen Scharen wandern die Menschen vom Land damals wie heute in die Industriezentren, um in Fabriken und Büros ihr Geld zu verdienen.

Als in den frühen 60er Jahren in der Öffentlichkeit bekannt wurde, welche Möglichkeiten in der Computerisierung der Produktionsabläufe steckten, wurde vehement über die Gefahren dieser neuen Entwicklung diskutiert. Einige Sachverständige warnten vor einem entstehenden Arbeitslosenproblem, andere hingegen sahen diesbezügliche Ängste als unbegründet an. Die Automation würde ihrer Meinung nach ebenso schnell neue Jobs schaffen, wie sie sie in anderen Bereichen überflüssig mache.

Die tatsächliche Entwicklung war in den USA und in Europa sehr verschieden. In den USA war bereits Ende der 50er Jahre in der Prozeß- und Fertigungsindustrie der Markt weitgehend gesättigt. In Europa hingegen war durch die Kriegszerstörungen der Wiederaufbau noch voll im Gange. So entstand gegenüber den USA eine Zeitverzögerung von zehn bis fünfzehn Jahren, bis auch in Europa die Arbeitslosigkeit zunahm. In der Bundesrepublik Deutschland wurden zwar durch die Auslandsnachfrage für Produkte *Made in Germany* noch bis in die 70er Jahre hinein Millionen von Gastarbeitern angeheuert in dem Glauben, Wachstum und Fortschritt nähmen weiterhin exponentiell zu. Aber dann verlor man auch in Westdeutschland die Balance zwischen Nachfrage, Produktivität und Arbeit. Die Zahl der Arbeitslosen nahm rapide zu.

Zu dieser Zeit begann der Bereich der informationsorientierten Dienstleistungen unerwartet schnell zu expandieren. Banken, Versicherungen, der öffentliche Dienst bekamen ein geradezu unstillbares Informationsbedürfnis. Bereits 1980 war die Mehrzahl der Arbeitsplätze informationsbezogen. Damit entstand das, was man heute Informationsgesellschaft nennt. Erneut hieß es, weitere Arbeitsplatzverluste würden durch die zu erwartenden Zuwachsraten dieses neuen Wirtschaftszweiges aufgewogen. „Gebt uns genügend Wirtschaftswachstum, und wir bringen alles in Ordnung!", lautete die Maxime.

Und woher sollen die hohen Zuwachsraten kommen? Durch Information und Multimedia natürlich! Wir können alle einen unersättlichen Appetit auf Information und Bilder jeglicher Art bekommen; auf Daten, die exponentiell zunehmen, die wir mit Lichtgeschwindigkeit um den Erdball schicken, die uns bei unvorstellbar schnellen Zugriffszeiten jederzeit zur Verfügung stehen und auf alle möglichen Alternativen und Szenarien hin abfragbar sind. Sicherlich hat die Informationsgesellschaft bislang eine große Anzahl von neuen Arbeitsplätzen geschaffen. Aber sind Daten und Fakten wirklich die einzige Nahrung, nach der denkende und fühlende Menschen verlangen? Wer bedarf eigentlich der Flut von Informationen, von der wir täglich im Büro und zu Hause überschwemmt werden? Ist die Informationsgesellschaft vielleicht in vielen Bereichen eine Arbeitserzeugungsgesellschaft?

Keine andere Technologie kann für sich in Anspruch nehmen, innerhalb so kurzer Zeit derart weitreichende Auswirkungen ausgelöst zu haben wie die Informationstechnologie. Vor ungefähr 60 Jahren entwarf Konrad Zuse die erste programmierbare Rechenmaschine. 1960 begann der Siegeszug des IBM Computer Systems 360 um die Welt, und seitdem registrieren wir alle anderthalb Jahre eine Halbierung des Leistungspreises, alle zwei Jahre eine Halbierung der Bausteingröße und insgesamt eine Leistungssteigerung um den Faktor 33 Millionen. Der Urenkel der IBM 360 leistet nunmehr 22 Milliarden Rechenoperationen pro Sekunde.

Solche und andere Eigenschaften erscheinen auf den ersten Blick verführerisch. Verglichen mit Kohle, Stahl und Chemikalien ist Information darüber hinaus eine saubere Sache. Manche können sich eine Gesellschaft vorstellen, deren Menschen in sympathischen, vollklimatisierten Großraumbüros oder gar zu Hause an ihren vernetzten Computern sitzen, ausgestattet mit modernsten Kommunikationsmitteln, die es erlauben, blitzschnell weltweit Daten und Fakten in Wort, Bild und Sprache mit anderen Menschen auszutauschen, die irgendwo in einem anderen sympathischen, vollklimatisierten Großraumbüro sitzen. All diese Menschen haben ein gutes Einkommen und sogar die nötige Zeit, ihr Geld auch auszugeben. Aber dieses attraktive Bild, das uns Zeitschriften und Bücher von der Arbeit der Zukunft zeichnen, übersieht eines der Rätsel unserer Zeit:

> *Warum stehen immer mehr Menschen unter Zeitdruck und Streß, warum haben viele immer weniger Zeit für sich selbst, und warum kommen immer weniger Familien mit dem Gehalt eines Verdieners aus – wo wir doch zweifellos produktiver sind als je zuvor eine Gesellschaft in der Geschichte der Menschheit?*

Arbeit gleicht für viele immer mehr einem modernen Eunuchentum. Von der Zeit bedrängt, von Kosten bedroht, im Wettlauf mit Maschinen ist Arbeit für viele Menschen kein lustvoller Zeugungsprozeß mehr, sondern ein Abarbeiten von Vorgängen, deren Zusammenhänge oft nicht mehr erkenntlich sind. Wo die Lust an der Arbeit fehlt, wird sie mit Streß und Mühsal gleichgesetzt. Arbeit wird zur Schattenseite von Spiel.

Das strategische Kapital in einer Informationsgesellschaft ist nicht so sehr Geld, als vielmehr der spielerische Umgang mit Wissen – vor allem in bestimmten technologischen Schlüsselbereichen wie der Soft- und Hardware-Entwicklung. Wenn solches Wissen das eigentliche Kapital ist, dann ist nicht nur der Einstieg in das Wirtschaftsleben für viele leichter, auch die Unternehmenskultur kann sich in diesen Bereichen zu einer Vertrauenskultur wandeln.

Wenn Workflow Systeme, nichthierarchische Managementstrukturen und Wissensmanagement mit einer Kultur des Vertrauens in Unternehmen gepaart sind, wirken diese selbst in größter Ungewißheit, Veränderung und Chaos stabilisierend.

Die Informationsgesellschaft schreibt allerdings die Zweiteilung der Gesellschaft in Wissende und Unwissende, in Habende und Habenichtse endgültig fest. Und die Tatsache, daß die spektakulären Erfolge der Industrialisierung mit einer Krise menschlicher Arbeit hinsichtlich ihres Wertes und ihrer Bedeutung einhergeht, wird von den Propagandisten der Informationsgesellschaft mit keiner Silbe erwähnt. Diese Krise aber ist nicht weniger ernstzunehmen als die offensichtliche Umweltkrise oder das Nord-Süd-Problem. Im Gegenteil:

Wir sind der Auffassung, daß eine Antwort auf die Frage nach dem eigentlichen Sinn der Arbeit auch den Schlüssel enthält für die Lösung der anderen anstehenden Probleme der Menschheit.

■ Neubestimmung der Arbeit

Derzeit befinden wir uns in jener Situation, die für Keynes in seinen *Essays in Persuasion* noch ein Zukunftsszenario darstellte: Wir leben in einer Gesellschaft, die technisch so weit fortgeschritten ist, daß sie nur noch einen Bruchteil der Bevölkerung benötigt, um all die Güter oder Dienstleistungen hervorzubringen, die die Menschen brauchen und sich wünschen. Was nun?

Wie wir gesehen haben, glaubt man nach wie vor, daß Arbeitsplätze nur dann zu erhalten, neue nur dann zu schaffen sind, wenn die Wirtschaft weiter wächst.

Aber warum geht es eigentlich um Arbeitsplätze und nicht um die Menschen?

Wenn Politiker ein ehrliches Interesse am Wohlergehen der Bürger hätten, könnten intelligente Lösungsvorschläge, die in Schubladen liegen, umgesetzt werden. Natürlich ist das nicht einfach, aber vielleicht müssen wir alle früher oder später umdenken. Warum nicht jetzt ohne großen Leidensdruck?

Trotz Wirtschaftswachstums und steigender Unternehmensgewinne gibt es nicht genügend Arbeit. Jene, die ohne Arbeit sind, werden durch Zahlungsausgleich im sozialen Netz aufgefangen. Die alte Maxime: „Arbeite, um zu essen!", scheint durch eine neue abgelöst zu werden: „Nur die Glücklichen bekommen Arbeit, der Rest erhält ein Grundrecht auf ökonomische Minimalversorgung." Wenn bezahlte Arbeit zunehmend als eine Rarität gesehen werden muß, scheinen Konzepte wie Teilzeitarbeit, Jobsharing oder die Forderung nach einer 30-Stunden-Woche durchaus plausibel und attraktiv. Sie ändern zwar nicht die Art der Arbeit, lassen dafür aber wenigstens für mehr Menschen eine produktive und gesellschaftlich anerkannte Beschäftigung zu.

Aber all diese Vorschläge übersehen, wie grundlegend das Arbeitsdilemma wirklich ist. Sie gehen nach wie vor von dem Paradigma einer Produktionsgesellschaft aus. Gerade dieses Paradigma aber ist obsolet geworden.

Sollte nicht der überall zu beobachtende Trend, daß Arbeitsplätze durch „intelligente" Maschinen ersetzt werden, Anlaß genug sein, um die Grundannahmen unserer Produktions- und Konsumgesellschaft neu zu überdenken, einschließlich der Annahme, daß die Einkommensverteilung mit einer Beschäftigung in der gängigen Wirtschaft gekoppelt sein muß?

In einer technisch fortgeschrittenen Gesellschaft sollte Arbeit primär der Persönlichkeitsentwicklung dienen und nur sekundär mit der Produktion von Gütern und Dienstleistungen befaßt sein.

In der Geschichte läßt sich beobachten, daß die Menschen einen Drang zum Schaffen, zur Kreativität haben. Kreativität bedeutet nicht nur Freude am Schaffen oder künstlerischen Ausdruck, sondern ebenso den offenen Austausch mit anderen, den Dienst am Mitmenschen und Liebe. Diese Bestimmung kreativer Arbeit dürfte näher an die zentralen Inhalte unseres Lebens herankommen.

Zumindest bei uns im Westen lautete bis vor kurzem die wichtigste Frage an eine Person: „Was ist Ihr Beruf, wo arbeiten Sie und was machen Sie da?" In traditionellen Gesellschaften war eine solche Frage überflüssig. Kreativität wurde nie individuell, sondern stets kollektiv gelebt, sei es im Rahmen gemeinschaftlichen Arbeitens oder gemeinsamer Rituale. Das moderne Weltbild hat uns diesbezüglich einen schlechten Dienst erwiesen. Es erkennt den Drang des Menschen, mit anderen zusammen kreativ zu sein, nicht an und erzieht ihn stattdessen zu einem egoistischen und rein monetär gesinnten Kosten-Nutzen-Denker, der sich nicht mehr fragt: „Was werde(n) ich und andere durch meine Arbeit?", sondern nur noch: „Was bekomme ich für mein Tun?"

Zu Beginn der Industrialisierungsphase hatte sich die Gesellschaft auf den materiellen Fortschritt als gemeinsames Projekt geeinigt. Dieses Ziel wurde bislang ähnlich intensiv verfolgt wie im Mittelalter der Bau der Kathedralen für die Glorie Gottes. In den letzten 50 Jahren hatte es den Anschein, als wären Wirtschaftswachstum und technischer Fortschritt ein vergleichbares gemeinsames Projekt. Aber es gab kein dem Materiellen übergeordnetes Prinzip, um dessentwillen man sich um Wachstum und Fortschritt kümmern sollte. So verlor diese Zielvorgabe immer mehr an Attraktivität. Ein Bedürfnis nach einer wirklich lohnenden gemeinsamen Aufgabe, die sich nicht darin erschöpft, Wohlstand zu mehren, ist dagegen überall zu beobachten. Vielleicht war in den frühen 60er Jahren J. F. Kennedys Auftrag an seine Nation, einen Menschen auf den Mond zu schicken, auch ein Versuch, der Ökonomie wieder ein Ziel jenseits ihrer selbst vorzugeben.

Es ist also an der Zeit, die Rolle der Arbeit in der sogenannten Leistungsgesellschaft neu zu überdenken. Zu diesem Zweck dürfte es hilfreich sein, sich die vier Funktionen vor Augen zu führen, die den Bereichen Arbeit und Erziehung in einer Gesellschaft gemeinhin zukommen:

▶ Die Förderung der persönlichen Entwicklung und der Bildung der einzelnen Bürger;
▶ das Einüben in soziale Rollen, um dem einzelnen die tätige Teilhabe am Ganzen einer Gemeinschaft zu ermöglichen. Daraus entwickelt sich ein Gefühl der Zugehörigkeit und der wechselseitigen Wertschätzung, das zugleich dem Aufbau eines gesunden Selbstvertrauens dient;
▶ die Erstellung hochqualitativer Waren für den Gebrauch, nicht Verbrauch, und ein Angebot von Dienstleistungen;
▶ die Verteilung des Gesamteinkommens der Gesellschaft auf eine transparente und von den meisten Menschen als gerecht empfundene Weise.

Bislang wurden die genannten Funktionen mehr oder weniger durch drei gesellschaftliche Institutionen abgedeckt: durch Schule, Eltern oder soziale Gruppen und Beruf. In den vergangenen Jahrzehnten verlor diese Dreiteilung immer mehr an Effektivität. Die Wirtschaft hat heute erhebliche Schwierigkeiten, nicht nur die dringend benötigten Fachkräfte zu bekommen, sondern auch genügend Tätigkeiten anzubieten, die dem allgemein steigenden Bildungsniveau angemessen sind. Aufgrund erhöhter Produktivität und Arbeitsleistung trifft es nicht mehr zu, daß alle verfügbare Arbeitskraft eingesetzt werden muß, um die Nachfrage nach Waren und Dienstleistungen zu befriedigen. Die Lösung dieses Problems sieht man bis heute in der Steigerung des Konsums. Aber eine solche Steigerung kann nicht grenzenlos sein, weil die natürlichen Ressourcen beschränkt sind, die Umwelt ohnehin teilweise schon irreversibel geschädigt ist, und das Verbraucherbewußtsein mittlerweile wesentlich kritischer geworden ist.

Darüber hinaus ist eine gerechte Einkommensverteilung auf der Basis von Eigenleistungen des einzelnen nicht mehr möglich. Da die Arbeitsleistung durch Einsatz kapitalintensiver Techniken steigt, ist jeder Mitarbeiter in der Lage, mehr Wert zu schöpfen, als ohne diese Techniken. Angelernte und Hilfskräfte leisten aber bei ihren Routinearbeiten einen ständig geringer werdenden Beitrag zum gesamtgesellschaftlichen Eigentum. Der wirkliche Beitrag wird durch engagierte Spitzenfachkräfte und geschickte Investitionen geleistet. Gleichwohl sind die Löhne für Ungelernte und Angelernte mindestens so schnell gestiegen wie die der Führungskräfte und Facharbeiter. So haben sich die Löhne und Gehälter zunehmend von der Wertschöpfung des einzelnen gelöst.

Angesichts dieser Unzulänglichkeiten und Ungerechtigkeiten der heutigen Einkommensverteilung sowie der unvermindert hohen Arbeitslosenzahl fühlen sich die Regierungen vermehrt zu staatlichen Eingriffen aufgerufen. Die staatliche Einkommensumverteilung besteht zum einen aus direkten Geldüberweisungen wie Renten und aus Subventionen, zum anderen aus Besteuerung, Zins- und Geldmengenpolitik, um nur das Wichtigste aus dem staatlichen Maßnahmenkatalog anzuführen. All diese Eingriffe stören aber das Gleichgewicht des volkswirtschaftlichen Gesamtsystems beträchtlich. Sie erhalten Tätigkeiten und Wirtschaftzweige wie die Kohle-, Stahl- und Schiffbauindustrie am Leben, die längst „ausgemottet" gehören. Zudem sind sie für die meisten undurchschaubar und verbergen dem einzelnen die Sicht auf seinen persönlichen Beitrag für das Gemeinwohl.

Es trifft nicht mehr zu, daß das Einkommen des einzelnen an dessen Leistung gekoppelt ist.

Ersatzweise verweist die Gesellschaft auf so vage Grundwerte wie Fairneß oder Fürsorgepflicht, wenn es darum geht, notwendig gewordene Einkommensumverteilungen zu legitimieren. Gleichwohl bleibt Arbeit der am wenigsten umstrittene Weg zu einem „gerechten" Einkommen; aber, wie wir gesehen haben, ist sie auch der am wenigsten geeignete Weg. Und eine ähnliche Situation ist bezüglich der sozialen Funktion der Arbeit zu beobachten:

Arbeit könnte eine der konstruktivsten Möglichkeiten menschlichen Daseins sein. Aber der Konsum- und Leistungsgesellschaft scheinen wirklich erfüllende Arbeitsmöglichkeiten verlorenzugehen.

Schließlich ist auch das vorsintflutliche Bildungskonzept, das davon ausgeht, Bildung diene allein der Vorbereitung für die Arbeitswelt, völlig unbefriedigend, und zwar sowohl für den einzelnen als auch für die Gesellschaft. Das staatliche Bildungssystem ist unfähig, einen weitgehend angstfreien, innovativen, unternehmerisch denkenden Geist hervorzubringen; einen Geist, der gerne im Team arbeitet. Das anerzogene Denken konzentriert sich auf Machbares und Wiederholbares; dabei engt es die Wahrnehmung der Wirklichkeit ein und konditioniert zu eingleisiger Zielstrebigkeit, zu Zeitdruck und zu Vorurteilen. Die Zahlungsfähigkeit eines Menschen wird höher bewertet als seine Integrität. Amt, Titel und Status gelten mehr als Inhalt, Qualität und Zuverlässigkeit. Freude am Arbeiten und Leben scheinen nicht zu zählen.

Luther und Bismarck würden sich die Augen reiben, wenn sie sehen könnten, wie sich das Bildungswesen und die sozialen Einrichtungen noch immer an ihren damaligen Modellen ausrichten. Viele Professoren, Lehrerinnen und Lehrer wissen es besser und klagen über ihren beschwerlichen Alltag, halten aber trotzdem an ihren alten Zöpfen fest. Bürokratien sind naturgemäß auf Konformität und Kontrolle ausgerichtet und nicht auf Einfallsreichtum und Hilfsbereitschaft. Aber wer nicht vom Pfad abkommt, bleibt auf der Strecke. Der amerikanische Milliardär Annenberg hat dem amerikanischen Bildungsministerium sage und schreibe 500 Millionen US-Dollar geschenkt, um die Entwicklung eines neuen effektiven Bildungssystems zu unterstützen. Ist so etwas in Mitteleuropa denkbar?

Aus verschiedenen Gründen ist Bildung zeitlich überhaupt nicht zu begrenzen. Sie ist Aufgabe eines ganzen Lebens, nicht nur der ersten zwanzig oder dreißig Jahre. Deshalb sollte auch jeder Arbeitsplatz ein Bildungsplatz sein. Aber die merkantile Logik unserer Wirtschaft dürfte sich mit diesem Gedanken nicht anfreunden können. Ihr zufolge ist Arbeit eine Tätigkeit, für die man bezahlt wird, und Bildung eine Anstrengung, für die man zu zahlen hat.

■ Zwei Wege zur Lösung des Arbeitsdilemmas

Um das derzeitige Arbeitsdilemma zu lösen, müssen zunächst die vier oben genannten Funktionen von Arbeit und Bildung neu definiert werden, und zwar so, daß die aufgezeigten Probleme vermieden werden.

Erinnern wir uns, wir haben es mit Problemen des Erfolgs zu tun. Denn im Hinblick auf die selbstgesetzten Ziele wie Effizienz, Leistung, materieller und technischer Fortschritt ist die Industrialisierung zweifellos ein voller Erfolg. Aus ökonomischer Perspektive betrachtet ist das Herstellungsproblem für alle Zeiten gelöst.

Wenn wir Menschen von Natur aus arbeitsscheu wären, könnte die Industrialisierung auch aus sozialpolitischer Sicht als durchschlagender Erfolg gefeiert werden; denn sie konnte manche menschenunwürdige Tätigkeit durch den Einsatz von Maschinen ersetzen und den Komfort im Alltag insgesamt wesentlich erhöhen. Aber wir Menschen sind von Natur aus keineswegs arbeitsscheu. Im Gegenteil: Zahlreiche Beobachtungen von Verhaltensforschern und Psychologen haben gezeigt, daß jeder Mensch in sich das elementare Bedürfnis nach einer sinnerfüllten Tätigkeit und kommunikativen Beziehungen zu anderen verspürt.

Wir Menschen entwickeln uns nicht durch geistloses Vergnügen und gedankenlosen Konsum, sondern durch Herausforderungen und durch Reflexion. Folglich gilt:

Auch wenn vom wirtschaftlichen Standpunkt betrachtet Vollbeschäftigung nicht mehr nötig ist, so ist doch vom sozialen Standpunkt betrachtet die Beteiligung aller am Arbeitsprozeß unentbehrlich.

Der derzeitigen Produktionsform wird es nach allem, was wir gesehen haben, trotz der Versprechungen maßgeblicher Politiker nicht gelingen, genügend Arbeitsplätze zu schaffen, um allen Menschen ein Einkommen und die soziale Partizipation am Wirtschaftsprozeß zu ermöglichen. Zwei gänzlich unterschiedliche Lösungswege stehen derzeit zur Verfügung, um diesem Dilemma zu entgehen.

Der Weg der Subventionen: Eine Möglichkeit ist die Kaufkraftübertragung durch direkte und indirekte Zahlungen an sozial Schwächere. Solche Subventionen werden nicht nur von der Regierung erteilt, denn das wäre der enge Subventionsbegriff der Ökonomen, sondern auch von anderen Institutionen und Personen. Man denke nur an die Subventionen, die Hausfrauen, Kinder und Studenten erhalten. Wenn man diesen erweiterten Subventionsbegriff zugrundelegt, wird erkennbar, daß ungefähr die Hälfte der Bevölkerung in den meisten modernen Leistungsgesellschaften auf diese Weise direkt oder indirekt unterstützt wird.

Vier Hauptzahlungsarten wären hier zu unterscheiden:

▶ Zahlungen aufgrund der Zugehörigkeit des Empfängers zu einer sozialen Gruppe wie Familie, Gewerkschaft oder Kirche;
▶ Zahlungen, die als soziale Investition verstanden werden, wie zum Beispiel für Bildung und Ausbildung in Form von Stipendien;
▶ vorbehaltliche Zahlungen, das sind Subventionen, die vom Empfänger sozial relevante Gegenleistungen erwarten, hierzu gehören die Förderung von Kunst, Kultur und Wohlfahrt;
▶ vorbehaltlose Zahlungen, das sind Subventionen, die vom Empfänger keine sozial relevanten Gegenleistungen erwarten wie Arbeitslosenunterstützung und Sozialfürsorge.

Viele Menschen fühlen sich nicht wohl, wenn sie von der Gemeinschaftskasse unterstützt werden. Abgesehen davon kann jede Subvention, mit Ausnahme der Zahlungen, die als soziale Investitionen verstanden werden, zu Unselbständigkeit verleiten. Das führt dazu, daß das eigene Verantwortungsgefühl an eine Autorität delegiert wird.

Subventionen werden in der Regel durch unpersönliche Hierarchien und Richtlinien erlassen, verwaltet und können politisch mißbraucht werden. Darüber hinaus drängt sich das Unbehagen auf, daß mit diesen Milliardensummen durch differenziertere Maßnahmen wesentlich mehr erreicht werden könnte.

Ein anspruchsvolles Modell für eine Kaufkraftverteilung auf der Basis von Gruppenzugehörigkeit ist die staatliche Einkommenszusicherung, wie sie der britische Ökonom Robert Theobald vorschlägt. Als Mitglied einer Gesellschaft steht jedem ein Grundeinkommen oder Bürgergeld zu, das durch bezahlte Arbeit zusätzlich angereichert werden kann: Eine Mischung aus beruflicher Tätigkeit im heutigen Sinne, gemeinschaftsorientierter Tätigkeit, unterstützt durch Stiftungen und eigenständige Wertschöpfung für persönliche Bedürfnisse.

Ähnlich der Idee Jeremy Rifkins, die er in seinem Buch *Das Ende der Arbeit* 1995 beschreibt, hat auch der neue Bericht an den Club of Rome *The Employment Dilemma and the Future of Work* von Orio Giarini und Patrick Liedtke von 1997 eine andere Vorstellung des Produktionsbegriffs und Bewertung der Einbeziehung nichtstaatlicher Organisationen und Stiftungen. Der Wert von Produkten und Dienstleistungen steht nicht mehr in direkter Beziehung zu den Produktionskosten, sondern zu ihrem Nutzungszeitraum. Die vorgeschlagene *service economy* ist nicht begrenzt auf den heutigen Dienstleistungssektor, da Produktion und Dienstleistung künftig kaum noch voneinander zu trennen sind. Produkte und Dienstleistungen werden vom Käufer komplettiert, wie zum Beispiel durch Bankautomaten und Selbstbedienung. Damit sind alle produktnutzenden Tätigkeiten Arbeit. Unter dieser Bedingung ist eine Integration bezahlter und nichtbezahlter Tätigkeit möglich. Die Vermutung liegt nahe, daß es sich hier um eine Weiterentwicklung der *Prosumer*-Idee Alvin Tofflers handelt, was sicherlich seinen Reiz hat.

Giarini und Liedtke denken an ein dreischichtiges Modell. Die erste Schicht sichert ein Recht auf Arbeit über zwanzig bezahlte Wochenstunden beziehungsweise eine Art Bürgergeld. Die spanische Bank von Bilbao beispielsweise hält das Bürgergeld durchaus für finanzierbar. Die zweite Schicht bildet der normale Arbeitsmarkt. Vollbeschäftigte partizipieren nicht an der ersten Schicht. Die dritte Schicht besteht aus unbezahltem, selbstproduktivem Tätigsein. Es geht also nicht mehr ausschließlich darum, Einkommensgenerierung aus traditionellen Beschäftigungsverhältnissen anzuerkennen, sondern auch andere Tätigkeitsformen als wertgenerierende Arbeit.

Der Weg einer lernenden Gesellschaft: Die zweite Möglichkeit, um das Arbeitsdilemma zu lösen, verlangt eine tiefgreifende Umgestaltung der Gesellschaft. Wenn es für eine wirtschaftlich und technisch erfolgreiche Gesellschaft nicht mehr sinnvoll ist, den Produktions- und Konsumaspekt in den Mittelpunkt des Interesses zu rücken, was sollte dann ihr zentrales Anliegen sein?

Es scheint nur eine plausible Antwort auf diese Frage zu geben: Lernen und Persönlichkeitsentwicklung im weitesten Sinne, als Mittel wie auch als Zweck. So gesehen könnte Arbeit mehr sein als das Erzielen von Kaufkraft, nämlich ein Lernprozeß, in dem man etwas über sich selbst erfährt, über Ernährung und Gesundheit, über die Bedeutung des Lebens, ein Prozeß, in dem man die eigenen Fähigkeiten entfaltet und erfährt, daß Lernen nie ein Ende findet.

Multimedia könnte in der Tat ein wesentlicher Bestandteil und Treiber einer neuen dialogischen Gesellschaft werden, soweit ein von staatlichen Subventionen emanzipierter, funktionsfähiger Kulturbetrieb existiert, der Buchinhalte und Sprache weitgehend in Bilder und Animation umwandeln kann. Eine Allianz zwischen Industrie und Kulturbetrieb könnte der Zugang zu einem gigantischen Markt sein.

> *Im Jahr 2000 wird es über zwei Milliarden Teenager auf der Welt geben, denen über spielerische Lernwelten (Multimedia) das Lernen von Sprachen, von fachlicher, methodischer, sozialer und emotionaler Kompetenz einfach gemacht werden könnte.*

■ Die besondere Führungsaufgabe der Wirtschaft

Es ist von großer Bedeutung, daß die Führungskräfte der Wirtschaft die erörterten Probleme und Dilemmas unserer derzeitigen Gesellschaftsform in ihrer ganzen Tiefe verstehen. Denn gerade diesem Bereich kommt, verbunden mit Wissenschaft und Technik, der entscheidende Einfluß auf unsere künftige Lebensgestaltung zu. Er ist ein unglaubliches Reservoir an Intelligenz, Energie, Leistungsbereitschaft, Kreativität, Können und Kapital. Die Unternehmen sind dabei besonders anpassungs- und damit wettbewerbsfähig. Für die Umgestaltung der Gesellschaft haben gerade sie das Potential, die kreative Kraft zu sein, die nicht nur formend mitwirkt, sondern zugleich in der Lage ist, den Übergang so reibungslos und schmerzfrei wie möglich zu gestalten. Zuerst aber muß sich die Wirtschaft Klarheit über sich selbst verschaffen.

Arbeit gibt es genug, Gestaltungsfelder, die es innerhalb von Unternehmen und Institutionen zu überprüfen und zu verändern gilt, sind aus der Sicht Hans-Jörg Bullingers, Leiter des Fraunhofer Instituts für Arbeitswissenschaft und Organisation (IAO):

▶ Unternehmensstrukturen
▶ Kooperationen (Entwicklung, Herstellung, Vertrieb)
▶ Fertigungs- und Dienstleistungssysteme (Workflow)
▶ Fertigungstiefe
▶ Produkte (Kreislaufwirtschaft, ökologisch)
▶ Arbeitsinhalte
▶ Arbeitszeitmodelle (Flexibilität)
▶ Personalentwicklung, Qualifikation und Lernen
▶ Beteiligung, Entlohnung

Zusammen mit Stephan Zinser vom Institut für Arbeitswissenschaft und Technologiemanagement (IAT) schrieb er in dem Arbeitspapier *Arbeit der Zukunft – Zukunft der Arbeit* 1996:

„Insgesamt gesehen verlangt die Arbeit der Zukunft nach einer neuen Qualität der Zusammenarbeit; eine Zusammenarbeit, die das Neuartige und Risikobehaftete zum Normalfall für alle Beteiligten werden läßt. Die Zukunft der Arbeit liegt im Beherrschen des Wandels. Und Wandel bedeutet lernen. Lernen ist nicht die Weitergabe von Informationen, sondern das Ändern von Verhaltensweisen aufgrund von Informationen."

Wobei zu bemerken ist, daß beide Wissenschaftler nicht als esoterisch einzuordnen sind.

Wir haben bereits oben festgestellt, daß sich immer mehr Menschen ein sinngebendes Arbeitsumfeld wünschen, mit dem sie in kreative Resonanz gehen können.

Um ausgezeichnete Mitarbeiter zu gewinnen und zu halten, bedarf es aber nicht nur eines qualitätsvollen Arbeitsumfeldes, sondern auch eines geläuterten Managements, das starke Menschen an seiner Seite nicht als Konkurrenz, sondern als Ergänzung zu einem größeren Ganzen versteht.

Studie um Studie kommt zu dem Schluß, daß die beste Motivation eine positive Rückmeldung von außen ist. Der alte, vielzitierte Henry Ford wußte genau, was er tat, als er durch seine Fabriken ging und sich Mitarbeiter beiseite nahm, nicht weil sie etwas falsch gemacht hatten, sondern weil sie etwas besonders gut gemacht hatten, und er schrieb ihnen an Ort und Stelle einen Scheck aus. Anerkennung in jeglicher Form ist auch heute noch gefragt. Technisch ausgerüstet zu sein genügt nicht. Leistungswillige Menschen müssen die Möglichkeit haben, sich mit dem inneren und äußeren Umfeld des Unternehmens auszutauschen. Zu meinen, sie würden doch bestens bezahlt und gehörten damit zu den Besten, entspringt dem Denken rationaler Technokraten, denen es an Einfühlungsvermögen mangelt.

Weitsichtige Unternehmen und Führungskräfte haben Personalentwicklungspläne für ihre Mitarbeiter entworfen mit Seminaren und Kursen, die den unternehmerischen, kreativen Menschen zu einer spontanen Selbsterfahrung, zu einem Erwachen führen sollen. Diese Seminare vermitteln zum Teil tiefgreifende und nachhaltige Einsichten. Sie fördern das Vertrauen in sich selbst, in die Kraft der Gedanken, die Entdeckung des eigenen Wesenskerns sowie eines intuitiven Wissens, das den Zeitgeist vorausempfindet. Die Seminare zielen auf die Einübung in systemisch-ökologisches Denken, das Geist, Psyche und Körper als Einheit erfahrbar macht. Von Natur aus transrational, befähigt dieses Denken zu einem neuen ganzheitlichen Bewußtsein. Man erfährt sich selbst und die Verbindung mit allem, was der Idee der Globalisierung entgegenkommt.

Systemisches Denken hilft, Denkbarrieren aufzubrechen und Vorurteile abzubauen.

Es bedeutet allerdings auch, Verantwortung für sich und andere zu übernehmen, persönliche Integrität sowie die Fähigkeit, Situationen herbeizuführen, die das Gewinnen für andere miteinschließen.

Der Präsident der World Federation of Personnel Management Associations, Alberto Fuster de Carulla, schrieb in einem offenen Brief:

„Grundlegende Elemente im Kontext der Globalisierung sind Teamarbeit und Projektlernen. Die Globalisierung konfrontiert uns auf eindeutige Weise mit der Tatsache, daß wir als individuelle Wesen nicht länger nur Individuen sind. Wir hängen auf extreme Weise von unserer Gruppe und unseren Kollegen ab, und ein Bewußtsein dieser Abhängigkeit ist Teil des globalen Denkens. In diesem Sinne ist alles, was wir mit Blick auf eine größere Offenheit in der Einstellung unserer Mitarbeiter erreichen, ein Training für die Globalisierung".

Der Einzelkämpfer hat ausgedient.

Diese Perspektiven enthalten ein Verständnis für die Kraft eigener Überzeugungen und des Willens sowie ein Verständnis für die Möglichkeiten,
diese durch Affirmation neu zu definieren.

Dies alles steht im krassen Gegensatz zu den bekannten Modellen, die das
menschliche Denkorgan gewissermaßen als „portable Rechenanlage im
Schädelformat" beschreiben.

Die Übung im systemischen Denken erweitert das Wahrnehmungsver-
mögen erheblich und verschiebt das Zentrum der Autorität von außen
nach innen: von externen Dogmen und Experten zum Selbstvertrauen und
Urvertrauen. In dem Maße, wie diese Selbstbefähigung fortschreitet, wandelt sich auch das Arbeitsbewußtsein und damit die innere Einstellung zur
Arbeit und zum Leben.

*Die Bedeutung des Führens (leadership) bekommt eine neue
Dimension. Es wird zu einer Aufgabe, andere zu ermutigen, ihre
kreativen Potentiale auszuschöpfen.*

Leadership hat zum Ziel, das Beste beim einzelnen und in der Gesellschaft
hervorzurufen und zu fördern.

Da Wirtschaft, neben Bildung und Politik, die vorherrschende Institution
in der modernen Gesellschaft ist, wird sie daran zu messen sein, inwieweit
sie dazu beiträgt, eine Welt zu schaffen, die Freude am Dasein ermöglicht,
einem Dasein, das über materiellen Wohlstand hinaus zu psycho-physi-
schem und spirituellem Wohlergehen fähig ist.

■ Aus Krisen lernen?

Kritische Situationen dienen dazu, einen kreativen Umgang mit sich selbst
zu finden und etwas Neues, etwas anderes zu schaffen. Konflikte sind
Dienstleistungen der eigenen Psyche, die Notsituationen hervorruft, um
sich selbst besser kennenzulernen, um zu improvisieren und innovatives
Denken liebenzulernen. Aber die Scheu vor Konflikten verhindert den
kreativen Umgang mit kritischen Situationen. Man ruft nach dem Staat,
nach Absicherung und damit nach mehr Bürokratie.

Spannungen im Management und im Betrieb zu harmonisieren ist der ver-
kehrte Weg. Spannungen und die dazu gehörenden Emotionen sind der
Stoff, aus dem neue Ideen und Veränderungen gemacht sind. Es geht
darum, Ungewißheit und Spannung auszuhalten und in Kreativität zu verwandeln.

Konfliktscheue Menschen lösen ihre Probleme nicht, sie machen Versprechungen und schieben ihre Probleme vor sich her. Wenn der Berg so groß wird, daß sie ihn nicht mehr überblicken können, lamentieren sie über die schlechte Welt und verfallen in Selbstmitleid.

Das Märchen *Des Kaisers neue Kleider* erzählt von einem Kind, das den kollektiven Opportunismus der Erwachsenen entlarvt, die die neuen Kleider des Kaisers zu sehen glauben, Kleider, die es gar nicht gibt. Die Erwachsenen gingen einem raffinierten Schneider auf den Leim. Das Märchen hat unsere heutige Realität vorweggenommen; Schneider dieser Art gibt es mehr als genug. Schlimmer noch, als gäbe es einen kollektiven Vertrag darüber, unbequeme Wahrheiten nicht wahrhaben zu wollen. Wie anders ist zu verstehen, daß alles, was Menschen betäubt, überaus erfolgreich ist: Alkohol, Zigaretten, Drogen, Pillen, elektronische Spiele, verdummende Fernsehprogramme, unrealistische Wahlversprechen der Politiker und vieles mehr.

Wir sind Meister der Kompromisse geworden und verleugnen uns selbst. Wunschdenken hat die Vernunft längst besiegt.

Lernen ist die Bereitschaft, überholte Konzepte loszulassen und neue Sichtweisen zu verinnerlichen. Nichtlernen ist eine Vermeidungsstrategie, um auf gewohnten Sichtweisen und Strukturen zu beharren.

Die Probleme unserer Zeit sind das Ergebnis von Nichtlernen und der Fehleinschätzung sich schnell verändernder Muster. Immer mehr Menschen erkennen, daß die gewohnten Theorien und Modelle unserer Gesellschaft als Lebenshilfen versagen, weil sie die wirklichen Bedürfnisse der Menschen und der Natur ignorieren. Der dänische Philosoph Kierkegaard sagte: *„Es gibt zwei Möglichkeiten der Täuschung. Entweder man glaubt an etwas, das nicht so ist, oder man weigert sich, an etwas zu glauben, das so ist."*

Krisen sind Höhepunkte gefährlicher Entwicklungen und zugleich Chancen. Es gibt viele Möglichkeiten, mit Krisen umzugehen: Wir können sie ignorieren; wir können uns der Krise widersetzen; wir können vor der Krise flüchten; wir können über die Krise lamentieren; wir können, wo es uns nötig erscheint, auf die Krise reagieren.

Wir können die Krise mitgestalten; wir können aus der Krise lernen, um künftig Krisen zu verhindern.

Weil jede Krise ihren eigenen Lerninhalt hat, gibt es kein allgemeingültiges Rezept für den Umgang mit ihr. Es ist oft schwer, ohne gesichertes Modell und ohne Vorurteil ein Risiko einzugehen, aber hier hilft nur Wachheit und eine weitgehend angstfreie Wahrnehmung, schnelle Mustererkennung und der Mut, in der jeweiligen Situation angemessen zu handeln. Manchmal ist Flucht gescheiter als Angriff, aber manchmal ist Angriff die beste Verteidigung. Ein Programm daraus zu machen ist unsinnig, schwierig für Menschen, die erprobte Rezepte benötigen, um zu „funktionieren".

Als Konrad Adenauer in bestimmten Krisensituationen zu seinen Mitarbeitern sagte: „Noch nicht einmal ignorieren!", war das in seinem Falle keine Vogel-Strauß-Politik, sondern ein bewußtes Aussitzen von Problemen. Manche Krisen lösen sich tatsächlich von selbst, aber welche? Dieses Unterscheidungsvermögen ist ein Talent, das künftig noch weit mehr gebraucht wird.

■ 2. Kapitel
Der komplexe Ursprung
moderner Dilemmas

Dem geforderten gesellschaftlichen Umdenken folgt eine Neueinschätzung der Arbeit. Die Epoche der Konsumgesellschaft geht zu Ende. Um diese kühne Behauptung zu stützen, werden wir im folgenden zahlreiche gesellschaftliche Dilemmas aufzeigen und deren vielschichtige Ursachen aufdecken.

In den vergangenen Jahren schien der wirtschaftliche Aufschwung kein Ende zu nehmen, aber es sind uns auch die Schattenseiten dieser Entwicklung bewußter geworden.

■ Die weltweiten Probleme

Wir hören heute viel über Systemvernetzung, darüber, daß alles mit allem in Verbindung steht, bis hin zur gängigen „Schmetterlingstheorie". Sie besagt, daß der Flügelschlag eines Schmetterlings in Indonesien das Wetter in der Toskana mitbeeinflußt. Auch wenn diese Feststellungen durchaus zutreffen, wird in der geführten Diskussion selten nachvollziehbar, wie die einzelnen Teile innerhalb des Ganzen miteinander verflochten sind und warum sich bestimmte Kombinationen so negativ für die Menschheit auswirken. Wir möchten Ihnen eine tiefergehende Analyse aufzeigen, die uns am Ende dieses Kapitels verstehen läßt, warum eine Veränderung des gesamten derzeitigen gesellschaftlichen Systems zwingend ist.

■ Klimaveränderung

Die Realität der von uns Menschen verursachten Klimaveränderung ist mittlerweile in das Bewußtsein vieler Menschen gedrungen. Fast jeder hat vom Treibhauseffekt und vom Ozonloch gehört. Das Klima unseres Planeten wird größtenteils durch die Balance seines Wärmehaushalts bestimmt. Nur der Teil der Sonnenenergie, der in der Lage ist, die Erdatmosphäre zu durchdringen, erreicht unsere Erde. Die Erdoberfläche absorbiert diese Strahlen und erwärmt sich.

Zugleich strahlt sie einen Teil der Wärme in Form von Infrarotstrahlen wieder zurück. Diese Strahlen bleiben zum größten Teil innerhalb der

Erdatmosphäre gefangen, denn die Atmosphäre ist aufgrund verschiedener Gase wie zum Beispiel Kohlendioxyd und Methan sowie aufgrund des Wasserdampfs, der in ihr enthalten ist, nicht transparent genug, um längere Frequenzen wieder in das All abzugeben; diese werden absorbiert und ungefähr zur Hälfte erneut auf die Erdoberfläche zurückgeschickt. Dadurch entsteht ein Aufheizungseffekt, der sich durch die Differentialtransparenz der Erdatmosphäre von langen und kurzen Wellenlängen der elektromagnetischen Strahlung ergibt. Weil dieser Erwärmungseffekt dem eines Glashauses gleicht, wird er Treibhauseffekt genannt. Ohne diese „Wärmefalle" läge die Durchschnittstemperatur der Erdoberfläche bei ungefähr −23 Grad Celsius anstatt bei gegenwärtigen +15 Grad Celsius.

Durch eine Anzahl von Faktoren, die mit der Industrialisierung zusammenhängen, hat sich der Treibhauseffekt in den vergangenen Jahren signifikant verstärkt. Die Verbrennung fossiler Stoffe durch Industrie, Verkehr und private Haushalte setzt Gase frei, die unsere Erdatmosphäre verschmutzen. Gleichzeitig werden ausgedehnte Waldflächen, die bislang einen reinigenden Effekt hatten, zerstört. Die Erdatmosphäre gerät aus dem Gleichgewicht. Die Veränderung der chemischen Verbindungen in der Atmosphäre, speziell der rapide ansteigende Gehalt von Kohlendioxyd und Methan, sind die treibenden Kräfte der Klimaveränderung. Wissenschaftler schätzen, daß die durchschnittliche Temperatur der Erdoberfläche in den kommenden 50 Jahren um ungefähr fünf bis acht Grad Celsius zunehmen wird. Die Verbrennung fossiler Energieträger und von Müll in ungeahnten Mengen sind für diese Entwicklung hauptverantwortlich. Die Mülldeponien sind überfüllt und für toxische Abfälle ungeeignet; sie verseuchen das Grundwasser. Wenn die toxischen Materialien jedoch verbrannt werden, tragen sie zur weiteren Verunreinigung der Erdatmosphäre bei.

Die industrialisierte Landwirtschaft mit ihrer Massentierhaltung erzeugt ungeheure Mengen Gülle, die von den Erdschichten nicht verarbeitet werden können, das Grundwasser verseuchen und zudem riesige Mengen Methangas in die Atmosphäre abgeben. Dadurch wird der Treibhauseffekt ebenfalls verstärkt.

Die genannten Emissionen lassen noch ein weiteres Phänomen entstehen, den sogenannten Albedoeffekt. Ein Teil der Sonnenenergie gelangt nicht durch die Erdatmosphäre hindurch und wird in das All reflektiert, was mit einem abkühlenden Einfluß auf die Erdatmosphäre verbunden ist. Darüber hinaus bildet sich in den Tropen vermehrt Feuchtigkeit, welche in die Polarregionen abwandert und sich dort zu ebenfalls abkühlenden Wolken-

decken formiert. Die gleichzeitige Erwärmung und Abkühlung der Erdoberfläche in verschiedenen Regionen führt zu klimatischen Veränderungen, die in ihrer Konsequenz nicht vorhersehbar sind. Wenn wir den Diskussionen folgen, liegen sie zwischen ewigem Sommer und einer neuen Eiszeit.

Die gewaltige Müllproduktion der Wegwerfgesellschaft trägt, wie gesagt,
zur Klimaveränderung bei. Die Weltindustrie und die dazugehörenden,
meist staatlich geförderten Müllverbrennungsanlagen scheiden jährlich
ungefähr 20 Milliarden Tonnen Industriemüll aus, der aus Deponien,
durch Flüsse, aufgrund von Schiffskatastrophen, aber auch auf dem Wege
der Verklappung noch immer in die Ozeane gelangt. Wegen seiner unterschiedlichen chemischen Verbindungen kann dieses toxische Gemisch, je
nach wissenschaftlicher Lehrmeinung, das Phytoplankton entweder zerstören oder vermehren. Beides jedoch würde wegen der verminderten
oder gesteigerten Absorption von Kohlendioxyd zur Instabilität der
Atmosphäre beitragen. Die tropischen Regenwälder, die über Jahrtausende für die Umwandlung riesiger Mengen Kohlendioxyd in Sauer-
stoff gesorgt haben und zu Recht die „Lungen der Erde“ genannt werden,
werden von den Menschen in atemberaubendem Tempo zerstört: jede
Minute ein Gebiet so groß wie ein Fußballplatz. Über die Hälfte der
Regenwälder, die noch vor 200 Jahren standen, sind heute bereits abgeholzt, und bis zum Jahr 2000 wird noch ein Viertel davon übrig sein. Im
Westen der USA und in Kanada werden trotz besseren Wissens und ohne
Not die Wälder abgeholzt. Das ist ein Resultat der *company buy outs,* in
denen Finanzhaie Bereiche aufgekaufter Unternehmen rücksichtslos in
Geld umwandeln. In diesem Falle handelt es sich dabei um Wälder.

Aus all dem ist zu erkennen, daß die Industrialisierung unübersehbare
Konsequenzen für die künftige Wetterentwicklung hat und sich die negativen Tendenzen in absehbarer Zeit noch verstärken werden. Pflanzen benötigen aber Zeit, um sich an neue klimatische Lebensbedingungen anzu-
passen. Schnelle Klimaveränderungen, wie sie sich derzeit abzeichnen,
werden nicht nur das weltweite Ökosystem gefährden, sondern auch die
Produktion landwirtschaftlicher Erzeugnisse dramatisch reduzieren, wie
das in weiten Teilen Asiens, Afrikas und Nordamerikas bereits heute der
Fall ist. Regionale Ernteausfälle können in Zukunft zu internationalen
Konflikten führen. Und selbst wenn wir sofort die Kohlendioxydemission
drosseln würden, müßten wir mit Langzeiteffekten rechnen, die sich unserem Einfluß entziehen.

Wohl aber sind wir in der Lage, durch staatliche Maßnahmen und freiwillige Selbstbeschränkung „Zeit zu kaufen“, die wir nutzen sollten, um

alternative Energien zu erproben, die uns möglicherweise eine saubere Umwelt ohne wirtschaftlichen Kollaps bescheren. Oft ist weniger das Aufbringen der erforderlichen Milliarden an Entwicklungskosten das Problem, als vielmehr der fehlende politische Wille.

■ Wirtschaftswachstum

Wir alle haben Wirtschaftswachstum als gesellschaftliches Ziel akzeptiert: „Was nicht wächst, vergeht", so glauben wir. Die Frage könnte also lauten: „Wie wachsen?" Angesichts der Konsequenzen weiterer Wirtschaftswachstums sollte aber die entscheidende Frage sein: „Wie können wir lernen, ohne Wirtschaftswachstum auszukommen?"

Bis auf einige wenige Rezessionen ist die Wirtschaft in den Industriegesellschaften seit dem Zweiten Weltkrieg kontinuierlich expandiert. Als es in den 70er Jahren schien, als hätte die Exponentialkurve des Wirtschaftswachstums kein Ende, brachte der Ölschock viele Menschen zur Besinnung. Erst da fragte man sich, wohin die Reise der Industriegesellschaft führe. Dennoch ging diese Reise unvermindert weiter. Dafür sind verschiedene politische und soziale Veränderungen verantwortlich.

Eine dieser Veränderungen war das defizitäre Denken, vor allem in den USA. Die Industriegesellschaften wurden zu Schuldnernationen. Gemeinden, Städte, Länder und Staaten machten im Laufe der Zeit die Erfahrung, daß Verschuldung und Defizitfinanzierung politisch leichter durchzusetzen sind als Steuererhöhungen. Personen, die bislang an eine Ethik des Sparens und des pfleglichen Gebrauchs ihres Besitzes glaubten, übernahmen die *Kaufe-jetzt-und-zahle-später-Mentalität*. Unternehmen favorisierten zunehmend Bankdarlehen und Anleihen statt Aktienaufstockungen. Schulden ersetzten Wert und Eigenkapital, das Leistungspotential eines Unternehmens wurde zur Sicherheit für die Banken.

Eine weitere Veränderung war die breite Akzeptanz hoher Schuldzinsen. In früheren Zeiten, bis in die Zeit vor dem Ersten Weltkrieg, hatte das Wort Schuldzinsen noch eine völlig andere Bedeutung. Geldverleihen war in den christlichen Ländern über Jahrhunderte hinweg eine zwiespältige Angelegenheit, hohe Zinsen wurden als unsozial, ungerecht und damit unchristlich angesehen. Was aber vor 60 Jahren noch als Ausbeutung gesehen wurde, ist heute gang und gäbe.

Diese Kombination aus Defizitmentalität und hohen Zinsen hatte einen verderblichen Langzeiteffekt, da die Durchschnittsfamilie ein Drittel bis zur Hälfte ihres Einkommens direkt oder verdeckt in Schuldendienste steckte. Es ist für reich und arm gleichermaßen üblich, mit der Hälfte des verfügbaren Einkommens Schulden zu bezahlen. Der Nettoeffekt ist ein massives Redistributionssystem, das ständig Geld von unteren und mittleren Einkommensklassen absaugt und vermehrt zu Reichtum einer Minderheit führt. Über längere Zeiträume betrachtet wird diese Defizitmentalität und Zinspolitik viele Menschen unzufrieden machen und zu politischer Instabilität führen. Ein ähnlicher Vorgang spielt sich zwischen den Nationen ab. Das kann man daran erkennen, daß ein Drittel aller Nationen der Welt zahlungsunfähig ist. Die Industriegesellschaften nehmen mehr Schuldzinsen von diesen Ländern ein als sie Wirtschaftshilfe abgeben.

Die ungeheure Produktion und Ansammlung militärischen Materials hatte während des Zweiten Weltkriegs begonnen und wurde in der Zeit des Kalten Krieges weiter intensiviert. In Ost und West war man der Auffassung: „Je größer das Waffenarsenal, desto größer die nationale Sicherheit". Das hat sich auch nach der Auflösung des Ostblocks kaum verändert. Die Wirtschaft wurde immer stärker in militärische Projekte verwickelt. Die Militärausgaben haben sich in der Bundesrepublik Deutschland seit 1950 versiebenfacht, in den USA wird die Hälfte der staatlichen Steuereinnahmen für militärische Zwecke ausgegeben. Das Beschäftigungsniveau der Industrienationen ist mit den Militärausgaben demnach eng verbunden.

Hinzu kommt, daß die Mehrzahl der Wissenschaftler auch nach dem Zusammenbruch des Ostblocks für militärische Zwecke arbeitet. Neue Technologien und Herstellungsprozesse werden grundsätzlich zuerst auf ihren militärischen Nutzen hin untersucht und gelangen erst viele Jahre später kreativ-produktiv in den freien Markt. Eine große Anzahl von Unternehmen fühlt sich, oft entgegen ihrer Überzeugung, zum Mitmachen gezwungen, um den Anschluß an neue Technologien nicht zu versäumen. Es gibt aber auch vereinzelte Unternehmen, die zwar aus dem gleichen Grund für die Rüstung arbeiten, ihren Gewinn jedoch auf einen Dollar im Jahr beschränken, da sie sich nicht an Rüstungsaufgaben bereichern wollen.

Die USA und Rußland sind die Hauptprotagonisten der Weltmilitarisierung, aber Europa ist bemüht aufzuholen. Speziell Frankreich, Schweden und zunehmend Deutschland nehmen am Waffengeschäft teil, wie es sich während des Golfkrieges klar gezeigt hat. Was am Anfang unseres Jahrhunderts die amerikanischen Bürger so sehr gegen Deutschland aufbrachte, war die damals als unmoralisch empfundene Beteiligung der

Deutschen an Waffenverkäufen. Aber seit den 50er Jahren wurde genau diese Haltung in den USA zum *business as usual*, zu einem normalen Geschäft. Und wer nicht in den Verdacht kommen wollte, ein Kommunist zu sein, gab sich mit dieser Praxis einverstanden. Fast unbemerkt hat sich das Wettrennen um den Technologievorsprung, gepaart mit beschäftigungspolitischen Überlegungen und purem Gewinnstreben, zu einem Rüstungswettlauf entwickelt, der alle Menschen dieser Erde zur potentiellen Zielscheibe macht. Ausgerechnet in den Entwicklungsländern wird das Wettrüsten sogar noch der Versorgung der Bevölkerung mit Grundnahrungsmitteln vorgezogen. Wahnsinn der Normalität!

Dem Zweiten Weltkrieg folgten Veränderungen auf der Ebene ethischer und kultureller Werte. Eine Art Überlebensmentalität hatte sich während des Krieges breitgemacht; die alten Tugenden Genügsamkeit und Sparsamkeit wurden für die emporstrebende Wirtschaft eher zum Hemmschuh. Kriegsheimkehrer wurden schnell in die anlaufende Maschinerie eingegliedert. Inzwischen war auch nicht mehr von Kultur und Bürgern die Rede, sondern von Kaufkraft und Kosumenten. Was für die mitteleuropäische Industrie die Wiederaufbaujahre waren, haben die Amerikaner als „Boomjahre" erfahren. „Konsum, Konsum, Konsum!" lautete das Motto. In den USA wurde Verschwendung sogar in Abendkursen gelehrt. Als in den 60er Jahren die kalkulierte Kurzlebigkeit der Produkte, die sogenannte *planned obsolescence* als strategische Überlegung der großen Unternehmen in die Öffentlichkeit gelangte, war ein letzter Aufschrei zu vernehmen. Aber einige Jahre später war auch das kein Grund mehr zur Aufregung.

> *Die Konsumgesellschaft hatte sich unbemerkt in eine Wegwerfgesellschaft gewandelt.*

Wie viele Kühlschränke und Staubsauger konnte eine Familie eigentlich gebrauchen? Bald tauchten Grenzen des Konsums auf, bestimmte Märkte waren gesättigt. Zugleich hatte die fortschreitende Automatisierung der Industrieproduktion Arbeitskräfte verdrängt. Die Kombination dieser beiden Faktoren brachte eine grundlegende Veränderung mit sich. In einem Abstand von beinahe zehn Jahren folgten die europäischen Unternehmen den USA im Aufstieg der „Krawattenträger". Die Anzahl der Angestellten überstieg erstmals die der Arbeiter, und der Arbeiteranteil sank ständig weiter. Dies führte bei der arbeitenden Bevölkerung zu einem neuen Rollenverständnis und zu einer weiteren Kulturveränderung und brachte die Spekulanten- und Spielermentaltität hervor. Steuereinnahmen durch Lotterie, Spiele und Spekulation waren von nun an erwünscht. An den Börsen wurde weniger investiert als spekuliert, die Rentenfonds und Versicherungen entdeckten das große Spiel mit dem Geld, und bald spielten Unternehmen und Herr Jedermann mit. Dadurch wurde die Finanzindustrie zu einem der großen Arbeitgeber. Sie ist heute ein wesentlicher Beschäftigungsfaktor, zum realen Volksvermögen jedoch trägt sie nur unwesentlich bei.

All diese Faktoren haben gewiß zur Stärkung der Volkswirtschaft in den Nachkriegsjahren beigetragen, aber langfristig führten sie zu ernsthaften gesellschaftlichen Problemen. Die Kombination der fortschreitenden Produktivitätserhöhung, der Einstieg neuer Teilnehmer, insbesondere der Frauen, in den Arbeitsmarkt sowie die spiralförmige Steigerung der Ansprüche bei Investoren und Gewerkschaften haben das Management und die Arbeitnehmer, letztlich die ganze Gesellschaft, gewaltig unter Druck gesetzt. Diese Dynamik zwingt zu weiteren Rationalisierungsmaßnahmen, technischem Fortschritt und zu einem erbitterten Wettbewerb in einem nunmehr transnationalen und globalen Markt, in dem jedes Land das mächtigste sein möchte.

Das Bruttosozialprodukt eines Staates und seine Wachstumsraten wurden zum Gesundheitsbarometer der Gesellschaft. Dieser monetarisierte Maßstab ist es, der zugleich den Takt für die Umwelt- und Selbstzerstörung vorgibt.

Die Verlockungen eines unbegrenzten Wirtschaftswachstums fördern die Zerstörung der Natur und damit unserer selbst. Was Hans Nutzinger bereits 1986 zum Thema Ökonomie und Ökologie sagte, hat bis heute nichts von seiner Brisanz verloren. Im Gegenteil:

„Schon der biblische Schöpfungsauftrag ‚Machet Euch die Erde untertan' ist immer wieder als Freibrief zur rücksichtslosen Ausbeutung der natürlichen Umwelt durch den Menschen mißverstanden worden. Diesem fehlerhaften Handeln geht regelmäßig ein falsches Denken voraus, das letztlich darauf beruht, daß sich der Mensch, der ja selbst Teil der Natur ist, zunächst in seinem Denken und dann in seinem Handeln über die Natur zu erheben trachtet. Er erlebt sich nicht als Teil der Natur, sondern als etwas von ihr Getrenntes, etwas besonderes, als eine Kraft, die Natur zum Objekt menschlicher Ausbeutung macht.

Die beginnende Einsicht, daß unsere Art des Wirtschaftens die Lebensbedingungen unserer Nachkommen, aber auch schon unserer eigenen Generation bedroht, und daß wir auf die Dauer nicht dadurch reicher werden können, daß wir die Bedingungen unserer Existenz untergraben, hat sich bisher viel zu wenig in praktisches Handeln umgesetzt. Von der abstrakten Erkenntnis, daß langfristig Ökonomie und Ökologie in eins gehen müssen bis zur praktischen Umsetzung dieser Einsicht in konkrete Handlungen, ist es ein weiter Weg. Dies hängt vor allem damit zusammen, daß die erforderliche Umstrukturierung der Wirtschaft in Richtung auf weniger umwelt- und energiebelastende Produktionsformen, die das Kernstück eines Konzeptes qualitativen Wachstums darstellen, nicht ohne Opfer und Verzichte möglich ist."

Der Druck, den dieser Prozeß auf Personen, Organisationen und die Gesellschaft ausübt, läßt einen freiwilligen Verzicht oder Wandel im Denken nicht zu. Im Gegenteil, es gibt Menschen, die nach wie vor die Umweltzerstörung verharmlosen und sich mit dieser Einstellung einer Heilung der Natur in den Weg stellen.

Das Schwergewicht des Wirtschaftswachstums und sein Maßstab, das Bruttosozialprodukt, führten zu einer Deformierung gesellschaftlicher Prioritäten. Finanzielle Spekulationen, Energieverschwendung, Werbung, überflüssige Verpackung, selbst Massenkarambolagen auf der Autobahn tragen zur Erhöhung des Bruttosozialprodukts bei und scheinen die Wirtschaft anzukurbeln. Kunst, Bildung, Kindergärten oder Altenpflege werden hingegen als Kostenverursacher angesehen.

Diese Eigendynamik ist mittlerweile an einen Punkt gelangt, an dem Ethik, soziale Integrität und das Wohlbefinden der Menschen kurzfristigen finanziellen Vorteilen bedingungslos untergeordnet werden. Das trifft für die ganze moderne Gesellschaft zu; die Unterschiede in den einzelnen Nationen sind nur gradueller Art. Das Ausmaß, das die Finanzspekulation mittlerweile erreicht hat, machen folgende Zahlen deutlich:

Der Wert der Güter, die weltweit gehandelt werden, beläuft sich derzeit jährlich auf 3 Billionen US-Dollar; finanzielle Transaktionen werden hingegen jährlich in einer Höhe von 80 Billionen US-Dollar getätigt. Ein Geldfluß, der nichts mit dem Austausch von Waren und Dienstleistungen zu tun hat, macht demnach den weitaus größten Teil des weltweiten Geldvolumens aus. Katastrophen werden in Dollar oder Mark ausgedrückt, so, als wäre alles mit Geld zu ersetzen.

Die Wirtschaft wird weniger durch industrielle Produktion oder Dienstleistungen angetrieben als durch die Finanzwelt. Die Welt ist ein riesiges Spielkasino.

■ Landwirtschaft und Lebensmittelproduktion

Ein spezifischer Teil der Wirtschaft ist die Landwirtschaft. Ihren Produkten und deren Verteilung kommt eine besondere Bedeutung zu, denn ausgerechnet im landwirtschaftlichen Bereich werden die natürlichen Kreisläufe am häufigsten mißachtet. Zu kritisieren ist nicht allein, daß die Agrarindustrie viel zu freizügig mit Pestiziden und künstlichem Dünger umgeht und es Familienbetrieben nahezu unmöglich gemacht wird zu überleben, sondern auch, daß die Langzeiteffekte von all dem bislang kaum bedacht wurden.

Der Irrtum der heutigen Landwirtschaft liegt auf einer tieferen Ebene. Wendell Berry ist einer der führenden Kritiker der gegenwärtigen Agrarindustrie. Er ist der Auffassung, daß Landwirtschaft nicht als Industrie verstanden und praktiziert werden sollte. Denn eine industrielle Wirtschaftsform nimmt, stellt her, verbraucht und wirft weg. Landwirtschaft hingegen ist eine ergänzende Wirtschaftsform, die zwar auch von der Natur etwas nimmt, aber ihr nur etwas nehmen kann, wenn sie an die Natur wieder etwas zurückgibt. Landwirtschaft verlangt deshalb ein Denken und Arbeiten in Kreisläufen. Nicht nur die maximale Fruchtbarkeit der Naturressourcen steht im Vordergrund, sondern gleichermaßen die Pflege und der Erhalt dieser Ressourcen. Wenn das nicht der Fall ist, dann wird Humus genauso behandelt wie zum Beispiel Braunkohle. Er wird verbraucht und damit zerstört. Die traditionelle Ethik der Landwirtschaft hatte noch das Ziel, das bewirtschaftete Land an künftige Generationen zumindest in dem gleichen, vielleicht sogar in einem besseren Zustand weiterzugeben, jedenfalls nicht völlig ausgelaugt.

Im Gegensatz zu einem Industriellen ist ein Landwirt jemand, der das Land, das ihn umgibt und von dem er lebt, hegt und pflegt, besser gesagt, hegen und pflegen sollte. Die Motive des Lohnempfängers können deshalb nicht die eines Landwirts sein, der bei dem, was er tut, von der Liebe zu seinem Land und seinen Tieren getragen sein sollte.

Darüber hinaus ist Wendell Berry der Auffassung, eine gesunde Agrarkultur könne nicht ihren Schwerpunkt im Export haben. Vielmehr sollen die Familien der Landwirte weitgehend von ihrem Land leben und die umliegenden Gegenden vornehmlich die Produkte der Region verzehren. Das gleiche müße auf nationaler Ebene gelten. Nur so könne Agrarkultur zur Gesamtkultur des eigenen Landes einen Beitrag leisten.

> *Das derzeitige System landwirtschaftlicher Massenproduktion mit seinen Transportwegen zu weit entfernten Märkten verbraucht das Acht- bis Zwölffache der Energie, die wir durch die Lebensmittel aufnehmen. Von dem Leiden der Tiere gar nicht zu sprechen.*

Ein weiteres gemeinsames Schicksal der Menschheit hängt mit ökonomischen Anreizen zusammen. Die moderne Landwirtschaft ist kaum zu überbieten in ihrer Produktivität, jedoch mindestens ebensowenig zu unterbieten bei der Vergiftung von Boden und Grundwasser und bei der Entfremdung der landwirtschaftlichen Bevölkerung von ihrer Arbeit. All das mündet in den Verlust von Agrarkultur, dem bodenständigen Teil nationaler Kultur und Tradition. Und nicht zu vergessen sind die vielen Millionen Menschen, die durch Lebensmittelallergien ihres Lebens nicht mehr froh werden.

Diese Tendenz wird durch die zentrale Steuerung der landwirtschaftlichen Produktion in der Europäischen Gemeinschaft verstärkt. Die Scheinversuche der Europäischen Gemeinschaft und der nationalen Regierungen, durch Subventionen Land stillzulegen, Überschüsse aufzukaufen und zu vernichten, können nicht ernsthaft als langfristige Lösungsstrategien angesehen werden. Das Problem liegt auch hier viel tiefer. Vom ökologischen und menschlichen Standpunkt aus müßte die angewandte Ethik in der Landwirtschaft mehr auf Sorgsamkeit bedacht sein: Sorgsamkeit beim Umgang mit dem Land und den Tieren. Aber wenn Landwirtschaft als Industrie (miß)verstanden wird, werden zwangsläufig die falschen Werte und sorgloses Verhalten gefördert. Seit allzu langer Zeit werden die Landwirte, die sich um gesunde Lebensmittel und die Schönheit der Landschaft kümmern, von Betrieben, die eine kurzfristige Gewinnmaximierung anstreben, verdrängt.

Ein Grund für diese Situation dürfte in der Psychologie arbeitssparender Technologien liegen. Wer einmal einen vollklimatisierten Traktor gefahren hat, möchte verständlicherweise nicht mehr zu Pferd und Pflug zurück. Aber schwere körperliche Arbeit ist nicht per se etwas, das es zu vermeiden gilt. Es kommt vielmehr auf den jeweiligen kulturellen Kontext an, in dem diese Arbeit steht. Wenn sie zum Beispiel dem Wohle der Gesellschaft dient, dann kann selbst eine körperlich anstrengende und ermüdende Arbeit vom einzelnen als sinnvoll erfahren werden.

▒ Dritte Welt

Eines der gewaltigsten Potentiale für eine Weiterentwicklung der Menschheit steckt in den sogenannten Enwicklungsländern, dem *schlummernden Riesen.* Und dieser Riese erwacht. Die Menschen, die bislang ihre Entbehrungen, das Gefühl der Minderwertigkeit und den Hunger als Schicksal hingenommen haben, werden sich zunehmend bewußt, wie inakzeptabel das Weltwirtschaftssystem ist, das für ihre mißliche Lage wesentlich mitverantwortlich ist.

Die als grüne Revolution bezeichnete Entwicklung ertragreicher Getreidesorten, die das Ende des Hungerns für viele Millionen Menschen herbeiführen sollte, erwies sich nur als halber Erfolg, da der größere Problemzusammenhang nicht genügend berücksichtigt wurde. Die Erträge sind zwar gewachsen und mehr Menschen konnten ernährt werden. Aber auch die Zahl der Menschen ist nach wie vor gestiegen und Landbesitz sowie politische Macht blieben in den Händen einer kleinen Elite. Die Folge ist, daß in vielen Regionen die Möglichkeiten für eine Familie oder Gemeinschaft, sich selbst zu versorgen, kaum noch vorhanden sind. Hinzu kommt, daß der Ausverkauf von Futtermitteln für die Massentierhaltung in den reichen Ländern und die damit verbundenen, dringend benötigten Deviseneinnahmen von den meisten Landbesitzern und Regierungen der Versorgung der eigenen Bevölkerung mit Lebensmitteln vorgezogen wird.

Die neuen politischen Führer in den Entwicklungsländern erkennen, daß Entwicklung nicht im Verrat an der eigenen Kultur und der besinnungslosen Übernahme der Lebensweise westlicher Industriegesellschaften liegen kann.

Die beiden zentralen Ziele der weltweiten Entwicklungspolitik sind Bedürfnisbefriedigung und Gleichberechtigung. In Dokumenten der Internationalen Arbeitsorganisation und anderen Unterorganisationen der Vereinten Nationen werden folgende Zielpunkte einer neuen Weltwirtschaftsordnung festgehalten:

▶ Alle Menschen sollen ihre elementaren Grundbedürfnisse nach Nahrung, Wohnung, Gesundheit, persönliche Sicherheit befriedigen können;

▶ die Würde des Menschen ist zu achten; jeder Mensch soll die Chance haben, sich zu entwickeln und die Umstände, in denen er lebt zu verbessern;

▶ überall soll Recht und Gerechtigkeit sein;

▶ jeder Mensch soll die Möglichkeit haben, an den Entscheidungen der Gemeinschaft, in der er lebt, mitbestimmend teilzunehmen.

Mittlerweile haben 120 Staaten diese Zielvorgabe für eine künftige Weltwirtschaftsordnung zumindest auf dem Papier akzeptiert. In einigen Nationen, wie zum Beispiel den USA, wurde jahrelang diskutiert, ob derartige Programme und Garantien überhaupt sinnvoll und vor allem, ob die auftretenden Kosten auch tragbar sind. Das vierzigjährige Zögern der Industrienationen, diese Deklaration auch in die Tat umzusetzen, hat seinen guten Grund. Sie müßten ihren Kryptokolonialismus endlich aufgeben. Nur dann dürfte der Weg für ein besseres Leben in den Ländern der Dritten Welt frei sein.

Ein weiterer kritischer Faktor, der die geforderte Ausdehnung der Menschenrechte begrenzen wird, ist das ständige Bevölkerungswachstum. Die Weltbevölkerung beträgt derzeit ungefähr 6 Milliarden Menschen. Im Jahr 2035 werden es schätzungsweise 8,5 Milliarden sein. Mehr Menschen bedeutet aber mehr Umweltverschmutzung, mehr Zerstörung von Lebensräumen und mehr soziale Unruhen; selbst dann, wenn es gelingen sollte, die wirtschaftlichen Rahmenbedingungen zu verbessern und den jährlichen Zuwachs der Weltbevölkerung zu vermindern. Denn die ökonomischen Grundbedingungen bleiben die gleichen. Jedenfalls läßt das gegenwärtige Wirtschaftssystem keine Anzeichen erkennen, daß sich auf Dauer wirklich etwas tiefgreifend ändert. Weder eine ökologische Gesellschaft noch eine befriedigende Lösung für die Armen und Hungerleidenden ist in Aussicht. Es ist vielen nicht einmal klar, wie grundlegend der erforderliche Wandel sein müßte.

Das Dilemma, vor dem wir stehen, kann man auf folgende Formel bringen: Von den beiden Wegen, auf denen eine globale Entwicklung voranschreiten könnte, erscheint der ökonomisch gangbare Weg sozialökologisch unverträglich und der ökologisch notwendige und menschlich wünschenswerte Weg ökonomisch und politisch unbegehbar.

Stellen Sie sich vor, alle Entwicklungsländer würden erfolgreich dem Beispiel des Kapitalismus folgen und in der Industrialisierung eine ganz normale Entwicklung sehen, eine Schreckensvision, zweifellos. Unser Planet wäre überfordert, 6 bis 8 Milliarden Menschen ein konsumgesteuertes Leben zu ermöglichen. Wir können uns aber auch ein anderes Bild vorstellen, bei dem die gegenwärtige Konsumgesellschaft der Vielverbraucher weiterhin so bleibt wie sie ist, und die ärmeren Länder weiterhin die Rolle der Wenigverbraucher spielen. Es fällt jedoch schwer, an ein solches Szenario zu glauben. Der derzeitige Status quo ist für viele Länder so unerträglich, daß seine Festschreibung auf friedlichem Wege nicht erreicht werden kann.

So bleibt ein dritter Weg vorstellbar. Eine neue Einstellung zum Leben. Von der vorherrschenden Mangelmentalität zu einer Füllementalität, die eine freiwillige Selbstbeschränkung der Überfluß- und Wegwerfgesellschaft hervorruft. Sie würde einen Teil der selbsterzeugten Probleme mindern. Aber auch dieser Weg wird auf wenig Gegenliebe stoßen, nicht zuletzt aufgrund der hohen Arbeitslosigkeit, die zwangsläufig mit einer solchen Selbstbeschränkung verbunden wäre.

Der Pfad der sozialistischen Hegemonie schließlich, der in vielen Entwicklungsländern eingeschlagen wurde, ist für die kapitalistischen Länder nicht akzeptabel und hat in den vergangenen Jahren selbst in den Hochburgen des Sozialismus viel von seiner einstigen Attraktivität verloren.

Es dürfte deshalb schwer sein, einen Konsens darüber zu erreichen, wie es in Zukunft weitergehen soll, um den Menschen ein lebenswürdiges Leben zu ermöglichen. Eines jedoch wird immer klarer, unser gegenwärtiges wirtschaftliches und politisches System wird nicht zu einer solchen Zukunft führen. Denn es produziert zu viele gesellschaftliche Randgruppen, die keinen Sinn mehr im Menschsein und in der Gesellschaft erkennen können, und es konditioniert die Gesellschaft zu eingleisiger Zielstrebigkeit und überhöhtem Anspruchsdenken. Kostbare Ressourcen werden dabei verschleudert und notleidenden Menschen vorenthalten. Das gegenwärtige System kann den Menschen in den wirtschaftlich unterentwickelten Ländern wenig in Aussicht stellen, außer weiter in Armut ihr Dasein zu fristen.

Die gegenwärtigen sozialpolitischen, ökonomischen und unternehmensstrategischen Prinzipien widersprechen langfristigen Erfordernissen; sie werden weder mit Weitsicht auf eine lebensfähige Zukunft hin festgesetzt noch mit ausreichendem Verständnis für Zusammenhänge und menschliches Dasein umgesetzt. Sie verhindern vielmehr die erforderlichen Veränderungen, die uns alle in eine lebenswerte Zukunft führen könnten.

■ Einflüsse der Vergangenheit

Um die mißliche Situation, in der wir uns befinden, wirklich zu verstehen, ist es nötig, ihre Ursprünge aufzudecken. Wenn wir nach Erklärungen suchen, wie wir in diese Situation gekommen sind, spielen die Zeiträume, in denen wir nach solchen Erklärungen suchen, eine große Rolle. Je nachdem, ob wir nur die Zeit nach dem Zweiten Weltkrieg betrachten oder ob wir bis zu den Anfängen der Moderne oder gar bis ins Mittelalter zurückblicken, stellen sich die Ursprünge unserer Problematik anders dar. Gehen wir aber noch weiter in die Vergangenheit zurück, werden auf einmal Ereignisse wie die Agrarrevolution, der Aufbau der Städte, speziell aber das Aufkommen des Patriarchats bedeutsam. Gerade das Patriarchat hat mit seinem Wert- und Glaubenssystem die Entwicklung der westlichen Gesellschaften wesentlich geprägt. All diese verschiedenen Faktoren tragen zu einem tieferen Verständnis unserer jetzigen Situation bei und erklären, warum allein in einer Veränderung des gesamten gesellschaftlichen Systems eine Chance liegen kann, mit den Problemen, die uns bedrängen, fertigzuwerden.

Die Quelle derzeitiger Probleme ist in den Veränderungen der letzten 50 Jahre, in den vollen Auswirkungen der Modernisierungstendenzen und im Einfluß des Patriarchats zu suchen.

■ Die Modernisierungs-Revolution

Die Entwicklungen des 17. Jahrhunderts im westeuropäischen Raum kennzeichneten nicht nur das endgültige Ende des Mittelalters; sie hatten auch langfristig gewaltige Auswirkungen auf die gesamte Welt.

In jener Zeit entstand ein neues Weltbild. Die mittelalterliche Weltanschauung wandelte sich zu einer prämodernen. In der mittelalterlichen Realität war die Erde das Zentrum des Kosmos, der Ort allen Wandels, der Ort, an dem Christus gelebt hat und auferstanden ist. Über der Erde drehten die Himmelskörper ihre Bahnen, rein und unvergänglich, durch göttliche Kraft getrieben. Durch ihre Stellung im Himmelsraum beeinflußten sie das Schicksal der Menschen und gaben ihnen darüber Auskunft. Das Universum war lebendig und sinndurchdrungen. Alle Kreaturen waren Glieder einer großen Kette des Seins, wobei die Menschen zwischen den Engeln und den Tieren angesiedelt waren. Geschehnisse wurden als göttliche Fügung oder sinnvolle Funktion innerhalb einer sinnerfüllten Welt verstanden.

Gebildete Menschen um 1600 lebten noch in einem mittelalterlichen Kosmos; die Menschen um 1700 nahmen die Welt bereits ganz anders wahr. War das Universum vorher lebendig, für die nachfolgenden Generationen war es tot, von einem Schöpfer geschaffen und in Bewegung gebracht, aber durch mechanische Kräfte und Naturgesetze erhalten. Die Erde war auf einmal einer von vielen Planeten, der die Sonne umkreist, die ihrerseits nur einer von vielen Sternen war. Mit dieser Verschiebung der Wahrnehmung haben die Erde und die Menschen ihre Position im Zentrum des Kosmos verloren. Gleichzeitig entstand in bezug auf die Erde selbst eine neue Form des Anthropozentrismus. Der Mensch nahm von nun an sein Schicksal selbst in die Hand. Der materielle und moralische Fortschritt war weniger von Gott gelenkt als vielmehr durch den Menschen selbst zu bewerkstelligen. Es war der Mensch und nicht mehr Gott, der von nun an in das Zentrum der Weltordnung rückte. Und als Folge dieses Anthropozentrismus (miß)versteht der Mensch die Natur, ihre Ressourcen und die anderen Kreaturen als bloße Gebrauchsgegenstände.

Das 17. Jahrhundert war die Zeit Galileos und Newtons, die Zeit der großen wissenschaftlichen Revolutionen. Aber noch andere wichtige Ereignisse fielen in diese Zeit wie das Ende der Reformation, der Aufstieg der Puritaner in England, die ersten demokratischen Revolutionen, die Geburtsstunde der kapitalistischen Philosophie. Es war die Zeit der schrecklichen religiösen Auseinandersetzungen, der philosophischen und sozialtheoretischen Diskussionen, aus denen die Leitlinien des modernen Denkens hervorgingen. Das 17. Jahrhundert war alles in allem ein großartiger historischer Scheitelpunkt. Folgende Merkmale des modernen Weltbildes stammen aus dieser Zeit:

▶ Naturwissenschaft als Paradigma aller Wissenschaft;
▶ der Glaube an unbegrenzten materiellen Fortschritt;
▶ die Segmentierung und Rationalisierung von Arbeit durch zunehmenden Einsatz der Technik;
▶ die Dominanz pragmatischer und ökonomischer Werte.

Eine Besonderheit dieses Paradigmas ist die vermehrte Monetarisierung der Gesellschaft. Die Arbeit der Menschen wird primär in ökonomischen Kategorien bewertet. Wirtschaft und Finanzwelt werden zu den einflußreichsten Institutionen innerhalb der Gesellschaft. Dem Wirtschaftswachstum gilt seitdem das größte Interesse; es wird zum Indikator für den Fortschritt einer Gesellschaft.

Schon 1956 hat Lewis Mumford in *Transformations of Man* die gewaltigen Veränderungen der Gesellschaft vom feudalistischen Mittelalter bis hin zum modernen Industriezeitalter brillant beschrieben: *„Innerhalb weniger Jahrhunderte hat sich der Brennpunkt der Aufmerksamkeit von der inneren Welt in die äußere Welt verlagert. (…) Bis auf eine (Faulheit) wurden die*

Todsünden in Tugenden verwandelt. Habgier, Geiz, Eifersucht, Lust, Luxus und Stolz waren die treibenden Kräfte des neuen Kommerz."

Zum Ende des 20. Jahrhunderts wurde die technologische Macht der industriellen Gesellschaft geradezu „ehr-furchtgebietend", ihr Nutzen ebenso beeindruckend wie erschreckend.

▓ Das Patriarchat

Die patriarchalischen Gesellschaften sind im Westen vor ungefähr 5.500 Jahren entstanden und bestimmen seitdem den westlichen Zivilisationsprozeß. Das Patriarchat hat die matriarchalischen Agrargesellschaften abgelöst, die egalitär und überwiegend friedfertig waren. Es hat sich eine Gesellschaft entwickelt, die von Männern beherrscht wird, in der es zu einer zunehmenden beruflichen Spezifizierung kommt, in der Kommerz und Militarismus dominieren und die ein Denken nach dem Schema Entweder-Oder favorisiert. Obwohl sie als irrational und damit inakzeptabel bekämpft wurde, hat die matriarchalische Denkform, die mehr der Maxime *Sowohl-Als-auch* und der Intuition folgt, nie aufgehört zu wirken. Gerade diese Eigenschaften aber sollten wir versuchen, wieder zu integrieren, um die Natur in uns und um uns herum besser zu verstehen. Sie enthalten zugleich die kreativsten Potentiale unserer Zivilisation. Die Tradition matriarchalischen Denkens ermöglicht uns zum Beispiel die Einsicht in die Welt der Archetypen und des Unbewußten. Vor allem deren symbolischer Gehalt ermöglicht es uns, über das begrenzende rationale Denken des Patriarchats hinauszugelangen.

Patriarchalische Einrichtungen in der westlichen Gesellschaft sind die großen klassischen Weltreiche, die Staatskirche, die Nationalstaaten und die Wirtschaft. Diese vier Institutionen werden ausschließlich von Männern beherrscht und dienen hauptsächlich der Erfüllung männlicher Bedürfnisse. Frauen hingegen haben, wenn überhaupt, nur geringen Einfluß auf die Entwicklung dieser Institutionen.

Die großen Weltreiche haben ihre Untertanen unterdrückt bis hin zur Sklavenhaltung. Die elementarsten Menschenrechte wurden mißachtet und ein Bewußtsein für die natürliche Umwelt fehlte vollkommen. Mit ihren riesigen Bewässerungssystemen und Bauten sowie dem immensen Bedarf an Holz wurden weite Landstriche verwüstet und durch Versalzung für Jahrhunderte nicht mehr nutzbar.

Die Kirche war und ist die zweite patriarchalische Institution. Sie war über

Jahrtausende hinweg die einzige dauerhafte überstaatliche Autorität in der westlichen Welt. Das Glaubenssystem der Kirche war bestimmend für die Werte und Überzeugungen der westlichen Gesellschaft. Die Kirche war die größte Stütze des Patriarchats. Die Herrschaft in dieser überstaatlichen Organisation oblag den Männern angeblich durch göttliche Vorsehung. Der untergeordnete Status der Frauen wurde festgeschrieben, indem man ihnen die Teilnahme an religiösen Riten verweigerte und das weibliche Prinzip mit wilder Natur und Sünde gleichsetzte.

Die dritte patriarchalische Institution ist der Staat. Nach dem 15. Jahrhundert fand der entscheidende Übergang statt vom feudalistischen Mittelalter zu den Monarchien und Stadtstaaten der Renaissance und späterer Epochen. Die Legitimität der autonomen Staaten, auf diesem Planeten all das zu tun, was in ihrer Macht liegt, wurde durch den Westfälischen Frieden, dem Ende des Dreißigjährigen Krieges, endgültig ratifiziert. Der Glaube, die Nation sei die primäre zivilisatorische Macht auf Erden, führte schließlich zu den Entdeckungsreisen in ferne Länder, die die Ausbeutung der dort lebenden Menschen und deren Naturressourcen einleitete. Die Nationalstaaten wurden zum Modell für aggressiv-männliche Machtausübung, Eroberung und Kontrolle.

Viertens gibt es die modernen Unternehmen, genauer den kommerziellen Sektor mit seinen Finanz-, Produktions-, Handels- und Dienstleistungsinstitutionen, der in der modernen Gesellschaft den Ton angibt. Regionen ohne Industrie und Handel werden als unterentwickelt angesehen. Aber weder die Unternehmen noch die Nationalstaaten sind die wirkliche Ursache unserer heutigen Probleme; beide sind, so wie die Probleme selbst, nur eine Konsequenz unseres Wert- und Glaubenssystems und der daraus hervorgehenden Denkmuster.

Es ist daher notwendig, daß wir von der Pendelbewegung Matriarchat – Patriarchat zu einer synergetischen Form gelangen, die beide Eigenschaften integriert.

■ Die Einsicht zu nötigen Systemveränderungen

Wir haben eine natürliche Tendenz, vorschnelle Erklärungen für unsere Probleme zu finden, die uns rasche Korrekturen ermöglichen. Wir sind allzu ungeduldig bei der Analyse und gelangen nicht dorthin, wo die eigentlichen Ursachen zu suchen sind. Diese werden wir anhand der folgenden Analogie freilegen.

▓ Die Gesundheitsanalogie

Stellen Sie sich eine Person vor, die von mehreren Krankheiten geplagt wird, angefangen bei einer Grippe bis hin zu Herzbeschwerden. Einige dieser Krankheiten wurden durch Bakterien oder Viren verursacht, andere durch Abnutzung oder Überbeanspruchung des Körpers. Jedenfalls sind sie mit einer Fülle von Symptomen verbunden wie zum Beispiel Halsschmerzen, Fieber, Brustschmerzen oder Atembeschwerden. Der Arzt erklärt jedes dieser Symptome, indem er es auf eine bestimmte Krankheitsursache zurückführt. Ein großer Fortschritt im Verständnis der Krankheit wird getan, wenn der Arzt die verschiedenen Symptome nicht einzeln behandelt, sondern als Ausdruck eines ganzheitlichen Krankheitssyndroms versteht.

Es gibt eine noch tiefere Ebene, auf der die Ursache für die verschiedenen Krankheitssymptome gesucht und gefunden werden kann, und das wäre die immunologische Ebene. Ein geschwächtes Immunsystem kann für das Auftreten der Krankheiten verantwortlich sein. Dieses komplexe System, das unseren Körper bei guter Gesundheit vor eindringenden Bakterien und Viren schützt, ist unter Umständen in seiner Funktion gestört und kann die Eindringlinge nicht mehr abwehren; schlimmer noch, es kann zusammenbrechen und sich selbst zerstören. Aber selbst hierfür liegt die eigentliche Erklärung noch tiefer. Die Gründe für ein gestörtes Immunsystem können nämlich in der mentalen und emotionalen Grundstimmung eines Menschen liegen, in seiner Einstellung zum Leben, zur Arbeit, gegenüber dem Ehegatten oder Vorgesetzten. Je nachdem kann diese Grundhaltung zu Streß führen, der wiederum das Immunsystem nachweislich schwächt.

Die Perspektive, aus der wir die Krankheit betrachten, ist demnach entscheidend für ihre Behandlungsweise. Die Symptome können eines nach dem anderen geheilt werden, durch eine Tablette für den Hals, ein Aspirin für das Fieber und so weiter. Um das Immunsystem wieder zu stärken, dürften aber Tabletten und Antibiotika nicht angemessen sein. Und um den Streß abzubauen, der für die Immunschwäche mitverantwortlich ist, müssen wir unsere ganze Lebensform ändern, unsere Eß-, Schlaf- und Denkgewohnheiten, unsere Ängste und Vorurteile, unsere unbewußten Glaubensinhalte und Wertsysteme.

Patienten haben einen inneren Widerstand, die Ursachen ihrer Gesundheitsprobleme anzuerkennen. Sie erahnen jedoch die Änderungen in ihrer Lebensweise, die nötig wären, um ihre Krankheit wirklich zu heilen.

Den gleichen Widerstand haben viele Menschen im Hinblick auf die tieferliegenden Ursachen gesellschaftlicher Probleme. Wenn wir die Notleidenden, die Verhungernden und die Umweltverseuchung als ein Problem „da draußen" betrachten, hoffen wir, durch irgendeine Medizin eine Korrektur herbeiführen zu können. Auf jeden Fall verlangt diese Sichtweise von uns keinen Wandel unserer Gewohnheiten und Überzeugungen. Wenn aber die Ursachen unserer Probleme in unseren Überzeugungen und Werturteilen erkannt werden, sind wir gezwungen, unsere Grundeinstellung zu hinterfragen und über unsere Wert- und Glaubenssysteme nachzudenken. Angenehm ist das nicht.

Erklärungsebenen

	Beispiel A **Gesundheit**	Beispiel B **Politik und Wirtschaft**
Ebene 1	Symptom	Problem
Ebene 2	Krankheitssyndrom	Komplexe Zusammenhänge
Ebene 3	Immunsystem	Selbstheilende Tendenzen
Ebene 4	Streß	Kollektiver Streß
Ebene 5	Angst, Sorgen, Unsicherheit	Angst und Unsicherheit
Ebene 6	Wert- und Glaubenssystem, das Angst erzeugt	Kollektives Wert- und Glaubenssystem, das Unsicherheit erzeugt

■ Wie gesund ist die Gesellschaft?

Nehmen wir als Beispiel Armut und Hunger in einem Land der Dritten Welt. Lebensmittel und Kleidung einzufliegen, lindert sicher das Symptom, löst aber nicht das Problem. Die Gründe für Armut und Hunger in diesen Ländern können verschieden sein. Sicher gehört zu ihnen die Entscheidung der Regierungen, Futtermittel zu exportieren, um mit dem Erlös ihre Schulden zu begleichen, die hohe Krankheitsrate, die die Leistungsfähigkeit der Menschen und damit die Produktivität der Wirtschaft schmälert; aber auch die Tendenz der Regierenden, sich zu bereichern. Je nachdem, wo man die Hauptursache für Armut und Hunger sieht, wird man versuchen, durch koordinierte Aktionen den Menschen in diesen Ländern zu helfen.

Man könnte auch zu dem Schluß kommen, daß es Armut immer gegeben hat und immer geben wird, weil Reichtum und Armut in unserem Weltwirtschaftssystem die zwei Seiten einer Medaille sind. Wer so denkt, muß sich den Vorwurf gefallen lassen, zynisch und menschenverachtend zu sein. Wenn wir die Betroffenen wären, würden wir jedenfalls anders denken. Es scheint nur eine Alternative zu Resignation und Zynismus zu geben. Wir müssen das gesamte gesellschaftliche System ändern. Wenn auch Beispiele solcher Systemveränderungen in der Geschichte zu finden sind, wissen wir nicht, wie wir eine derartige Veränderung vorsätzlich herbeiführen können, ohne sozialen Unfrieden und weiteres Leiden der Menschen zu verursachen.

In der Regel ist es die Unzufriedenheit breiter Bevölkerungsschichten, oftmals verbunden mit einer unklaren Vorstellung der sogenannten besseren Verhältnisse, durch die die nötigen Umgestaltungskräfte freigesetzt werden. Aufgabe der Regierenden sollte es sein, derartige Konfliktpotentiale bereits im Vorfeld wahrzunehmen und sich über die Ursachen der Unzufriedenheit klarzuwerden, um mit dieser Einsicht die eigenen Interessen mit denen der Menschen wieder in Einklang zu bringen. Und wenn die Menschen kraftvoll genug auftreten, bleibt den Regierenden keine andere Wahl, als auf ihre Interessen und Bedürfnisse einzugehen.

Es ist die tiefe Sehnsucht vieler, vieler Menschen, die den Geist einer Zeit schafft, den zu ignorieren sich auf Dauer keine Regierung leisten kann, so wie es Ende der 80er Jahre im Ostblock tatsächlich geschah.

Der Faktor Legitimation erhält in diesem Zusammenhang eine Schlüsselfunktion. Denn in einer parlamentarischen Demokratie sind es allein die Bürger, die politische Macht legitimieren. Diese Macht der Bevölkerung, Autorität zu legitimieren und Autorität auch wieder entziehen zu können, sehen wir als die stärkste Kraft für einen transformatorischen sozialen Wandel. *Die Macht der Machtlosen,* so wie es Vaclav Havel formuliert hat, muß den meisten Bürgern viel stärker bewußt werden. Nur sie sind es, die Legitimität zuteilen und entziehen können.

Wenn die Menschen Veränderungen wollen, so liegt es an ihnen, sie durchzusetzen. Ein Wandel des gesamten Systems geht fast nie von den Machthabern aus. Sie halten am System fest. Stattdessen kommt der Druck für transformatorische Veränderungen von Menschen, die kraftvolle Visionen entwickeln und damit den Status quo überwinden wollen. Die wirkliche Herausforderung für Machthaber liegt darin, Freiräume zu schaffen, in denen die Bürger den gewünschten Wandel selbstbestimmt gestalten können. In einer Demokratie, in der das Engagement der Bürger erwartet und geschätzt wird, findet ein reger Austausch zwischen Machthabern und Bürgern statt. Die Entwicklungen in Osteuropa und China 1989 geben ein Beispiel ab für das Gelingen und Mißlingen solcher Umwandlungsprozesse. Die zunehmende Unzufriedenheit über die gravierenden Mängel der sozialistischen Systeme und die Sehnsucht der Menschen nach Freiheit und Demokratie führten in den meisten osteuropäischen Ländern zu einer gewaltfreien Wende. In vergleichbarer Situation befand sich auch China. Dort haben es jedoch die Machthaber versäumt, die Dringlichkeit und Unumgänglichkeit der anstehenden Reformen im politischen und wirtschaftlichen Bereich zu erkennen und sie auf friedliche Weise einzuleiten. Stattdessen haben sie unschuldige Menschenleben geopfert und ignorieren weiterhin, was die Zeit längst von ihnen verlangt. Die Lösung ist nur aufgeschoben.

Politik hat der Gesellschaft als Ganzes zu dienen, ohne über das Ganze verfügen zu wollen. Verwaltung ist die gesamte Tätigkeit der Träger öffentlicher Gewalt, die der Erfüllung gesellschaftlicher Aufgaben dient. Das ist sozusagen der Idealfall. In unserer Zeit aber beschränken sich Politik und Verwaltung nicht mehr auf ihre Funktion des Dienens. Vielmehr sind sie dazu übergegangen, das gesamte öffentliche und soziale Leben zu beherrschen. Anders ausgedrückt, wir haben diese Entwicklung nicht nur zugelassen, sondern durch den Ruf nach Absicherung noch gefördert.

Enges bürokratisches Denken läßt weder denen, die in der Verwaltung arbeiten, Freiraum für eigene Interpretationen, noch lassen rigide Vorschriften genügend Freiraum für einen gesellschaftlichen Wandel. Überall macht sich innovationsfeindliches, bürokratisches Denken breit, in Unternehmen, in Krankenhäusern, Bildungseinrichtungen und anderswo.

Wieviel Politik und Verwaltung brauchen wir für unser Wohlergehen? Indikatoren für zuviel Bürokratie sind beispielsweise lange Wartezeiten für Baugenehmigungen. Die Firma Siemens erhielt in Schottland eine Baugenehmigung für ein neues Chipwerk innerhalb von zwei Wochen, nachdem sie in Deutschland anderthalb Jahre vergeblich gewartet hatte. Falschverstandene Gleichmacherei erzeugt bürokratische Konformität, die Menschen in ihrer spezifischen Individualität und ihren unterschiedlichen Situationen verkennt und zum Fall XY werden läßt. Es ist ein Skandal, daß die öffentlichen Verwaltungskosten immer noch steigen, während bei sozialen Einrichtungen rigoros gespart wird.

Wenn Bürokratien überhand nehmen, werden sie zu Arenen für persönliche Machtkämpfe und Intrigen. Sie fördern das Sicherheitsdenken und viele andere abträgliche Eigenschaften.

Die Lösung liegt, und das ist nichts Neues, in einem grundlegenden Abbau und einer Dezentralisierung der Bürokratien, zugunsten von Verwaltungen, die sensibel agieren und auf örtliche Belange ausgerichtet sind. Das wäre das Gegenteil heutiger, teurer Gigantomanie.

Politik soll nicht den Mangel verwalten, sondern Rahmenbedingungen schaffen, die Wohlergehen für die Menschen ermöglichen.

Wenn die Bürger ernsthaft von ihrem Legitimationsrecht Gebrauch machen dürften, müßten Volksentscheide die Regel sein. Die Zahl der desillusionierten Bürger, die ihre Stimme längst verweigern, müßte die Reduzierung der Mandate zur Folge haben. Politische Mandate sollten sich nicht nach der Anzahl Wahberechtigter richten, sondern nach den tatsächlich abgegeben Stimmen.

Nachdem wir für ein systemisches Verständnis der Situation plädiert haben, werden wir nun die grundlegenden Überzeugungen einer kranken, modernen Gesellschaft identifizieren. Damit erfassen wir zugleich den Kern der nötigen Systemveränderung.

Wir haben oben die gesellschaftlichen Probleme und deren Hintergründe aufgezeigt. Das ist die Ebene, auf der die Kritiker klagen und die Politiker vollmundige Versprechen abgeben. Geschehen ist bislang wenig. Kuriert geglaubte Symptome treten an anderer Stelle und in anderer Form wieder auf, wie überhaupt die meisten Lösungen, die Kritiker und Politiker anbieten, neue Probleme schaffen, die dann als sogenannte Sachzwänge kaschiert werden.

Ein Problem liegt darin, daß Mikroentscheidungen, die nach herkömmlichen Kriterien vernünftig sein mögen, seit einiger Zeit zu unbefriedigenden Makroentscheidungen führen. Im weitesten Sinn verursacht dies die grundlegenden Dilemmas unserer Gesellschaft. Das anzuerkennen bedeutet, die Schuldsuche aufzugeben und Veränderungen einzuleiten, die diesen Prozeß wieder ins Positive kehren.

Wenn wir versuchen, systemischer zu denken, nehmen wir die Probleme und ihre Lösungen ganzheitlicher wahr. Wir lernen, unerwünschte Eigenschaften besser zu erkennen und bekommen ein Verständnis für die Notwendigkeit, in die Tiefe unserer Vorstellungs- und Glaubenswelt zu gehen, um eine Gesamtsystemveränderung nachhaltig zu bewerkstelligen.

Natürlich gibt es mehr als nur einen Weg, die Widersprüche der modernen Gesellschaft zu analysieren. Aber die folgenden Probleme, die alle auf der mittleren Erklärungsebene angesiedelt sind, stechen besonders hervor und verlangen nach einer Antwort.

Die Umweltkrise: Das Gemeinschaftseigentum der Menschheit, das Land, das Wasser und die Luft, wurde bislang schlecht verwaltet. Man sollte deshalb möglichst umgehend ein weltweites Management des Gemeinschaftseigentums *(management of global commons)* etablieren, das über den sorgsamen Umgang mit unserer natürlichen Umwelt und Mitwelt wacht. Gerade für die wirtschaftlich und militärisch stärksten Nationen ist es besonders schwer, ein globales Management des Eigentums aller Menschen zuzulassen und es zu unterstützen. Denn für sie wäre dies mit Machteinbußen verbunden.

Die herkömmliche Strategie, die Umweltprobleme zu lösen, ist die Symptombekämpfung. Sie ist verbunden mit einer strengeren Handhabung des Umweltrechts sowie der Schaffung steuerlicher Anreize für umweltschutzrelevante Maßnahmen. Diese Strategie ist zweifellos, wenn auch in Grenzen, erfolgreich. Sie führt zu Energieeinsparungen, sie fördert, wenn auch zu wenig, die Erforschung alternativer, umweltfreundlicher Energien, sie mindert das weitere Anwachsen der Müllberge, reduziert die Luftverschmutzung, schränkt die Rodung der Wälder ein, führt zu gesetzlichen Maßnahmen gegen die Produktion der FCKWs und vieles andere mehr.

Des öfteren werden ökonomische und soziale Parameter für eine Ökobilanz gefordert. Die Vor- und Nachteile der wirtschaftlich-ökologischen Auswirkungen lassen sich aber schwer gegeneinander aufrechnen. Welchen Geldwert haben sauberes Wasser und reine Luft? Man wird Fragen wie diese wohl niemals zufriedenstellend beantworten können. Gleichwohl sollte man, so weit es geht, die Zerstörungen der Umwelt als Kostenfaktor bei einem Öko-Controlling mitaufnehmen und gemäß dem Verursacherprinzip diejenigen zur Kasse bitten, die für den Schaden verantwortlich sind. Umgekehrt hat man die Möglichkeit, denen einen finanziellen Anreiz zu bieten, die umweltverträglich handeln und wirtschaften. Seit längerem schon kennt man die Verursacher der größten Umweltkatastrophen, und es gibt durchaus brauchbare Vorschläge, wie man sie zur Rechenschaft ziehen kann.

Abgesehen davon, daß keine dieser Möglichkeiten zur Bewältigung der Umweltkrise bislang mit der nötigen Entschlossenheit realisiert worden ist, erscheint uns die Erkenntnis wichtiger, daß die meisten der genannten Lösungen den Problemen hinterherlaufen. Kaum eine geht an die Ursachen. Hierzu bedürfte es auch einer radikalen Neubewertung unseres Wirtschaftsparadigmas, wogegen der Widerstand verständlicherweise groß ist. Aber es gibt auch positive Ausnahmen. Das BMW-Werk in Dingolfing richtete 1997 für 400 Millionen Mark eine ökologische Pulverlackierung ein. Bei diesem Verfahren wird auf chemische Lösungsmittel verzichtet und der Wasserverbrauch ist gleich Null, das heißt, daß keine Abwasserreinigung mehr nötig ist. Es ist die erste Anlage dieser Art weltweit, die von der Firma BMW freiwillig, ohne staatliche Subvention und Verordnungen geplant und errichtet wurde. Sie rechnet sich auch ökonomisch und erzeugt darüber hinaus eine äußerst reizvolle Lackierung.

Die Armutskrise: Die meisten Versuche, den Menschen in den unterentwickelten Ländern zu helfen, gingen von humanitären Vorstellungen aus. Seit einiger Zeit werden verstärkt Hilfe-zur-Selbsthilfe-Programme eingesetzt, um bei den Betroffenen wieder Eigeninitiative und Selbstachtung zu wecken. Mit diesen Programmen wird es den Menschen wieder möglich, sich selbst ihre Ziele zu geben und sie mit Hilfe einer Arbeitsform zu erreichen, die ihrem Lebensrhythmus mehr entspricht als die unsrige.

Alle Gesellschaftssysteme neigen dazu, die Macht auf einige wenige zu konzentrieren. Mächtige haben in der Regel gute Chancen, noch mächtiger zu werden. Diejenigen, die ohne Einfluß sind, verlieren hingegen mit der Zeit das Interesse am gesellschaftlichen Geschehen und resignieren. In jeder Gesellschaft gibt es deshalb mehr oder weniger erfolgreiche Regelmechanismen, die die Machtkonzentration begrenzen sollen. Aber auf internationaler Ebene scheinen sie gänzlich zu versagen.

Die Klassenunterschiede zwischen Nationen sind größer, als man es innerhalb einer Nation tolerieren würde.

Der Glaube der materiell reichen Länder, daß ihr Reichtum aus eigener Leistung entstanden sei, scheint unausrottbar. Der Gedanke, daß in diesem Gesamtsystem der Vorteil der einen zum Nachteil der anderen gereicht, dringt kaum in das Bewußtsein derer, die gerade ihren Vorteil genießen. Die Erkenntnis, daß diese konfliktträchtige Kluft bei den Benachteiligten Leidensdruck erzeugt, könnte zu einer, wie Harlan Cleveland es nennt, *fairness revolution* führen.

Ein Weg muß gefunden werden, um die Tendenzen der Machtkonzentration auf internationaler Ebene einzudämmen und denjenigen, die sich mittlerweile selbst aufgegeben haben, wieder Möglichkeiten zu schaffen, menschenwürdig zu leben.

Die Kontrollkrise: Die derzeit größte Herausforderung der Menschheit kann man in folgende Fragen zusammenfassen: Wir Menschen haben perfekte technische Kapazitäten geschaffen und fast alles, was wir uns vorstellen können, können wir auch erreichen. Können wir auch die Fähigkeit entwickeln, dieses Vermögen weise einzusetzen? Wie können wir die Dominanz des rein quantitativen Denkens, das langfristig unerwünschte Konsequenzen hervorruft, überwinden? Wie kann die Gesellschaft die nötige Kontrolle über die Technik ausüben, ohne die Freiheit des einzelnen allzusehr zu beschränken?

Die Industriegesellschaft hat eine ungeheure Macht und ungeahnte Fähigkeiten entwickelt. Sie ist in der Lage:

▶ unsere physische Umwelt, die Tiere, die Pflanzen, den Boden und das Klima nachhaltig und irreversibel zu verändern;
▶ durch Anwendung der Biotechnik die psychophysischen Charakteristika einzelner Menschen zu modifizieren und die Evolution der Menschheit insgesamt voranzutreiben;
▶ große Teile der Menschheit per Knopfdruck zu vernichten und ganze Landstriche der Erde auf einen Schlag oder aber auch allmählich zu verwüsten.

Diese Macht ist so furchterregend, daß sie für jeden einsehbar kanalisiert und gelenkt werden muß. Und trotzdem besteht keine Klarheit darüber, wie diese Kontrolle ausgeübt werden soll, ohne daß Demokratie und freie Wirtschaft Schaden nehmen. Noch ist es unklar, wie wir unser kurzfristiges Gewinnstreben in das weitsichtige und einfühlsame Denken wandeln können, das erforderlich ist, um mit der Technik und ihren Möglichkeiten verantwortungsbewußt umzugehen.

Sinn- und Wertkrise: Umfragen bestätigen es und die Menschen wissen es, die moderne Gesellschaft ist eine Gesellschaft der schier unbegrenzten Möglichkeiten. Gleichwohl findet sie keine befriedigende Antwort auf die Frage, was getan werden soll. Im Gegensatz zu früheren Generationen sind viele Menschen verunsichert über Sinn und Ziel menschlichen Daseins. Die sichtbaren gesellschaftlichen Probleme wie Alkohol- und Drogenmißbrauch, Korruption, Vertrauensschwund in die Mitmenschen sind letztlich nur Symptome für diese Orientierungslosigkeit.

Auf der mittleren Erklärungsebene bieten sich als Lösung dieser Krise Aufklärung und Bildung an. Warum können wir eigentlich die Menschen nicht so (aus)bilden, daß sie Bedeutung und Sinn ihres Lebens erkennen und ein Fundament für persönliche und gesellschaftliche Beziehungen finden? Natürlich kann vieles durch Selbstverwirklichungs- und Selbsterfahrungsseminare aufgebaut werden, bei denen die Menschen sich ihrer Fragmentierung gewahr werden und sie zu überwinden lernen. Erschwert wird dieser Prozeß jedoch durch das wissenschaftliche Weltbild, das wir verinnerlicht haben. Dieses Weltbild drängt uns zum materialistischen Denken und blockiert damit die Entdeckungsreisen in die subjektive Welt der Psyche und des Mystischen. Es verhindert die Entwicklung persönlicher Integrität.

Wir skizzierten vier Hauptprobleme, wie sie sich auf der mittleren Erklärungsebene darstellen. Wenn diese vier systemischen Problemkreise die Summe unserer heutigen Herausforderungen sind, welche grundlegenden Vorstellungen und Überzeugungen müssen wir dann ändern, um einen nachhaltigen Wandel unseres gesellschaftlichen Systems einzuleiten?

■ Pathogene Grundannahmen des gegenwärtigen Systems

■ Ökonomische Rationalität

Die moderne Gesellschaft zeichnet sich durch ökonomische Rationalität, durch utilitaristisches Denken und die Vormachtstellung kommerzieller Institutionen aus. Für uns, die wir in diesem System aufgewachsen sind, ist es schwer, sich etwas anderes vorzustellen.

Es gab andere Gesellschaften, in denen ganzheitliches Wissen und das spirituelle Potential der Menschen gefördert wurden.

Keine Gesellschaft in der Geschichte der Menschheit war bisher so sehr auf Kommerz und Konsum ausgerichtet wie die unsrige. Keine andere Gesellschaft hatte ihre Ziele primär ökonomisch verstanden. Keine Gesellschaft hatte Materialismus und technologischen Fortschritt als ihr höchstes Ziel angesehen.

Es gibt keinen Grund anzunehmen, daß ökonomische Rationalität zu langfristig ausgewogenen sozialen Entscheidungen führen wird. Vielmehr beweisen zahlreiche Erfahrungen der Vergangenheit und aus heutiger Zeit das Gegenteil:

Überall beobachten wir einen ökonomischen Ausverkauf der Zukunft; das Wohlergehen nachfolgender Generationen wird dem kurzfristigen ökonomischen Nutzen einiger weniger geopfert.

Die ökonomischen und technologischen Werte, die heute in der modernen Gesellschaft dominieren, sind Pseudowerte. Diese entstehen, wenn Werte, die transzendenter Natur sind, von der materialistischen Weltanschauung überlagert werden. Die meisten Menschen wünschen sich ein wirklich erfülltes Leben, aber ihr Kosten-Nutzen-Denken hindert sie daran, sich diesen Wunsch zu erfüllen.

■ Nationen und ihre Sicherheit

Die Entstehung der Nationalstaaten brachte in vielen Teilen der Erde Ordnung in das Chaos des Feudalismus. Die industrialisierten Staaten waren äußerst effektiv, was die Erfüllung ihrer Zwecke anging, und nur wenige erkannten ihre systemimmanenten Widersprüche und Dilemmas. Die fortschreitende Technisierung verkleinerte die Welt und schaffte mit den Errungenschaften der Technik zugleich neue und weltweite Probleme. Auch wurde erkannt, daß bestimmte Angelegenheiten, die mit dem Wohlergehen einzelner Personen und ganzer Familien zu tun hatten, am besten auf kommunaler Ebene zu lösen waren. So wurden die Nationalstaaten für die großen Probleme zu klein und für die kleinen zu groß. Nationen stärken in der Regel ihre militärische Macht, um sich vor inneren Unruhen und äußeren Angriffen zu schützen. Der Erste Weltkrieg brachte die für viele schockierende Erkenntnis mit sich, daß nationale Sicherheit äußerst kostspielig werden kann. Und mit dem Zweiten Weltkrieg erweiterte sich erneut das weltweite Waffenarsenal durch die Einführung neuer Massenvernichtungssysteme, und die Kosten stiegen ins Unermeßliche. Warum hat sich damals wie heute noch nicht die Erkenntnis durchgesetzt, daß nationale und internationale Sicherheit nicht länger mit militärischen Mitteln erreicht werden können?

Vor einem halben Jahrhundert war die Menschheit der Machtkonzentration überdrüssig. Die Rede von einer künftigen Weltregierung war in aller Munde, sogar eine internationale Sprache, die man Esperanto nannte, wurde entwickelt. Durch den Kalten Krieg geriet all dies wieder in Vergessenheit. Man fiel zurück in die alten Denkschablonen und suchte Sicherheit bei den Generälen. Die Vision einer Weltregierung schien vergessen zu sein. Inzwischen ist die Bewaffnung so weit vorangeschritten, daß aus dem Heimatplaneten ein Pulverfaß geworden ist. Die sogenannten Abrüstungsabkommen sind zwar beruhigend für die Öffentlichkeit, aber sie beziehen nur völlig veraltete Waffensysteme ein.

■ Regieren durch Interessengruppen

Da es ein gemeinsames, alle überzeugendes nationales oder internationales Projekt nicht gibt, wird die Politik vermehrt zu einer Angelegenheit wettstreitender, auf Eigennutz bedachter Gruppen. Der Staat verkommt zum Selbstbedienungsladen für Reiche und Einflußreiche. Daß dies keine geeignete Basis zur Lösung unserer Probleme ist, dürfte kaum überraschen. Ein Beispiel für diese Mentalität ist die Erzeugung und Verteilung von Lebensmitteln, wie sie die Europäische Gemeinschaft derzeit praktiziert: Obwohl sie vom sozialen, gesundheitlichen, ökonomischen und ökologischen Standpunkt her äußerst problematisch ist, wird die vollindustrialisierte und chemieunterstützte Produktion von Nahrungsmitteln besinnungslos fortgeführt. Der Aufbau eines gemeinsamen Europas könnte ein großer Schritt nach vorn in eine lebenswerte Zukunft sein, wenn man in einem geeinten Europa mehr als nur einen vergrößerten Markt sehen würde.

Die Zersetzung der wahren Interessen der Bürger ist nicht nur in den USA und in Europa anzutreffen. Sie hat sich auf die ganze Welt ausgedehnt. Wenn auch die Vereinten Nationen Entwicklungs- und Umweltschutzprogramme vorschlagen, so gibt es doch keinen Konsens darüber, was gut für die Menschheit ist, und es gibt keine Vereinbarungen über nötige Systemveränderungen, die die nahende Umweltkatastrophe verhindern könnten. Auch wenn die meisten Nationen der Welt die Erklärung der Menschenrechte unterschrieben haben, was der Beginn eines gemeinsamen Projekts sein könnte, gibt es keine Abmachung über die praktische Umsetzung dieser Rechte, und es gibt keine Handhabe gegen diejenigen, denen man Menschenrechtsverletzungen nachweisen kann. Vielleicht könnte die Milliarden-Dollar-Spende Ted Turners, Inhaber des amerikanischen Nachrichtensenders CNN, an die Vereinten Nationen ein gemeinsames internationales Projekt zum Nutzen der Menschheit hervorbringen – eine Welt ohne Krieg und Hunger als ein angemessener Anfang.

■ Das mechanistische Weltbild

Eine todsichere Möglichkeit, Katastrophen hervorzurufen, besteht darin, bei Entscheidungen, die die Zukunft betreffen, ein Weltbild zugrundezulegen, das die Wirklichkeit nicht so wahrnimmt, wie sie wirklich ist. Unsere Gesellschaft ist im Begriff, genau das zu tun. Sie beruft sich auf Denkmodelle, von denen sie glaubt, daß sie Wirklichkeit sind, die sich jedoch später als Wunschdenken entpuppen.

Die Entwicklung der modernen Wissenschaften war einer der großen evolutionären Schritte in der Menschheitsgeschichte, weil sie nicht nur Einblick in die Gesetzmäßigkeiten der Natur erlaubte, sondern auch die Demokratisierung von Wissen ermöglichte. Wissen war nicht mehr der exklusive Besitz einer Priesterschaft oder mächtigen Elite. Alle waren aufgerufen, mitzudenken und die Gültigkeit der wissenschaftlichen Aussagen nachzuprüfen.

Lange Zeit wurde aber nicht erkannt, daß auch das objektive wissenschaftliche Denken voreingenommen war. Durch den Einfluß der Wissenschaft entstand ein kollektives Weltbild, getragen vom mechanistischen Kausalitätsprinzip. Mechanistische Kausalität ist der erfolgreiche Versuch, Energiefelder, die aus der Komplexität der Wirklichkeit entstehen, durch ein vereinfachtes Ursache-Wirkung-Denken zu beherrschen. Dieses Denken erlaubt es, Erscheinungen aus ihrem Zusammenhang zu lösen, zu untersuchen und zu manipulieren.

Dabei werden wesentliche Teile der Wirklichkeit ausgeblendet, aus Angst, nicht mehr objektiv zu sein. So wird zum Beispiel die Kausalität der Psyche und des Willens negiert. Solange dieses Vorgehen als Mittel eingesetzt wird, um bestimmte Strukturen in der Gesamtwirklichkeit genauer zu erkennen, und seine Begrenztheit bedacht wird, ist es durchaus zweckdienlich.

Zur gefährlichen Eingleisigkeit wird das mechanistische Kausalitätsprinzip, wo es als Methode zur Realitätswahrnehmung und Lebensbewältigung absolut gesetzt wird. Dann bindet sich das Denken an die eigene Konstruktion und ist sich seines vollen Potentials nicht mehr bewußt. Es negiert die Gesamtwirklichkeit, weil diese eben nicht meßbar ist und somit nicht in ein Denken paßt, das allein Quantitäten und Kausalitäten für wirklich hält.

Was würden Sie sagen, wenn sie in ein Restaurant gehen und der Kellner versuchen würde, Ihnen die Speisekarte als Speise zu verkaufen? Das ist im übertragenen Sinne genau das, was die Gesellschaft durch die Einverleibung des wissenschaftlichen Weltbildes von uns fordert. Mit ihrem Anspruch zu wissen, was wirklich ist, verführt die Wissenschaft die Menschen seit fast 300 Jahren. Kritiklos übernehmen diese naturwissenschaftliche Kategorien wie Ursache und Wirkung, um ihr Leben zu bewältigen. Keiner fragt sich, ob das, was in der Naturwissenschaft gültig und sinnvoll ist, auch für das außerwissenschaftliche Leben gültig und sinnvoll ist.

Das wissenschaftliche Denken hat die religiös-ethischen Grundwerte der Gesellschaft beeinflußt. Vor allem bei gebildeten Personen wurden diese Werte in Frage gestellt. Manipulative Rationalität und gewinnversprechender Materialismus wurden zu den zentralen Werten der Menschen, die sich selbst für fortschrittlich halten. Auf die Dauer aber sind das unzulängliche Werte.

Das materialistische Weltbild erlaubt es nicht, Entscheidungen für die Zukunft zu fällen, die vertretbar sind gegenüber denen, die heute leben und auch morgen noch leben wollen. Unsere gegenwärtige wirtschaftliche und soziale Denkweise wird jedenfalls keine lebbare und lebenswerte Zukunft für die Menschheit hervorbringen. Wir sind dem falschen Weltbild aufgesessen.

Das Vorherrschen des mechanistischen Weltbildes und die damit verbundene Wert- und Sinnverschiebung führt uns zu der wahrscheinlich untersten Problemebene, der Entfremdung.

Wir haben uns von der Natur, von der wir ein Teil sind, entfremdet. Als Resultat beschmutzen wir unser eigenes Nest und müssen befürchten, unsere Lebensgrundlage zu verlieren. Wir haben uns von unserer Arbeit entfremdet, seit diese sinnentleert ist. Wir haben uns von unseren Mitmenschen entfremdet, nachdem uns der Gemeinschaftssinn im Alltag abhanden gekommen ist. Wir sind uns selbst fremd geworden, seitdem wir ahnen, daß Materialismus nicht alles sein kann im Leben, aber nicht wissen, was dem Materialismus folgen soll.

■ Kollektive Irrtümer

Die UN-Friedenstruppen werden mit hohem Kostenaufwand als Schlichter in Kriegen eingesetzt, die mit Waffen geführt werden, die von Mitgliedern der Vereinten Nationen verkauft wurden. Eine friedliche Welt würde Soldaten und die Rüstungsindustrie brotlos machen. Eine gesunde Lebensweise und Ernährung würden Ärzte, Krankenhäuser, die Pharmaindustrie und Versicherungen überflüssig machen. Staatsschulden, die eigentlich den Wohlstand heben sollten, erzeugen eine Zinslast, die den Wohlstand zerstört. Massenkarambolagen auf der Autobahn tragen zum Bruttosozialprodukt bei, während Bildung als Kostenfaktor gesehen wird. Unersättliche Gewinnmaximierung und Machtstreben erzeugen ursächlich Folgen, die das Überleben der gesamten Gesellschaft in Frage stellen.

Jährlich verschwinden 340 Milliarden Mark an Subventionen in das sogenannte Sozialsystem, ohne die wirklich Bedürftigen effektvoll zu erreichen.

Nicht der Mangel bedingt die Krise, sondern Systemfehler und Mißwirtschaft.

Die über 300.000 gemeinnützigen Organisationen in Deutschland verfügen über Milliardensummen, sie agieren aber fern jeder Wirtschaftlichkeit. Sie könnten eine Megachance sein, aber es kümmert sich keiner darum. Das Gemeinwesen, in den USA als *community work* ein hochgeschätzter Hauptsektor für Arbeit und Soziales, hat in Deutschland kein Ansehen. Bürger müßten die Rolle des passiven Steuerzahlers ablegen und zum aktiven Teil des Gemeinwesens werden. Träger sozialer Dienstleistungen müßten sich auf dem freien Markt bewähren, als private, selbst finanzierte Organisationen, die sich an unternehmerischen Prinzipien und den Bedürfnissen ihrer Kunden orientieren. Der Staat müßte viele Aufgaben in die Obhut des privaten Gemeinwesens geben und dafür die Steuerlast senken. Unbequem?

Im Gemeinwesen, dem dritten Sektor der Gesellschaft, liegen die Aufgaben der Zukunft und die neuen Rollen der Gewerkschaften, der Kirchen, der Stiftungen und vieler anderer. Im dritten Sektor liegen die Tätigkeiten für viele Millionen Menschen schon jetzt. Hier liegt die Chance für ein armes-reiches Land, ein Modell für die Welt zu werden.

Zusammenfassung: Alle Menschen sollen ihre elementaren Grundbedürfnisse nach Nahrung, Wohnen, Gesundheit und persönlicher Sicherheit befriedigen können. Die Würde des Menschen ist zu achten. Jeder Mensch soll die Chance haben, sich zu entwickeln und die Umstände, in denen er lebt, zu verbessern; überall soll Recht und Gerechtigkeit sein. Jeder Mensch soll die Möglichkeit haben, an den Entscheidungen der Gemeinschaft, in der er lebt, mitbestimmend teilzunehmen.

Die Politik hat der Gesellschaft als Ganzes zu dienen, ohne über das Ganze verfügen zu wollen. Verwaltung ist die gesamte Tätigkeit der Träger öffentlicher Gewalt, die der Erfüllung gesellschaftlicher Aufgaben dienen.

Wenn die Bürger ernsthaft von ihrem Legitimationsrecht Gebrauch machen würden, müßten Volksentscheide die Regel sein. Politische Mandate sollten sich nicht nach der Anzahl Wahlberechtigter richten, sondern nach den tatsächlich abgegeben Stimmen.

Politik soll nicht den Mangel verwalten, sondern Rahmenbedingungen schaffen, die den Menschen einen angemessenen Lebensstandard ermöglichen und dafür sorgen, daß er erhalten bleibt.

I *Was sind die Elemente einer neuen Gesellschaft?* I

■ **3. Kapitel**
Elemente einer neuen Lebensform

Im westlichen Kulturkreis gibt es derzeit deutliche Anzeichen für das Entstehen einer neuen sozialen Struktur. Zahlreiche gesellschaftliche Gruppierungen sind auf nationaler und internationaler Ebene entstanden, um angesichts der beunruhigenden ökologischen, ökonomischen, sozialen und persönlichen Krisen auf neue Lebensformen hinzuweisen. In den letzten 50 Jahren gab es viele visionäre Denker und Künstler, Intellektuelle und Wissenschaftler, Sozialkritiker sowie verschiedene Bürgerinitiativen, die sich für eine Erneuerung der sozialen Strukturen einsetzten.

Diese Gruppen und Personen sind, je nach Einschätzung der Ursachen, aus unterschiedlichen Motiven und mit unterschiedlichen Perspektiven an die Öffentlichkeit herangetreten. Generell können sie in drei Kategorien eingeteilt werden:

▶ solche, die die Ursachen der genannten Krisen in mangelhaften sozialen Organisationen und institutionellen Rahmenbedingungen erkennen und deshalb *nach neuen Organisationsformen für die Menschheit suchen;*
▶ solche, die die Problemursachen in gestörten Beziehungen aufspüren, Beziehungen zwischen Frauen und Männern, Rassen und ethnischen Gruppen, Einkommensklassen und Gesellschaftsschichten, zwischen Staaten sowie zwischen Mensch und Umwelt insgesamt und die aus diesem Grund *nach neuen Formen menschlicher Beziehungen suchen;*
▶ solche, die die Wurzel der Probleme im Menschen selbst und in dessen Konditionierung durch Gesellschaft und Kultur entdecken und sich *nach neuen Formen menschlichen Daseins sehnen.*

Aus Gründen der besseren Übersicht haben wir uns bei der folgenden Diskussion an diesen drei Kategorien orientiert, auch wenn sie in der Realität keineswegs so klar abzugrenzen sind.

■ **Neue Organisationsformen**

Der Druck auf gesellschaftliche Institutionen wie Familie, Wirtschaft, Wissenschaft, Politik und Religion, ihre überkommenen Strukturen grundlegend zu ändern, begann vor einem Jahrhundert spürbar zu wachsen. Verantwortlich hierfür waren Gewerkschaften, Sozialisten, Frauenrechtlerinnen, religiöse Liberalisten und Antikolonialisten, um nur die wichtigsten Gruppierungen zu nennen. Diese verschiedenen Gruppierungen konfrontierten die traditionellen Institutionen mit Forderungen nach Gleichbehandlung, mehr politischen Freiheiten und Rechten sowie mit der zentralen Forderung nach Beachtung der Menschenwürde. Zu diesen gesellschaftlichen Reformbewegungen sind mittlerweile neue Kräfte hinzugekommen.

■ Arbeit für den Frieden

Keine Institution hat die Existenz der Menschheit jemals mehr bedroht als die Staatsgewalt. Seit den Schrecken des Ersten Weltkrieges finden sich immer wieder und immer häufiger Menschen zusammen, die gegen die Art und Weise, wie Regierungen ihre internen und externen Konflikte austragen, ihre Stimme erheben. Sie protestieren gegen militärische Aufrüstung und Krieg. Die schweigende Mehrheit aber erkennt nur langsam, daß das Konzept, nationale Sicherheit durch militärische Stärke zu gewährleisten, längst veraltet ist.

Zunehmend werden sich die Menschen der Unzulänglichkeit eines Verteidigungskonzepts bewußt, das erschreckende Vernichtungskapazitäten aufbaut und aufrechterhält, das lebensverachtend ist, weil es für den Fall der Fälle die Vernichtung von Menschen, Tieren, Pflanzen und ganzen Landschaften vorsätzlich plant und bei alldem astronomische Staatsschulden verursacht.

Aus den traditionellen großen Friedensgruppen gingen eine Reihe weiterer Initiativen hervor wie DIE GRÜNEN, die Umweltschutzorganisation *Greenpeace*, die Vereinigung *Ärzte für den Frieden*, um nur einige wenige zu nennen. Bei den neueren Friedensbewegungen kommt noch eine weitere Facette hinzu, die sogenannte *Bürgerdiplomatie (citizen diplomacy)*.

Diese Bewegung enstand in den USA zu Beginn der 80er Jahre. Viele Menschen waren von ihrer Regierung aufgrund der langsamen Fortschritte bei den Abrüstungsverhandlungen mit der Sowjetunion enttäuscht. Tausende von Bürgern, die als Touristen oder geschäftlich in die Sowjetunion kamen, haben auf ihre Weise von Mensch zu Mensch Kontakt aufgenommen und persönlich Frieden gestiftet. Hunderte gingen nach Nicaragua, Haiti, Ruanda oder Kroatien, um dort zu helfen. Alles ganz normale Bürger, die zur Selbsthilfe gegriffen haben, um politische Barrieren abzubauen, Bürger, die aber auch erkannt haben, daß manches soziale Elend in ihren eigenen und in den anderen Ländern eine seiner Ursachen in den riesigen Staatsausgaben für Militär und Rüstung hat.

Die verschiedenen Bewegungen für Abrüstung und Weltfrieden haben mit ihrem Handeln zugleich die grundsätzliche Problematik legitimierter, staatlicher Gewalt angesprochen. Der norwegische Friedensforscher Johan Galtung führte den Begriff *strukturelle Gewalt* ein, um den nachteiligen Einfluß staatlicher beziehungsweise institutionenbedingter Gewalt zu bezeichnen. Die Auswirkungen dieser strukturellen Gewalt sind national unterschiedlich. Sie sind zu finden als Wohnungsnot, Obdachlosigkeit, Kinderfeindlichkeit, Rassendiskriminierung, unnötige Tiefflüge und vieles mehr. Strukturelle Gewalt trägt zur allgemeinen Ungerechtigkeit bei und fördert den Unwillen der Bevölkerung.

■ Umgestaltung der Wirtschaft

Viele Formen struktureller Gewalt gehen von Wirtschaftsunternehmen oder ganzen Wirtschaftszweigen aus.

„Globalisierung ist das am meisten gebrauchte und mißbrauchte, in seiner Bedeutung sehr nebulöse, aber eben deshalb politisch wirkungsvollste Schlagwort der Gegenwart", schrieb der Sozialpädagoge Ulrich Beck unter dem Titel *Zweite Moderne – eine Begriffserklärung* am 12. Mai 1997 in der Süddeutschen Zeitung. Weiter hieß es: *„In den kontinentaleuropäischen Sozialstaaten gehören neben den Gewerkschaften auch Politiker aller Parteien zu den Verlierern der Globalisierung. Hinter den überkommenen Konfliktritualen treten neue Widersprüche zwischen nationalstaatlicher Politik und transnationaler Wirtschaft in Erscheinung.*

Dabei entsteht ein verderblicher Sog: Ausgerechnet in dem Augenblick, da etwa in Deutschland angesichts von 4,5 Millionen registrierten Arbeitslosen die gesetzlichen Leistungen erhöht werden müßten, verliert der Staat das Herzstück seiner Macht, das Steueraufkommen, weil transnationale Unternehmen im Standortpoker die weitaus besseren Trumpfkarten haben. Außerdem lassen sich diese global operierenden Unternehmen gleich vierfach subventionieren, indem sie ihre Infrastrukturmaßnahmen optimieren, direkte Subventionen kassieren, Steuern minimieren und die Kosten für die Arbeitslosen externalisieren. (...) Um der Globalisierungsfalle zu entrinnen, braucht es eine Revitalisierung institutioneller Phantasie und Politik."

Der US-Amerikaner David Korten geht in seinem Buch *When Corporations Rule the World* aus dem Jahre 1995 noch weiter. Er sieht in der Globalisierung den Ausverkauf der Demokratien und ein Rennen zum endgültigen Aus. Der eigentliche Wettbewerb findet nicht mehr zwischen den transnationalen Kartellen, den sogenannten *global players* statt, der von Regierungen nicht mehr zu kontrollieren ist. Der Wettbewerb wird auf die mittelständischen und kleinen Betriebe verlagert. Der Mittelstand, der einst das Rückgrat eines Landes darstellte, ist in Gefahr, versklavt zu werden.

Das nahende Ende vieler mittelständischer Betriebe erregt so wenig Aufsehen wie das allmähliche Aussterben der Tante-Emma-Läden in den 60er und 70er Jahren. In der gegenwärtigen Politik des Gigantismus ist für den Mittelstand kein Platz. Er wird in ein *Just-in-time*-System gepreßt, ähnlich wie die Zulieferer der Automobilindustrie in den frühen 90er Jahren.

Stets zu Diensten nennt Jeremy Rifkin ein solches *Just-in-time*-System für die Mehrzahl der Menschen in seinem Buch *Das Ende der Arbeit* aus dem Jahre 1995.

Religiöse Organisationen waren unter anderen die stärksten Kritiker der sogenannten Konsumethik. Von Anfang an haben sie vor den Auswirkungen der Industrialisierung gewarnt. Sie sahen Familie und Gemeinde als lebende Organismen bedroht. Sie förderten autonome Teile, die sich in der Wechselwirkung eines größeren Ganzen entwickeln und erfreuen. Die Teilnehmer einer Gemeinde sollten eine bestimmte Verantwortung übernehmen und zugleich für sich und die Gemeinschaft tätig sein, eingebunden in ein Ganzes.

Solch ein Modell, das nun im Angesicht der Globalisierung fast naiv klingen mag, hatte E. F. Schumacher für den Bereich der Wirtschaft entwickelt. Seine Vorstellungen über alternatives Wirtschaften waren der Leitfaden vieler innovativer Unternehmensgründungen. Im Grunde war sein Modell der Ruf nach einer Neubestimmung des Wertes der Arbeit im menschlichen Leben. In seinem vielgelesenen Buch *Small is Beautiful: Economics as if People Mattered* aus dem Jahre 1973 hat Schumacher gezeigt, daß das buddhistische Konzept des richtigen Lebens, des *right livelihood* auch und gerade für den Westen von Relevanz ist. Vor allem die Synergie zwischen Materie und Spiritualität, wie sie im Buddhismus angestrebt wird, verdient Schumacher zufolge mehr Aufmerksamkeit, als herkömmliches ökonomisches Denken ihr bislang geschenkt hat. Die traditionelle Ökonomie versteht Arbeit als etwas, das es zu minimieren, rationalisieren und zu mechanisieren gilt, um den Weg vom Plan zum Ergebnis möglichst abzukürzen. Schumacher weist demgegenüber auf eine Vorstellung hin, die in vielen religiösen Traditionen verankert ist, daß nämlich Berufung und richtiges Leben zentral für die geistige Gesundheit des Menschen sind.

In seinem Buch *Good Work* von 1979 faßt Schumacher die bedenklichen Eigenschaften der modernen Industriekultur folgendermaßen zusammen, es sind:

▶ die Komplexität, die das Individuum einschüchtert und zu entmündigen droht;
▶ das systemimmanente Fördern von Habsucht, Eifersucht und Geiz;
▶ die Zerstörung sinngebender und würdevoller Arbeitsformen;
▶ der autoritäre Charakter aufgrund zu großer Organisationseinheiten.

Der in den USA derzeit um sich greifende sogenannte alternative Wirtschaftsgeist versucht, bei diesen vier Charakteristiken der Industriekultur Korrekturen vorzunehmen. Vor allem die Rolle der Technik erfährt dabei eine Neubestimmung.

Der ungebremste technische Fortschritt stößt zunehmend auf öffentliche Kritik. Die Umsetzung wissenschaftlicher Erkenntnisse geschieht allzuoft ohne zureichende Beachtung der Folgen; freiwillige Selbstkontrolle scheint im System von Wissenschaft und Technik nicht vorgesehen zu sein. Für beides aber schärft sich das Bewußtsein der Öffentlichkeit in steigendem Maße. Zudem wissen wir, daß ein Großteil der Entfremdungsphänomene, die wir derzeit beobachten, in ursächlichem Zusammenhang mit der zunehmenden Technisierung, der zunehmenden Entmenschlichung der Arbeits- und Lebenswelt stehen. Das sind die Entfremdung von der Arbeit durch mangelnde Arbeitsmoral, die Entfremdung von der Natur durch Umweltzerstörung und die Entfremdung von sich selbst durch psychosomatische Störungen. Bereits in den 70er Jahren wurde man auf die Folgeprobleme unserer Technik aufmerksam. In verschiedenen Ländern wurden staatliche Stellen damit betraut, Folgen der Technik zu bewerten. Ihre Aufgabe war es, technische Neuentwicklungen auf ihre langfristigen Folgen hin einzuschätzen. Man ging allzu selbstverständlich davon aus, daß die Politiker weise genug seien, entscheiden zu können, ob man eine bestimmte Entwicklung zulassen und gegebenenfalls von staatlicher Seite fördern solle oder nicht.

Die von seiten der Industrie eingereichten Anträge wurden jedoch in der Regel mit solch gekonnter Überzeugungskraft vorgetragen, daß es der Politik nicht gelang, problematische Entwicklungen frühzeitig zu erkennen, geschweige denn sie aufzuhalten, wenn sie erst einmal ins Rollen kamen. Erst wenn die Bevölkerung genügend Gegenkräfte mobilisiert, wie es nach den besorgniserregenden Reaktorunfällen im Falle der Atomindustrie geschehen ist, wendet sich langsam das Blatt. Viele Menschen sind heute der Meinung, daß die Technikentwicklung mittlerweile eine Eigendynamik entwickelt hat und autonom geworden ist. Viele Menschen empfinden die westliche Kultur geradezu als techniksüchtig.

Es gibt noch weitere historische, ökonomische und psychologische Kräfte in diesem Spiel, die eine Neueinschätzung der technischen Entwicklungen erschweren. Generell werden technische Anwendungen entwickelt und eingeführt, wenn sie zu Profit, Waffensystemen und inhumaner Großmedizin beitragen. Das heißt, sie werden in der Regel eingeführt, ohne daß die negativen Auswirkungen genügend bedacht werden, die diese neuen technischen Errungenschaften für die Menschen und ihren Planeten haben könnten. So fällt die Aufgabe, kritische Fragen an die Technokraten zu stellen, den Bürgern und Interessengruppen zu, die, oftmals am Rande der Legalität, gegen die gedankenlose Technikeuphorie demonstrieren.

Was aber wäre eine dem Menschen angemessene Technik? Dazu schrieb E. F. Schumacher 1973: *„Die Entwicklung und Anwendung von Technik muß getragen sein von den höchsten gesellschaftlichen Werten; sie muß aufmerksam den Bedürfnissen der Frauen und den Ansprüchen der Umwelt gegenüber sein; sie sollte einfach, allen zugänglich, lebensunterstützend, freundlich und nach menschlichem Maß sein.“*

Die Entwicklung einer dem Menschen angemessenen Technik sollte sich auch von emotionalen Werten leiten lassen. In der Realität aber sind Entscheidungen, die mit Technik und Technologie zusammenhängen, heutzutage fast ausschließlich durch emotionslose Rationalität bestimmt und sind daher zwangsläufig den vielfältigen Bedürfnissen und Fähigkeiten der Menschen wenig angemessen, schlimmer noch, sie sind oftmals menschenverachtend.

■ Die neue Art der Arbeit

In den Unternehmen ändert sich bereits einiges, vor allem bei den Arbeitnehmern. Umfragen und informelle Interviews zeigen klare Veränderungen der traditionellen Beweggründe für eine hohe Arbeitsleistung; ein sicherer Arbeitsplatz, mehr Lohn und sonstige finanzielle Beihilfen reichen als Motive nicht mehr aus.

Viele Menschen möchten Aufgaben übernehmen, an denen sie als Mensch wachsen können, eine Arbeit haben, die im gesellschaftlichen Ganzen sinnvoll integriert ist, und sie möchten mit Respekt behandelt werden. Insgesamt suchen sie wieder mehr Erfüllung in ihrer Arbeit. Eine von

John Naisbitt 1985 durchgeführte Trendstudie bei Arbeitnehmern sowie eine 1988 durchgeführte Studie von Michael Maccoby kommen zu dem Ergebnis, daß die Arbeitnehmer beides wollen, ein ausreichendes Einkommen sowie mentale und emotionale Erfüllung bei ihrer Arbeit.

So unrealistisch das noch Managern der vorigen Generation erscheinen mag: Die Zukunft für Arbeitnehmer wird zweifellos die sein, daß sich die Mitarbeiter in einer Firma selbst managen. John Naisbitt prophezeit, daß in Zukunft der Arbeitnehmer nicht mehr jemand ist, der nur Anweisungen erhält und diese möglichst korrekt auszuführen hat, sondern jemand, der eigenverantwortlich und initiativ handelt und die Manager seines Betriebs als Lehrer und Berater ansieht. Dieser neue Typ von Mitarbeiter verlangt und erhält mehr Anerkennung und mehr Rechte im Unternehmen, entsprechend der Verantwortung, die er zu übernehmen bereit ist.

Anders als die Aktionäre, denen es nur um hohe Dividenden geht, engagiert sich der Mitarbeiter der Zukunft voll und ganz. Er investiert sein Leben, die Aktionäre Geld.

Eine weitere Veränderung in der Arbeitswelt ist die steigende Popularität von Unternehmen, an denen sich auch die Arbeitnehmer finanziell beteiligen. Dabei sind verschiedene Beteiligungsformen denkbar, angefangen mit dem Aufkauf von Aktienkapital durch Mitarbeiter des Betriebs, die damit einen Teil ihres Einkommens in das Unternehmen, für das sie arbeiten, gewissermaßen reinvestieren können, bis hin zur Mondragon Genossenschaft, die sich ganz im Besitz der Mitarbeiter befindet und von diesen auch geleitet wird.

Die Mondragon Genossenschaft im Baskenland ist der Prototyp eines *dritten Weges*, den wir gehen werden, wenn wir weder in Richtung Kapitalismus noch in Richtung Sozialismus weitergehen wollen. Es könnte ein Modell der Wegbereitung für den im zweiten Kapitel angesprochenen dritten Sektor sein. In dem Maße wie zwischenmenschliche Beziehungen wichtiger werden als materielle Belange, wie persönliche Integrität und Ganzheit die Fragmentierung und den Wettbewerb ersetzen werden, wird auch die politische Frage nach links oder rechts unwichtig, und der Weg wird sich öffnen für neue, dem Menschen angemessenere Wirtschaftsformen.

Die Mondragon Corporacion Cooperativa (MCC) hat inzwischen eine Bilanzsumme von 17,6 Milliarden Mark. Sie beschäftigt über 30.000 Mitarbeiter und erzielte 1996 einen Jahresgewinn von 430 Millionen Mark.

Entscheidungen der verschiedenen Einzelbetriebe der Gruppe werden in einem Rätesystem kollektiv abgestimmt. Jeder Mitarbeiter zahlt bei Eintritt in die Genossenschaft 20.000 Mark ein und ist damit stimmberechtigt. Entlassungen aus Mangel an Arbeit gibt es bei MCC nicht. Bis zum Jahr 2000 will die Genossenschaft einen Umsatz von 13 Milliarden Mark erreichen und 8.800 neue Mitarbeiter einstellen. Nun haben die Basken einen ausgeprägteren Gemeinschaftssinn als beispielsweise Spanier oder Deutsche, und trotzdem ist dieses Modell ein Weg in eine aussichtsreiche Zukunft.

Signale für ein wachsendes Interesse an einer neuen Wirtschaftsform sind nicht zu übersehen – in den Industrieländern wie auch in den Entwicklungsländern. Reisen, weltweite Wirtschaftsverbindungen und die neuen, nahezu unbegrenzten Kommunikationsmöglichkeiten haben die bestehenden Kultur- und Sprachbarrieren weitgehend überwunden. Es entsteht allmählich eine Weltgemeinschaft, wie sie bislang in der Menschheitsgeschichte undenkbar war. Fast kein Land ist wirtschaftlich noch autark und isoliert, und es gibt immer weniger Wirtschaftsunternehmen, die nicht weltweit forschen, produzieren, werben und ihre Produkte verkaufen.

Überall mehren sich die Zeichen, daß sich Menschen über die Lebensfähigkeit beziehungsweise Überlebensfähigkeit des derzeitigen Wirtschaftssystems ernsthafte Sorgen machen. Die Haltung der zuständigen Politiker bei der Planung und Durchführung einer gemeinsamen europäischen Währung, des Euro, ist ein Beispiel dafür, wie Staatsverdrossenheit und Angst durch Arroganz gefördert werden.

| *Wer kann sagen, warum Europa einen schwammigen Euro braucht, wenn die Weltwährung längst der US-Dollar ist?*

Konzepte für eine neue Weltwirtschaftsordnung stammen nicht nur von den Entwicklungsländern, sondern auch von Umweltschützern aus den Industrienationen, von alternativen Ökonomen und von Unternehmern selbst. Eine große Anzahl von Forschungsaufträgen, die die Überlebenschancen des derzeitigen Wirtschaftssystems ermitteln sollen, werden von der Wirtschaft finanziert. Dabei dominieren Themen wie *Grenzen des Wachstums, Umgestaltung der internationalen Ordnung, Menschheit am Scheideweg*. Mehrere Regierungen haben Analysen und Berichte nach dem Modell des *Global 2000*-Reports erstellen lassen. Der Brundtland-Report *Our Common Future* von 1987 kommt zu folgendem Ergebnis:

„Das Streben nach Aufrechterhaltung unserer Lebensfähigkeit verlangt Veränderungen der internationalen Wirtschaftsbeziehungen. (...) Zwei Bedingungen müssen dabei eingehalten werden (...): die Aufrechterhaltung des Ökosystems Erde, auf dem die Weltwirtschaft aufbaut, und die Zufriedenheit der Wirtschaftspartner.“

Auch die Entwicklungsländer haben sich zu dieser Problematik geäußert, doch die Schwerpunkte, die sie setzen, sind verständlicherweise andere. 1974 hatte sich bei einer Sondersitzung der Vereinten Nationen eine Gruppe von Entwicklungsländern, die *Group of 77*, für eine neue internationale Wirtschaftsordnung (NIEO) eingesetzt. Denn trotz der geglückten politischen Entkolonialisierung blieben die Entwicklungsländer weiterhin wirtschaftlich abhängig. Aus ihrer Perspektive ist die Kontrolle des Weltmarkts durch die Wirtschafts- und Finanzmacht der fortgeschrittenen Industriestaaten Schuld an der Armut in der Dritten Welt. Die nördlichen Industrienationen sahen hierin eine Attacke gegen die etablierten, als normal angesehenen Handels- und Wirtschaftsbeziehungen und lehnten die Kritik der Entwicklungsländer strikt ab. Da diese Kritik den drastischen OPEC-Ölpreiserhöhungen unmittelbar folgte, wurde sie umso mehr als Versuch der Entwicklungsländer bewertet, den Kurs der Weltwirtschaft von nun an selbst zu bestimmen.

In der Zwischenzeit hat sich gezeigt, daß das Problem mehr als nur eine ökonomische Seite hat. Es geht um die grundsätzliche Frage, ob die Industrienationen bereit sind, auch den Kulturen eine Existenzberechtigung auf diesem Planeten zuzubilligen, die sich an anderen Werten orientieren als nur ökonomischen.

Angesichts der wachsenden Not in den Entwicklungsländern und aufgrund der dort um sich greifenden Frustration sind die Vertreter dieser Länder von ihren Maximalforderungen von 1974 immer mehr abgerückt. Sie konzentrieren ihre Kritik am derzeitigen Weltwirtschaftssystem vor allem auf die Schuldenpolitik der Industrienationen sowie die Finanzpolitik der Weltbank und des Internationalen Währungsfonds. Gleichzeitig wächst aber im kapitalistischen und sozialistischen Lager die Einsicht, daß die Probleme der Entwicklungsländer langfristig nur durch eine Neuordnung der internationalen Wirtschaftsbeziehungen zu lösen sind. Die lang anhaltende Periode einer strikt ablehnenden Haltung auf seiten der Industrienationen scheint vorbei zu sein. Es stellt sich weniger die Frage, ob es zu einem Wandel der Weltwirtschaft kommen muß, als vielmehr die Frage, wie man einen solchen Wandel herbeiführen soll.

Mittlerweile ist fast jedem klar geworden, daß die weltweite Entwicklung nicht nach dem bisherigen kapitalistischen Muster einer Konsumgesellschaft mit rein quantitativem Wirtschaftswachstum weitergehen kann. Ein weltweite Ausdehnung der kapitalistischen Monokultur läßt das Ökosystem Erde nicht zu. Wir alle müßten dafür einen hohen Preis bezahlen.

Eine Ausdehnung der kapitalistischen Monokultur würde zwangsläufig zu unwürdigen Lebensbedingungen für die Mehrzahl der Menschen in den armen Ländern führen. Was aber kann ein gangbarer Weg zu einer lebenswerten Zukunft auf unserem Heimatplaneten sein? Auch wenn es schwer ist, auf diese Frage eine unstrittige Antwort zu geben, wissen wir doch, welches Ziel dieser Weg haben muß:

▶ den Erhalt des Ökosystems Erde und die Verbesserung der Lebensgrundlagen für die nachfolgenden Generationen;
▶ die Berücksichtigung aller gesundheitsrelevanten Faktoren und nichtmonetären Werte bei Entscheidungen, die für die Zukunft der Menschen auf diesem Planeten von Bedeutung sind;
▶ die Balance zwischen den ökonomischen und den soziokulturellen Zielen;
▶ die Betonung der sozialkonstruktiven Aufgaben der Unternehmen über deren kommerzielle Zwecke hinaus;
▶ den Übergang vom Job-Denken zu einer Einstellung, mit der Arbeit als Berufung und genuine Ausdrucksmöglichkeit der Person erfahren und zum Mittelpunkt eines erfüllten Lebens wird.

Aufgrund solcher Einsichten hatten die Vereinten Nationen 1992 zur viel beachteten Konferenz von Rio eingeladen. Eine bindende Festlegung der Teilnehmerstaaten ist nicht gelungen. Es ist nicht einmal gelungen, bindende Reduktionsziele beim Klimaschutz zu vereinbaren.

Vieles von dem, was sich mehr als 100 Staaten unter dem Arbeitstitel *Agenda 21* vorgenommen hatten, ist wieder in der Versenkung verschwunden. *Back to business as usual.* Insbesondere der deutsche Bundeskanzler Helmut Kohl hatte vollmundige Versprechungen abgegeben. War außer Spesen wirklich nichts gewesen? Doch, der Klimagipfel in Berlin 1996 als Folgekonferenz von Rio. Aber auch dieser hat keine entsprechenden Ergebnisse gebracht. Das Problem ist, was Wirkung zeigt, würde weh tun. Aber ist ein Schrecken ohne Ende besser? Verlieren kann nur, wer etwas zu verlieren hat, und das sind die Industrienationen. Wie kleingeistig können Machtmenschen sein?

Zumindest ist festzustellen, daß Umweltbewußtsein keine einsame Spezialistendebatte mehr ist. Zahlreiche Denkansätze sind weiterentwickelt worden. Während zum Beispiel in Rio vor allem noch Umweltfragen die Diskussion bestimmten, treten immer häufiger Fragen der Ethik und der sozialen Gegebenheiten in den Vordergrund. Viele Menschen, Unternehmer und Organisationen zeigen Engagement bei all diesen Themen. Viele Unternehmen haben Umweltfragen zur Chefsache gemacht und ernennen neben Innovationsmanagern auch Direktoren für Ethik mit entsprechender Verfügungsgewalt.

F. J. Radermacher, Leiter des Forschungsinstituts für anwendungsorientierte Wissensverarbeitung (FAW) in Ulm, zog aus der Konferenz von Rio das Fazit: *„Die Umsetzung der Agenda 21 von Rio ist im Rahmen einer globalen, sozialen und ökologischen Marktwirtschaft mit vernünftigen Rahmenbedingungen machbar."*

▓ Ergänzung des Patriarchats

Die Einflüsse, die das Patriarchat über Jahrtausende hinweg auf die Entwicklung der westlichen Gesellschaft gehabt hat, wurden bereits im zweiten Kapitel kurz erwähnt. Die Frauenbewegung hat nicht nur das Bewußtsein für diese Einflüsse geschärft, sondern stellt ihrerseits eine Gestaltungskraft dar, die zu einem Ausgleich der Geschlechterspannungen führen könnte. Denn nicht der Widerstreit der maskulinen und femininen Kräfte, sondern deren Ergänzung, deren Synergie, ist das Ziel des zivilisatorischen Prozesses. Die Frauenbewegung hat zur generellen Aufwertung der weiblichen Werte beigetragen, bei den Frauen ebenso wie bei den Männern.

Spätestens seit C. G. Jung wissen wir von der weiblichen und der männlichen Seite unserer Persönlichkeit, von *Anima* und *Animus*. Häufig unterdrücken wir eine der beiden Seiten, weil wir sie nicht anerkennen wollen und sie uns ängstigt.

Wenn Männer und Frauen die jeweils andere Seite in ihnen gewahr werden und sie akzeptieren, dann werden sie in ihrem Denken, Handeln und Fühlen ganzheitlich, denn dann sind Anima und Animus nicht mehr im Widerstreit. Und wenn wir aus unserem Innenleben keinen Kriegsschauplatz mehr machen, dann wird auch das Leben draußen weniger kämpferisch, vielmehr freundlicher sein. Die Unterschiede der Geschlechter sollen in diesem Annäherungsprozeß keineswegs zum Verschwinden gebracht werden. Im Gegenteil. Wir beginnen mit ihm diese Unterschiede erst richtig zu begreifen und lernen jede Seite von uns in ihrem Eigenwert kennen und schätzen.

Während Animus in uns stets über etwas Macht haben möchte, empfindet sich Anima als Teil der uns umgebenden Welt, dort das Streben nach Dominanz, hier der Wunsch nach Partizipation. Animus, unser männlicher Teil, entdeckt, kann aber auch zerstören; Anima hingegen pflegt, kann aber auch festhalten. Bewußt gelebt, verschmelzen deshalb beide Qualitäten zum ganzen Menschen.

Derzeit läßt sich gesellschaftlich eine Annäherung des Animus-Denkens an das Anima-Denken beobachten. Das starre männliche Entweder-Oder-Denken löst sich immer mehr auf und wandelt sich zum offenen, weiblichen Sowohl-Als-auch-Denken. Auf einmal entstehen dort Kooperationen und Allianzen, wo man sie nie zuvor vermutet hätte. Die harten Fronten zwischen Arbeitgeber- und Arbeitnehmerorganisationen weichen auf, die Wissenschaft beginnt zaghaft, ihr reduktionistisches Kausalitätskonzept neu zu überdenken, um nur zwei Beispiele zu nennen. Dennoch kommt ein tief verinnerlichter Faktor, der unterschwellig das Leben vieler Menschen bestimmt, noch nicht genügend an die Oberfläche des Bewußtseins, das patriarchalische Glaubenssystem.

Das patriarchalische Glaubenssystem fördert heute noch eine Beziehungsabhängigkeit, gegen die sich viele junge Menschen auflehnen. Moralisierende Kirchenväter kämpfen für das ungeborene Leben. Das Leben der Frau und die Möglichkeit, ihren Lebensunterhalt zu verdienen, scheint nicht mehr wichtig zu sein. Der dominierende Moralkodex, der die Frau als Quelle der Sünde sieht, hat Frauen über Jahrhunderte in eine Opferhaltung gezwungen und sie ausgebeutet. Heute rächen sich Frauen auf ihre Weise. Viele Familien leben in einer tückischen Abhängigkeit, derer sie sich oft gar nicht bewußt sind und die in unserer Gesellschaft die kulturelle Norm geworden ist.

Dementsprechend wird unsere Gesellschaft vom Gespenst der Angst dominiert. Das führt wiederum dazu, daß das Leben auf eine Art Tauschgeschäft reduziert wird. Der Glaube an die Realität der Angst deformiert das Denken, Fühlen und Wollen vieler Menschen und hält sie weitgehend davon ab, das Leben nach ihrem eigenen Willen zu gestalten, die eigene Wahrheit zu entdecken und sich selbst zu akzeptieren. Die Lösung läge im Gegenteil dieser mächtigen Konditionierung. Menschen, die sich selbst nicht mehr ablehnen, die zu sich selbst gefunden haben, können nicht mehr manipuliert und ausgenutzt werden.

Wer sich für seine eigene Befindlichkeit verantwortlich fühlt und entsprechend handelt, wird mit der Zeit autark und unabhängig. Die gewonnene Offenheit und Authentizität befähigt zu echter Kommunikation. Beide führen zu einer emotionalen und damit sozialen Kompetenz und natürlicher Gleichheit zwischen Männern und Frauen und verringern den Leistungsdruck und Wettkampf untereinander.

In einer solchen Daseinsform wären Männer eher in der Lage, Freundschaften zu schließen, die von Empathie geprägt sind. Sie wären in der Lage, Hilfe zu geben und zu empfangen und zuweilen die eigene Verletzlichkeit und Hilflosigkeit einzugestehen. Es würde sie dazu befähigen, ihr Bedürfnis nach Selbstkontrolle und Kontrolle einzuschränken.Sie wären fähig, wirklich zuzuhören und von Frauen und Kindern Neues zu lernen. Fehlendes Selbstwertgefühl zwanghaft durch Status, Geld und Machtgehabe aufrechterhalten zu müssen, macht krank. Weniger Druck würde Männern eine größere Vielfalt an Beschäftigungsmöglichkeiten erschließen. Das Eingeständnis ihrer Gefühle könnte Männer von der Sportneurose heilen, die viele von ihnen beherrscht.

Den Preis, den wir für das patriarchalische Denken und Handeln zu zahlen haben, ist sehr hoch. Patriarchalisches Denken und Handeln hat viel Ungerechtigkeit und Leiden hervorgebracht. Die Gesellschaft wird sich dessen langsam bewußt. Wenn die patriarchalische Gesellschaft sich nun aber ihrem Ende nähert, erhebt sich die Frage: Was kommt danach?

Wir schlagen vor, die Zukunft weder in einer Renaissance des alten Matriarchats noch in einer Neuauflage des Patriarchats, sondern in einer Devolution von Macht überhaupt zu suchen.

Diese Devolution der Macht bedeutet:

► Dezentralisierung der Macht von höheren zu unteren Ebenen;
► Strukturen mit menschlichem Maß;
► Reduzierung der Management-Hierarchien in Organisationen;
► Erstarken lokaler und ethnischer Gruppen;
► Entbürokratisierung;
► Humanisierung am Arbeitsplatz und Selbstmanagement;
► Hilfe zur Selbsthilfe und Persönlichkeitsentwicklung.

▓ Alternativen zur Bürokratie

Die Gedanken zur Dezentralisierung und Devolution der Macht sind aus der *New-Age*-Politik hervorgegangen. Sie erntet zwar inzwischen keine Lorbeeren mehr, hat aber dennoch ihren Wert behalten. Gemeint ist jedoch mehr als bloße Dezentralisierung der Machtausübung. Nicht nur die Verantwortung und die Pflichten, die mit jeder Macht verbunden sind, müssen auf mehrere Schultern verteilt werden, sondern auch die dazugehörigen Rechte. Letzteres wird oft vergessen, wenn von einer Umgestaltung der öffentlichen Verwaltung oder von einer Neustrukturierung in Betrieben die Rede ist.

Auf zwischenstaatlicher Ebene sind derzeit zwei konträre Tendenzen zu beobachten. Auf der einen Seite stehen separatistische Bewegungen, die immer wieder für Unruhe sorgen. Dazu gehören die Basken in Spanien, die Walliser in Großbritannien, die Eingeborenen in Amerika und Australien. Ähnliches gilt für die Entwicklungsländer. Hier ist man zu der Erkenntnis gekommen, daß Selbsthilfe in kleinen lokalen Einheiten effektiver ist, als es großangelegte Hilfsaktionen aus dem Ausland sind. Zudem erhält und fördert Selbsthilfe die kulturellen Wurzeln.

Auf der anderen Seite entstehen immer mehr Organisationen, die über Staatsgrenzen hinweg Politik machen. Manche von ihnen, wie die Weltbank und der Internationale Währungsfond, sind den Vereinten Nationen entwachsen. Andere, die sogenannten *nongovernmental organisations,* sind aus dem privaten Sektor hervorgegangen, zum Beispiel das Internationale Institut für Umwelt und Entwicklung, das Worldwatch Institute oder das Internationale Rote Kreuz.

> *„‚Ich könnte helfen, aber ich bin nicht zuständig‘, sagte der Beamte und schlug den Ordner zu. ‚Laß dem Lehrer seine Rechthaberei und duck dich, er macht die Noten‘, riet die Mutter dem aufgeweckten Sohn. – Zuständigkeiten und Expertentum regieren den Alltag, beschneiden die Freiheit, vermitteln Ohnmachtsgefühle. Man duckt sich, man wird Experte, und dann rächt man sich."*

So formulierten Christine und Ernst von Weizsäcker bereits 1979 ihre Kritik an der Bürokratie und dem öffentlichen Dienst.

Die Kritik an der Bürokratie im öffentlichen Dienst und im privaten Sektor wurde in letzter Zeit immer lauter. Bürokratien haben naturgemäß ihr Augenmerk auf Konformität, Effizienz und vor allem Kontrolle gerichtet.

Sie ersticken damit Kreativität und Innovationsfreudigkeit und sanktionieren Verantwortung ohne Rechenschaftspflicht. So fördern sie strukturelle Gewalt und Abhängigkeit. Menschen werden nur nach Rang und Titel bewertet, Arbeitnehmer als notwendiges Übel und Kostenfaktor angesehen. Beim Aufkauf von Unternehmen werden Arbeitnehmer zu Humankapital, das zusammen mit dem Büroinventar den Besitzer wechselt. Das ist ein Vorgang, der an die Zeiten des Sklavenhandels erinnert.

Dieses Bild vom Menschen konnte nicht unkritisiert bleiben. So wenden sich immer mehr Menschen solchen Organisationen zu, die sie als ganze Menschen achten. Das sind Organisationen, in denen die Arbeitnehmer kreativ und innovativ sein können, in denen sie sich bei der Arbeit gegenseitig unterstützen und sich ungezwungen verhalten. Dadurch wird die Freude an der Arbeit gefördert, die Freude an sich selbst und am Leben. Betriebe dieser neueren Art haben in der Regel nicht mehr als 250 Mitarbeiter. Sie zeichnen sich durch einen hohen geistigen Freiheitsgrad aller aus, die gleichwohl eine gemeinsame Sicht der Wirklichkeit und eine gemeinsame Vision, wie diese sein sollte, verbindet. Konventionen bleiben dabei auf der Strecke. Titel und Formalismen sind kaum noch zu finden. Initiative, Unterscheidungsvermögen, Entschlußkraft, Fleiß, Kreativität und Verantwortung für die eigene Handlung stehen hier im Vordergrund.

Ein inspirierendes, innovatives Arbeitsklima entsteht nicht durch geplantes Vorgehen eines Managements, es wird durch die Lebendigkeit und Kommunikation, die aus einer gemeinsamen Inspiration entstehen, dauernd neu geschaffen. Die Inspiration ihrerseits gründet im Tätigsein für ein Ziel, das mit den persönlichen Wertsetzungen des einzelnen weitgehend übereinstimmt.

Um die altbackenen bürokratischen Institutionen wieder mit Leben und Menschlichkeit zu füllen, muß der Ort der Autorität ein anderer sein als bisher, weg von der externen Autorität wie Politik, Kirche, Wissenschaft, hin zu einer inneren Autorität wie Urvertrauen und Selbstvertrauen. Diese Verlagerung der Autorität von außen nach innen leitet den Menschen zu der Freiheit, die ihm als Mensch gebührt. Ein innerlich freier Mensch ist ein Mensch, der selbstverantwortlich unterscheiden und sich entscheiden kann. Diese Kombination befähigt ihn zu freiwilliger Selbstbeschränkung, sie ermöglicht ihm innere Unabhängigkeit und dadurch Unbestechlichkeit. Der innere Frieden, den der freie Mensch gefunden hat, befähigt ihn dann, auch äußeren Frieden zu stiften. Diese Wirkkraft der inneren Autorität wird sich, wenn sie einmal entdeckt ist, schnell über den ganzen Globus ausbreiten. Sie wird die Demokratisierung in all ihren

Formen fortschreiten lassen, sie wird die Menschen von ihren Zwängen befreien und sie damit erst öffnen für sich und andere.

■ Ausdehnung der Menschenrechte

Große Fortschritte wurden in den letzten zwei Jahrzehnten bei der Ausdehnung der Menschenrechte auf all die Gruppierungen gemacht, denen sie bislang aus ideologischen Gründen verweigert wurden. Viel ist in diesem Bereich getan worden, vor allem von den aktiven Kämpfern für die Menschenrechte, die oft jahrelang im Gefängnis saßen, zum Teil hingerichtet und von der Gesellschaft stets mißachtet wurden. Aber auch die Gegenseite, die Traditionalisten, die ihre eingefahrenen Denkformen und Strukturen überwinden mußten, haben ihren Beitrag geleistet. Einfach ist dieser Prozeß für keinen der Beteiligten. Alle, die sich als Weltbürger verstehen, sind aufgerufen, die Spaltung der Menschheit in Reiche und Arme endlich zu überwinden. Es gilt, weltweit Beziehungen zwischen Menschen aufzubauen, die nicht länger als Wirtschaftsimperialismus angeprangert werden können. Es gilt, sich selbst als Teil einer gemeinsamen Welt mit einer gemeinsamen Zukunft zu verstehen, ohne dabei die Verschiedenheit der Kulturen und der durch sie bedingten Lebenstile zu übersehen.

Um diese Aktivitäten zu fördern, hat die UNO 1948 eine universelle Menschenrechtsdeklaration verabschiedet. Diese Deklaration wird von allen Mitgliedern der UNO als bindend angesehen. Was aber ihre Umsetzung in die Praxis angeht, so ist noch viel zu tun.

Wenn wir bedenken, daß erst vor 125 Jahren die Sklaverei in den USA abgeschafft wurde, die Frauen erst in diesem Jahrhundert Wahlrecht erhielten, so sind das zweifellos Fortschritte. Übrigens befürchtete man damals, daß die Frauen mit ihren Stimmzetteln die gesamte Politik verändern würden, aber nichts dergleichen geschah. Inzwischen setzen sich nicht nur Frauen, sondern auch Männer für die Belange der Frauen ein. So wurde die Frauenbewegung zu einer geschlechterübergreifenden Bewegung.

Langsam hat sich in den vergangenen zehn Jahren auch das Bewußtsein für die Nöte von Kindern, Behinderten, AIDS-Kranken oder von Menschen, die ohne Medikamente und Maschinen in Würde sterben möchten, geschärft. Sogar für die Interessen der Tiere ist die Öffentlichkeit zunehmend sensibilisiert. Ethik macht heutzutage nicht vor der Gattungsgrenze halt, was ein folgenreiches Novum in der Geschichte des abendländischen, anthropozentrischen Denkens sein könnte.

■ Grünes Denken und Intellektuelle

Zum großen Teil sind die Ideen für die Umgestaltung dem sogenannten Grünen Denken entsprungen. Dieses Denken greift nicht nur in Europa, sondern in der ganzen wirtschaftlich entwickelten Welt um sich. Wir unterscheiden Grünes Denken von den GRÜNEN als politischer Partei, die mittlerweile in 20 Ländern vertreten ist.

Diana Schumacher zählt folgende Ziele des Grünen Denkens auf:

alternatives Wirtschaften, ganzheitliche Medizin mit Schwerpunkt auf Gesundheitsvorsorge, biologischer Landbau, Solidarität mit der Dritten Welt, Minoritätenschutz, Tierschutz, Entwicklung einer dem Menschen angemesseneren Technik, Stärkung der lokalen Wirtschaft, eine nicht-nukleare Zukunft und schließlich die friedvolle Umsetzung all dieser Forderungen.

In diesem Kontext sollte die Rolle der deutschen intellektuellen Avantgarde beleuchtet werden, denn die konträren Denkansätze der rechten und linken Intellektuellen werden bei der Bewertung der Zukunftsgestaltung besonders evident.

Die Rechte wendet sich gegen die Zerstörung traditioneller Werte und unterstützt den Erhalt teleologischer Autorität, der Fremdbestimmung. Die Linke freut sich über den Niedergang altväterlicher Werte und Moralvorstellungen, weil sie an eine teleologische Geschichtsentwicklung sowieso nie geglaubt hat. Sie sucht die Verlagerung externer Autorität nach innen, die Selbstbestimmung. Während die Rechte den freien Willen und die Eigenverantwortung hervorhebt und soziales Leid auf eine negative Charakterveranlagung des einzelnen zurückführt, versteht die Linke den freien Willen als Illusion, weil sie den Menschen durch seine kulturelle Identität determiniert sieht. Soziales Leid führt sie auf die strukturelle Gewalt des Staates und der Umgebung zurück, die Chancengleichheit verhindern.

So scheinen die Fronten abgesteckt zu sein, zwischen Autorität und Antiautorität, zwischen Tradition und Anarchismus, zwischen Struktur und Chaos. Aber bei näherem Hinsehen scheiden sich die Geister nur in der Methode. Stark vereinfacht formuliert, wollen die Rechten mit ihrem Konzept naturgemäße Strukturen und Normen schaffen und erhalten, innerhalb derer sich die Menschen entfalten sollen. Die Linken wollen mit ihrem Konzept vorgegebene Strukturen und Normen zerstören, soweit sie den freien Geist einengen und behindern. Während die Rechte den Menschen evolutiv weiterentwickeln möchte, will ihn die Linke von Manipulation befreien. Für sie ist der menschliche Geist naturgemäß entwickelt.

Die Auseinandersetzung zwischen links und rechts ist eine Kasperle-Krokodil-Dialektik. Egoismen verhindern die Synthese und damit die Einsicht in größere Zusammenhänge. Auch die grüne Avantgarde konnte ihre Egoismen nicht überwinden und hat die Erwartungen vieler Menschen bitter enttäuscht.

■ Neue Beziehungsformen

Auffallend am neuen Weltbild und den modernen Sozialbewegungen ist die Einsicht, daß unsere Probleme auch in falschen Formen der Beziehung wurzeln, nämlich in einer gestörten Beziehung zum Menschen und in einer gestörten Beziehung zur Natur.

■ Überwindung der Herrschaft

Herrschaftsfreiheit ist ein zentrales Ziel des neuen Denkens. Daß der Reiche den Armen beherrscht, der Mächtige den Schwachen, läßt sich in der gesamten Menschheitsgeschichte beobachten. Herrschaftsformen gibt es viele. Herrschaft kann brutal sein oder subtil-psychologisch, ihr kann es um politische oder um wirtschaftliche Macht gehen. In den vergangenen Jahrzehnten wurden die subtilen Formen der Herrschaft sichtbar, die sich selbst Entwicklungshilfe nennt.

Wahre Entwicklungshilfe würde versuchen, überkommene Herrschaftsformen zu überwinden, statt eine neue Herrschaftsform zu etablieren. Sie würde die Menschen ermutigen, wieder eigene Verantwortung zu übernehmen. Denn Befreiung bedeutet Befähigung.

Herrschaft ist in der modernen Kultur mindestens so gegenwärtig wie in den früheren Generationen, nur nicht so offensichtlich. Daß viele Eltern Erziehung mit Herrschaft verwechseln, dürfte auch für die heutige Zeit gelten. Nur merkt man es weniger, da Herrschaft subtiler ausgeübt wird: Der Rohrstock ist, nicht minder wirksam, durch den moralischen Zeigefinger ersetzt worden.

Die Definition dessen, was in einer Gesellschaft als normal gilt, ist Teil einer Herrschaftsform, die all jene ausgrenzt, die aufgrund ihrer Hautfarbe, ihres Dialekts oder sonstiger marginaler Eigenschaften vom bürgerlichen Mittelmaß abweichen. In nahezu allen Kulturen werden ethnische Minderheiten und Randgruppen diskriminiert. Ihnen zu ihren Rechten zu verhelfen, ist das zentrale Ziel der Menschenrechtsbestrebungen.

■ Beziehung zur Natur

Die Umweltkrise ist das Ergebnis der Herrschaft des Menschen über die Natur. Nachdem wir jahrhundertelang die Schätze der Natur gedankenlos geplündert und Luft, Wasser und Erde unbekümmert verschmutzt haben, ist uns klar geworden, daß es so nicht weitergehen kann. Langsam verstehen wir Menschen, daß Natur nicht etwas ist, dessen wir uns beliebig bedienen können, sondern etwas, von dem wir ein Teil sind, daß Natur nicht nur eine Ressource für uns ist, sondern die Basis allen Lebens, auch die des Menschen. Und diese Basis besteht, wie wir heute wissen und am eigenen Leib regelrecht erfahren, aus einem Gewebe von Ökosystemen, die sich in einem empfindlichen Gleichgewicht befinden, das der Mensch im Begriffe ist, folgenschwer zu zerstören.

Viele Aktivisten haben in den letzten 50 Jahren vehement gegen die unglaubliche Schädigung der ökologischen Systeme protestiert. Sie haben das Bewußtsein dafür geschärft, daß es sich hierbei nicht um Kavaliersdelikte handelt, die von der Öffentlichkeit mit Augenzwinkern hingenommen werden dürfen, sondern um Schädigungen, die die Lebensgrundlage von uns allen gefährden. Und zwar auch dann, wenn Arbeitsplätze im Spiel sind.

Durch das Engagement von Umweltschutzorganisationen – wie zum Beispiel Greenpeace – wurde die Öffentlichkeit für diese Problematik sensibilisiert und manche Katastrophe verhindert. Auch in Deutschland haben sich Menschen zum Schutz unserer Lebensgrundlagen zusammengetan und durch gezielte Maßnahmen, auch in Zusammenarbeit mit Unternehmen des Mittelstandes und einzelnen Großkonzernen, beachtliche Erfolge erzielt. Institutionen mit großer fachlicher Kompetenz und ökologischem Engagement sind vor allen Dingen das Freiburger Ökoinstitut, Umwelt Future, B.A.U.M.

Diese Bemühungen haben allerdings wieder die Grenzen deutlich werden lassen, die diesen Aktionen zum Schutze der Umwelt gesteckt sind. Es wird allen Beteiligten immer klarer, daß konkrete Aktionen allein nicht genügen, solange sie nicht von einem Bewußtseinswandel der Menschen begleitet und getragen werden.

Daß die Herrschaft über die Natur durch den Einklang mit der Natur abgelöst werden muß, ist keine neue Idee in der Menschheitsgeschichte. Einklang mit der Natur war und ist eine kulturelle Selbstverständlichkeit überall dort, wo die Industrialisierung noch nicht vorgedrungen ist. Die vielschichtige Verbundenheit der Menschen mit der Natur war zum Beispiel den Indianern noch sehr bewußt. Ist es Zufall, daß diese Verbundenheit mit der Natur mit einer Verbundenheit der Menschen untereinander einhergeht? Die Irokesen haben bei wichtigen Entscheidungen stets versucht, die Interessen der nachfolgenden Generationen bis hin zur siebten Generation mitzuberücksichtigen. Eine Weisheit, die man bei heutigen Politikern, die nur bis zur nächsten Wahl denken, vergebens sucht. Es ist daher verständlich, daß sich die Ökobewegungen in Europa und den USA das ganzheitliche Denken und das verantwortungsbewußte Handeln der Indianer und anderer Urvölker zum Vorbild genommen haben.

Aldo Leopold war einer der Pioniere ökologischen Denkens. Er forderte schon 1966 einen grundsätzlichen Wandel in der Ethik:

„(...) bislang haben wir keine Ethik der Beziehung zwischen Mensch und Land und den Tieren und Pflanzen, die von und auf diesem Land leben. (...) Eine solche Landethik wandelt die Rolle des Homo Sapiens vom Eroberer dieser Lebensgemeinschaft zu deren Teilnehmer."

Aldo Leopold fordert damit eine neue Sichtweise auf die vielfältigen Beziehungen, in denen wir mit anderem Leben auf dieser Erde stehen. Die Gründe, die für die Notwendigkeit einer solchen Änderung sprechen, sind zahlreich. Naheliegend ist die schlichte Einsicht, daß wir an dem Ast, auf dem wir sitzen, nur noch begrenzte Zeit weitersägen können.

Ein weiterer Impuls für den vielzitierten Wertewandel geht von einer Neuinterpretation des Christentums und seiner Einstellung zur Natur aus. Ihrzufolge war der Mensch im göttlichen Schöpfungsplan nicht als Herrscher über die Natur, sondern als ihr Heger und Pfleger vorgesehen. Damit wird von seiten der Theologie die wechselseitige Abhängigkeit aller Lebensformen auf der Erde anerkannt und dem Menschen eine zentrale Rolle für den Erhalt der Natur zugewiesen. Eine Rolle, die getragen ist von der Vorstellung der Heiligkeit der Erde und des Lebens auf ihr.

Angesichts der Tatsache, daß immer mehr Philosophen und Theologen an einer neuen Naturphilosophie für unsere Zeit arbeiten, wäre zu bedenken, ob nicht auch altes Wissen wiederbelebt werden sollte. Vielleicht sogar mit dem Ziel, alte Weisheiten besser zu verstehen, wie man auch ein Buch, wenn man es ein zweites Mal liest, besser versteht als beim ersten Mal.

Sowohl das neue christliche Verständnis des göttlichen Schöpfungs-
auftrags an den Menschen, als auch die Versuche, das Wissen vergangener
Kulturen wieder fruchtbar zu machen, führen zu einem Wandel unserer
bisherigen Einstellung zur Natur. Sie entwickeln und fördern ein Bewußtsein, das an der Natur teilnimmt, das geprägt ist durch Achtsamkeit gegenüber allem Leben.

Kenneth Boulding prägte 1970 folgende Metapher, um den geforderten
Einstellungswandel im Bereich der Wirtschaft deutlich werden zu lassen:

*„Wir müssen von der ‚Cowboywirtschaft' auf eine ‚Astronautenwirtschaft'
umschalten. (...) Die Marktwirtschaft ist eine ‚Cowboywirtschaft', denn der
Cowboy symbolisiert die weite Prärie, Leichtsinn, Ausbeutung und Gewalt-
tätigkeit: all die Charakteristika unbegrenzter Gesellschaften. Die geschlos-
sene Wirtschaft der Zukunft könnte im Vergleich dazu ‚Astronautenwirtschaft' (spaceman-economy) genannt werden, bei der die Erde als bemannte
Raumstation im Weltall aufgefaßt wird, mit begrenzten Ressourcen und
einem begrenzten Platzangebot. (...) In diesem Raumschiff muß die
Menschheit eine ökologische Kreislaufwirtschaft entwickeln. In der ‚Cowboywirtschaft' wird Konsum und Produktion als gute Sache angesehen, (...)
der Erfolg der Wirtschaft wird am Bruttosozialprodukt, der Summe aller
Waren und Dienstleistungen, gemessen. In der ‚Astronautenwirtschaft' hingegen muß diese Summe minimiert, statt maximiert werden. (...) Die Idee,
daß beides, Produktion und Konsum, für den Erhalt von Leben auf diesem
Planeten eher abträglich als förderlich sind, dürfte jedoch die meisten Ökonomen befremden."*

■ Sieben Gesetze der Ökologie

Ist es nicht verwunderlich, daß Ökonomie und Ökologie in Konflikt geraten sind, wo doch beide denselben sprachlichen Ursprung haben, den grie-
chischen Oikos, zu deutsch das Heim?

Die Ökonomie hat seit ihrem Bestehen als wissenschaftliche Disziplin
geglaubt, die Gesetze der Ökologie bei ihrem Tun und Theoretisieren
ignorieren zu können. Nur so konnten die ökologischen Probleme entstehen, die uns heute so unlösbar vorkommen. Aus diesem Grund sollte man
sich wieder an folgende sieben Gesetze der Ökologie erinnern, die die
Basis einer jeden ökologischen Marktwirtschaft sein müßten:

▶ Alles ist mit allem verbunden: Ökonomische Entscheidungen dürfen
sich nicht allein an ökonomischen Parametern orientieren; sie müssen

gleichermaßen politische, soziale und ökologische Tatbestände mit-
berücksichtigen.

▶ Alles hat seinen Preis: Nichts in der Natur gibt es umsonst. In dem
Maße, wie die natürlichen Ressourcen erschöpft sind und die Ver-
schmutzung der Umwelt zunimmt, fordern saubere Luft, sauberes
Wasser und ertragreicher Boden ihren Preis.

▶ Die Natur weiß es besser: Wir müssen bescheidener werden und anerkennen, daß wir Menschen nicht all das wissen, was nötig wäre, um ein
Ökosystem mit der Komplexität wie das der Erde zu managen. Wir
sollten demzufolge in unseren Planungen vorsichtiger sein, um irrepa-
rable Schäden zu vermeiden.

▶ Alles muß irgendwohin: Auch der Müll. Wir haben aber nicht unbegrenzt Platz für unseren Müll, abgesehen davon, daß bereits heute
Boden und Grundwasser über Gebühr strapaziert sind. Folglich gibt es
keine andere Wahl, als in Kreisläufen zu denken und nur noch
Wiederverwertbares zu produzieren.

▶ Kontinuierliches Wachstum führt zur Katastrophe: „(...) *wenn wir mit
unserer Wirtschaft so weiterfahren wie bisher, wird eines Tages das
gegenwärtige ökologische Gleichgewicht einem anderen Platz machen.
Das ist sozusagen das Natürlichste der Welt, aber ebenso natürlich ist es
auch, daß in dem neuen Gleichgewicht die eine oder andere Spezies
dann keinen Raum mehr hat. Unglücklicherweise würde es diesmal die
menschliche Spezies treffen."* So formulierte es Holger Bonus 1985.

▶ Konkurrierende Spezies koexistieren nicht unbeschränkt: Dieses
Prinzip läßt sich überall in der Natur beobachten. Konkurrenzkämpfe
dauern nicht ewig, entweder verliert einer der Konkurrenten seinen
angestammten Platz im Ökosystem oder er wird zur Ressource für den
anderen. Ganz anders und positiver versteht der Ökonom die Kon-
kurrenzsituation. Konkurrenz ist für ihn ein gewünschter Zustand,
denn sie schafft langfristige Marktstabilität und ein vielfältigeres
Angebot an Waren und Dienstleistungen. Nur eines wird dabei gerne
übersehen, der Effekt ökonomischer Konkurrenz ist, was die Konkurrenten selbst angeht, der gleiche wie in jedem Ökosystem. Die
Konkurrenz reduziert die Anzahl der Konkurrenten.

▶ Das Gesetz der verspäteten Führung: Das Studium funktionierender
Ökosysteme zeigt, daß die größte Flexibilität und Anpassungsfähigkeit
nicht bei den gerade dominanten Gattungen zu finden ist, sondern bei
den Gattungen und Individuen, die Randgruppen bilden und sich in
einem für sie ungastlichen Umfeld behaupten müssen. Wenn man diese
ökologische Gesetzmäßigkeit auf das gesellschaftliche und ökonomische System überträgt, dann ist nicht zu erwarten, daß die anstehenden
Anpassungsprozesse durch die derzeit Mächtigen und Einflußreichen

eingeleitet werden, sondern eher durch diejenigen, die bislang am Rande des Systems standen und sich behaupten mußten, die Frauen, die Minderheiten jeglicher Art und die kleineren und mittelständischen Unternehmen.

Alles in allem dürfte eine Wirtschaft, die wie die unsrige glaubt, diese sieben Gesetze der Ökologie mißachten zu können, auf Dauer nicht überlebensfähig sein. Man kann sich nur wünschen, daß Kurt Biedenkopfs Beobachtung zutrifft. Er schrieb 1985: *„Daß die Natur zu einer knappen Ressource geworden ist, ist nach allem eine weitverbreitete Einsicht. (...) Auch die Bereitschaft der Menschen hat sich eingestellt, dieser Notwendigkeit politisch zu entsprechen. Der Schutz der Umwelt ist eine Aufgabe, für die eine Mehrzahl bereit ist, auch persönliche Opfer zu bringen."*

■ Neue Politik

Eine als neu beziehungsweise als grün bezeichnete Politik strebt an, neue Formen politischer Machtausübung auf friedliche Weise herbeizuführen. Dies betrifft nicht nur die physische Gewalt, sondern gleichermaßen die strukturelle Gewalt, wie zum Beispiel systemimmante Ungerechtigkeiten innerhalb der Bürokratie. Das Hauptaugenmerk liegt dabei auf einer sozialen und ökonomischen Umgestaltung, die dem Schicksal gesellschaftlicher Randgruppen und dem Erhalt der natürlichen Lebensgrundlagen mehr Aufmerksamkeit als bisher schenkt, und die patriarchalische Gesellschaftsstruktur zu überwinden trachtet. Auf internationaler Ebene strebt grüne Politik Wirtschaftsformen und Handelsbeziehungen an, die weder Mensch noch Natur ausbeuten und friedliche Beziehungen der Staaten ermöglichen und garantieren.

Neue Politik forscht nach gangbaren Wegen zu einer partizipativen Demokratie nach altgriechischem Muster, natürlich unter Einbeziehung der Frauen und bei Ersatz der Sklaven durch Technik. Sie zielt auf eine allgemeine Devolution der Macht, verbunden mit der Stärkung örtlicher und regionaler Kompetenzen, um wieder eine demokratische Initiative von unten nach oben zu ermöglichen. Die Vereinigung Europas könnte diesem Denken entgegenkommen, denn die neue Form von Demokratie baut auf die Wechselbeziehungen und Erfahrungen einer Vielfalt von Kulturen, Nationen und Rassen auf. Durch die Förderung von Kreativität, Innovationsfreudigkeit und durch die Revitalisierung kleinerer Einheiten und Gemeinschaften wird Pluralismus innerhalb einer großen europäischen Einheit möglich und für alle von Vorteil sein.

Das Motto neuer Politik lautet: „Denke global, handle lokal." Das ist sicher ein eingängiger, aber schwieriger Vorsatz, den es gilt, umzusetzen. Lokale Maßnahmen – wie die Förderung eines umweltbewußten Verhaltens in Deutschland oder die Einführung einer Ökosteuer – werden den globalen Umweltproblemen nicht Herr. Zudem dürfen wir die Schwellen- und Entwicklungsländer nicht an ihrer Entwicklung hindern. Wer will die Entwicklung von 1,3 Milliarden Chinesen stoppen? Daß wir zunehmend in globalen Dimensionen denken müssen, verlangen nicht nur die weltweiten Wirtschaftsverbindungen und die erweiterten Kommunikationsmöglichkeiten, sondern auch und vor allem die fortschreitende Zerstörung unserer Umwelt. Saurer Regen kennt keine Grenzen.

Trotz globalen Denkens und trotz der Einsicht, daß die Erde in ihrer Ganzheit die einzige ökologische Nische im Weltall ist, in der der Mensch leben kann, handeln wir doch primär in einem lokalen und regionalen Umfeld. Wenn die Menschen, ohne die globale Perspektive aus dem Blick zu verlieren, ihre Belange in kleinen und für sie überschaubaren Zusammenhängen eigenständig regeln können, so stärkt dies ihr Selbstvertrauen, fördert ihre Inititiative und gibt dem einzelnen das Gefühl, effektiver am demokratischen Prozeß teilzuhaben. Die Summe der einzelnen starken Teile ergibt dann auch ein qualitativ höherstehendes Ganzes. Das jedenfalls ist die Annahme, die dem Motto „Denke global, handle lokal" zugrundeliegt.

Die neue Politik legt Wert auf Ausgewogenheit zwischen dem ernährenden, pflegenden, kooperativen weiblichen Prinzip und dem hinausstrebenden Pioniergeist, dem aggressiven Wettbewerb des männlichen Prinzips. Sie ist eine ökologische Politik, die in der Natur nicht das Ausbeutungsobjekt, sondern den Partner sieht; eine Politik, die die Balance sucht zwischen der Selbstverwirklichung des einzelnen und dem Wohle der Gemeinschaft. Vielleicht kommt zum bedeutungsschwangeren Jahr 2000 doch noch ein Generationenvertrag zustande, dem die Welt freiwillig und gerne folgt.

▓ Leben in Gemeinschaft

Communitas bedeutet im Lateinischen nicht nur Gemeinschaft, sondern auch Gemeinsinn. Eine Gemeinschaft besteht aus einer Anzahl von Personen oder Gruppen mit ähnlichen Interessen und Bindungen, die in der Regel durch das Zusammenleben an einem Ort, durch die gemeinsame Sprache und durch gemeinsame gesellschaftliche Projekte entstanden sind. Viele Menschen in den Großstädten können keinen solchen

Gemeinschaftssinn mehr entwickeln. Einige ziehen hieraus die Konsequenz und schließen sich zu kleinen, überschaubaren Lebensgemeinschaften zusammen, andere ziehen aufs Land. Eine als ideal zu bezeichnende Lebensgemeinschaft verwaltet sich selbst, ihre Mitglieder arbeiten dort, wo sie wohnen. Sie gründen eigene Kindergärten, kochen und essen gemeinsam, ernähren sich von Früchten aus eigenem Anbau, benutzen alternative Energien und leben bescheidener. Jedes Mitglied der Gemeinschaft übernimmt eine aktive Rolle im Gemeinwesen. Es hat teil an allen Entscheidungen, die den einzelnen und die Gemeinschaft betreffen. Alle Generationen sind in das Gemeinschaftsleben integriert, Altersheime gibt es nicht.

In den USA sind seit der längst in Vergessenheit geratenen Ölkrise in den 70er Jahren Millionen von Menschen aus den Großstädten in die Prärie gezogen. Der Einsatz modernster Kommunikationsmittel erlaubt ihnen heute ein Leben im Einklang mit der Natur. Die Menschen bleiben mit ihren Autos zu Hause, die Arbeit kommt über Satellit und Computer zu ihnen. Sie leisten damit Telearbeit. Das erinnert an den früheren amerikanischen Pioniergeist. Es besteht jedoch der bedeutsame Unterschied, daß die heutige Besiedlung bewußt auf eine sanfte Weise geschieht und nicht aufgrund materieller Not, sondern ganz im Gegenteil aufgrund materieller Übersättigung.

Seit den 60er Jahren sind auch im familiären Bereich Veränderungen zu beobachten. Die traditionelle, patriarchalische Familienstruktur wird zunehmend abgelöst von einer Familienstruktur, bei der Mann und Frau sich Berufstätigkeit, Haushalt und Erziehung der Kinder teilen. Gleichwohl bleiben typische Verhaltensmuster der traditionellen Familie bestehen. Nach wie vor gibt es Familienereignisse, über die man nicht spricht wie Alkoholprobleme, Inzest und anderes mehr. Nach wie vor gibt es den Partner, der sich für die anderen aufopfert, der den Märtyrer spielt; den Partner, der alles unter Kontrolle haben muß; denjenigen, der alles schluckt, anstatt seine Meinung offen und spontan den anderen mitzuteilen. All dies ist mehr oder weniger so geblieben, wie es immer schon war. Neu ist jedoch, daß die Menschen sich zunehmend dieser Verhaltensmuster bewußt werden und, wenn auch zum Teil mit Hilfe eines Psychotherapeuten, den Mut finden, darüber miteinander zu reden. Oft mit dem traurigen Ergebnis, daß sie sich trennen.

■ Neue Daseinsformen

Neue Formen der Beziehung gehen mit neuen Daseinsformen einher. Viele Menschen hatten in den letzten Jahren das Gefühl, ausgebrannt zu sein.

Zerbrochene Beziehungen, Abhängigkeiten verschiedenster Art, Konflikte zwischen den eigenen Idealen und der Realität des Alltags oder finanzielle Nöte trugen zu diesem Gefühl bei. Der Leidensdruck, der durch all dies entstanden ist, hat viele Menschen dazu bewogen, neue Wege des Daseins zu suchen. Sie gingen nach Indien, um östliche Spiritualität für sich zu entdecken. Eine große Welle von Meditationsbewegungen rollte über die USA und Europa. Andere wiederum haben sich mit *humanistischer* und *transpersonaler* Psychologie beschäftigt. In Kalifornien entstand die *New-Age*-Bewegung. Sie proklamierte das Ende von zwei Jahrtausenden Materialismus im Fischezeitalter und den Beginn des geistigen Zeitalters im Zeichen des Wassermanns, das den Materialismus überwinden und einläuten sollte. Um all diese Bewegungen ist es ruhig geworden. Sie wurden abgelöst von Megastars, von Techno-Phonstärken und nicht zuletzt von Massenliebestreffen wie die alljährliche Love-Parade in Berlin, bei denen sich die verschiedensten Menschentypen und Nationalitäten umarmen.

Aus dem *New-Age*-Denken jedoch wuchs das Verständnis für die eigene Gedankenkraft und die Erkenntnis, daß wir die Erfahrungen, mit denen wir konfrontiert werden, selbst erzeugen, ob durch Glaubenssätze, Ängste, Gewohnheiten oder unbewußte Denkmuster. Die *New-Age*-Lehre wollte das innere Sehnen des Menschen nach einer persönlichen Bestimmung aufspüren. Einmal gefunden, sollte diese Vision immer wieder vor dem geistigen Auge erscheinen, in dem tiefen Wissen ihrer Machbarkeit. Gleichzeitig aber war der Mensch sich der momentanen Realität voll bewußt, so daß er die Kluft zwischen Vision und Realität schmerzhaft erfahren mußte. Die hieraus entstehende Ungewißheit muß im Sinne der *New-Age*-Lehre ertragen werden. Aus ihr entspringt die Kraft, die das Bild in der Außenwelt manifestiert. Anders ausgedrückt, das Implizite strukturiert das Explizite, wie es schon Hermes Trismegistos vor Jahrtausenden in seiner hermetischen Lehre verkündete.

■ Die Human-Potential-Bewegung

Auf den ersten Blick läßt sich die Verwandtschaft zwischen diesen modernen Bewegungen und der Entdeckung des Unbewußten kaum erkennen, aber es besteht ein tiefer, sachlicher Zusammenhang. Sigmund Freud maß der menschlichen Psyche wesentlich mehr Bedeutung bei, als es bis dahin in der Wissenschaft der Fall war. Er war sich klar darüber, daß über das Wachbewußtsein hinaus noch andere Bewußtseinsschichten aktiv sind. C. G. Jung hat diese Erkenntnis vertieft und erweitert. Vor allem seine Konzentration auf den sogenannten Individuationsprozeß wurde richtungweisend für die moderne Psychotherapie. Und sein Konzept der Archetypen und des kollektiven Unterbewußten ist ebenso relevant für das Individuum, das mit sich ringt, um sich selbst zu verstehen, wie für die geistige Entwicklung ganzer Gesellschaften.

Diejenigen, die um die Anerkennung der jungen Wissenschaft Psychologie bemüht waren, orientierten sich allzu voreilig an der Naturwissenschaft als dem vermeintlichen Paradigma aller Wissenschaften. Für sie war die Begrifflichkeit und die Methodik der klinischen Psychologie und Psychiatrie nicht präzise genug. So entstand der *Behaviorismus*, eine reduktionistische Verhaltenspsychologie, die menschliches Verhalten nur untersucht, soweit es meßbar ist. Mitte dieses Jahrhunderts wurde der Behaviorismus zur vorherrschenden Methode innerhalb der experimentellen Psychologie und gewann immer mehr Einfluß auch im klinischen Bereich. Bereits in den späten 50er Jahren erkannten aber bedeutende Psychologen die Sterilität und den Reduktionismus des Behaviorismus. Sie formierten sich neben den bestehenden psychiatrischen und behavioristischen Modellen zu einer dritten Kraft und entwickelten die *humanistische* Psychologie.

Um Personen zu ihrer Selbstverwirklichung zu verhelfen, haben die humanistischen Psychologen auf die Traditionen der alten Griechen und Römer zurückgegriffen. Psychologen wie Rollo May, Abraham Maslow, Carl Rogers und Balthasar Staehlin erinnerten die westliche Welt an ihre traditionellen Werte wie menschliche Würde, Unabhängigkeit, Dankbarkeit, innere Ruhe, Freiheit und Verantwortung. Sie erinnerten an das riesige Potential des menschlichen Geistes, das von den Behavioristen weitgehend ignoriert wurde.

Zahlreiche Bewegungen sympathisierten mit der humanistischen Psychologie und vereinnahmten sie für ihre Zwecke. Initiationstherapie, Massagearbeit, Therapie mit Hilfe von Mantras oder psychedelischen Drogen, magische und spiritistische Experimente, Neo-Schamanismus. Alle diese Therapieformen sahen in der humanistischen Psychologie die theoretische Grundlegung für ihr Tun. Manche dieser Versuche waren sensibel und einsichtsvoll, andere hingegen oberflächlich und dumm. Die Gesamtheit dieser Therapieformen und ihrer Anwender wurden als *Human-Potential*-Bewegung bezeichnet. Der große Durchbruch ist dieser Richtung jedoch nicht gelungen. Einer neuen Generation von Psychologen war die Vorgehensweise der humanistischen Psychologen immer noch zu reduktionistisch. So wurde die *transpersonale* Psychologie geboren.

■ Die transpersonale Erwiderung

Die transpersonale Psychologie wurde in den 70er Jahren entwickelt, als man auf der Suche nach Modellen war, die das Potential, das in jedem Menschen schlummert, zu seiner vollen Entfaltung bringen sollten. Der Name wurde bewußt in seiner Vieldeutigkeit gewählt, um eine offene, über das Egozentrisch-Personale und über die Konzepte der orthodoxen Wissenschaft weit hinausgehende Diskussion zu eröffnen. Aus der Sicht der transpersonalen Psychologie beschränkt sich der Mensch durch sein Selbstbild, das heißt durch seine Ansichten über sich und die ihn umgebende Welt, mit ihnen begrenzt er seine Möglichkeiten. Darüber hinaus blockieren rein rationale Denkprozesse den Energiefluß, wenn aus Angst vor Irrationalität die Intuition nicht mehr zugelassen wird. Die Psychoanalyse hat dem Menschen das Unterbewußte zurückgegeben; die transpersonale Psychologie integriert das Unterbewußte in das Bewußte und versucht beides in den Zustand des Überbewußten zu bringen, so drückte es Charles Tart in seinem Buch *Transpersonal Psychologies* aus dem Jahr 1975 aus. Sri Aurobindo nennt in seinem Buch *Die Synthese des Yoga* von 1976 diesen Zustand supramental. Er ist auch als kosmisches Bewußtsein bekannt.

Seitdem gibt es Weiterentwicklungen, die aus dieser Sicht heraus ihre Programme für spezifische Gruppierungen anbieten. Dazu gehören das *Neurolinguistische Programmieren* und die sogenannten *AVATAR*-Kurse. Das Neurolinguistische Programmieren spricht den Verstand an und versucht, seine Konditionierungen offenzulegen, umzupolen und den Menschen zu mehr Klarheit über die Wirkungen des eigenen Geistes zu führen. AVATAR-Kurse versuchen, über das Fühlen die Menschen näher zu sich selbst zu bringen, sich selbst zu erkennen und zu akzeptieren. Fortgeschrittene Teilnehmer der AVATAR-Kurse können in den USA am *Wizzard*-Kurs teilnehmen, der sie zu höherer Kreativität bringen soll. Der *Quadriniti*-Prozeß steuert die unerlösten emotionalen Teile einer Person frontal an und versucht, die vier bekannten Einheiten der Persönlichkeit, nämlich Körper, Emotionen, Intellekt und Seele, in eine synergetische Einheit zu bringen.

Das Angebot an bewußtseinsverändernden Seminaren ist groß und verwirrend. Es reicht von den bislang erfolgreichen, aber auch trickreichen Scientologen über *Mindmachines, Mind Design, Flow State Music, Synapsen Massage* bis hin zu *Miracle Love* Seminaren in Kalifornien. Sie alle hier zu beschreiben würde einen zu großen Raum einnehmen.

Der Weg zu sich selbst ist bekanntlich der steinigste. Deshalb ist es geradezu verwunderlich, daß vor allem Manager in Scharen zu ganzheitlichen Seminaren, Kongressen und Trainingsveranstaltungen anreisen. Die meisten fühlen sich, als hätte man sie auf eine fremde Insel ausgesetzt, wenn es in den Veranstaltungen um sanfte Managementtechniken oder gar um *management by love* geht. Sie fragen sich, wie sie das Erlernte in ihrem Betrieb umsetzen sollen. Die autoritären Strukturen, in denen sie groß geworden sind, lassen eine neue Sicht auf die Menschen und ihre Welt nur schwer zu. Aber zumindest eines wird ihnen sehr klar:

> *Prozesse, die Menschen involvieren, sind nicht wirklich steuerbar. Die sogenannten Naturgesetze sagen so gut wie nichts über die Wirklichkeit aus, sondern nur über das Weltbild dessen, der davon spricht. Mit anderen Worten: Objektivität, absolutes Wissen und Eindeutigkeit gibt es nicht. Wir erschaffen unsere Befindlichkeit, also unsere Wirklichkeit selbst täglich neu.*

Diese Erkenntnis ist der erste wesentliche Schritt in eine neue Denkwelt, die Fühlen und Gefühle zulassen kann und somit auch die Angst. So lohnt sich jede Begegnung mit dem nicht Steuerbaren, dem Unbekannten, dem eigenen Selbst und dem kreativen Umgang mit den eigenen Ängsten. Es gilt, den Hebel bei sich selbst anzusetzen und nicht die Schuld auf andere zu schieben. Das ist ein harter Weg, aber er ist der Schlüssel zu Erlebnisfähigkeit, zu Glück und Freude am Leben.

■ Selbsthilfegruppen

„Selbsthilfegruppen sind ein Seismograph für gesellschaftliche Problemlagen", sagt Wolfgang Stark, Leiter des Selbsthilfezentrums in München. Durch den Druck ansteigender Arbeitslosigkeit und Armut wächst auch in Deutschland die Bedeutung sozialer Selbsthilfegruppen. Allein in München sind in über 1.300 Selbsthilfegruppen ungefähr 40.000 Menschen aktiv, die meisten von ihnen sind Frauen. Ihre soziale Schichtzugehörigkeit ist breitgefächert. Handwerker, arbeitslose Akademiker und Jugendliche bringen sich in die Selbsthilfegruppen ein. Das Prinzip der gegenseitigen Hilfe ermöglich es den Menschen, gleichzeitig Hilfeempfänger und Hilfegeber zu sein. Neben dem Erfahrungswissen besteht vielfach ein Expertenwissen, das als Beratungsleistung weitergegeben oder sogar von bestimmten Berufsgruppen abgefragt werden kann. Das Know-how von Gesundheitsgruppen wird beispielsweise von Ärzten bereits genutzt. In vielen Ländern Südamerikas könnten zahlreiche Menschen längst nicht mehr ohne diese Art der Überlebenshilfe und Selbsthilfe existieren.

Aber auch in einem vergleichsweise reichen Land wie den USA sind solche Selbsthilfegruppen durchaus vonnöten. Der Vietnamkrieg und vielmehr noch der Golfkrieg haben nicht nur eine Welle des Mißtrauens gegenüber Politikern und Experten mit sich gebracht, sondern auch eine neue Armutswelle. Verschiedene Affären, geheime Waffenexporte, Einsparungen im Sozialhaushalt und die offensichtlich gewordene Verfilzung von Wirtschaft und Politik haben darüber hinaus einen rapiden Verfall der Obrigkeitsgläubigkeit ausgelöst.

Die vom Bürger erwartete Integrität und Weitsicht der Regierungen hat sich in dem gleichen Maße reduziert wie Geschäftemacherei, Korruption, kleinliches Parteiengezänk und Rechthaberei zugenommen haben. Selbsternannte Experten und zuständige Institutionen haben sich allzuoft als völlig desinformiert über aktuelle Geschehnisse und Folgen der eigenen Handlungen gezeigt. Als Beispiele seien hier nur die haßerzeugende Berichterstattung über den Bürgerkrieg im früheren Jugoslawien genannt und die verharmlosenden Berichte über verschobene Subventionen in Milliardenhöhe an Firmen, die sich scheinbar im Osten Deutschlands engagieren wollten.

Auch die riesigen Krankenhausapparate mit medizinischen Technokraten, die keine Zeit haben, den Patienten die Befunde zu erklären, werden zunehmend als inhuman empfunden. Viele Menschen sind es müde, manipuliert zu werden. Als Resultat dieser Ernüchterung begannen viele Menschen, wieder mehr ihrem eigenen Empfinden zu vertrauen und griffen zur Selbsthilfe. Sie kauften sich für alles und jedes sogenannte Do-it-yourself-Bücher, besuchten Workshops, die ihnen helfen sollten, Dinge des täglichen Lebens wieder in die eigene Hand zu nehmen. Vor allem kümmerten sie sich verstärkt um ihre eigene Gesundheit.

▦ Holistische Gesundheitsvorsorge

Die holistische Gesundheitsvorsorge entwickelte sich aus Selbsthilfegruppen. Sie spiegelt die Unzufriedenheit mit der allopathischen Medizin wider. Ihr geht es um ein neues, umfassenderes Verständnis von Gesundheit und Krankheit, das folgende Merkmale aufweist:

▶ Selbstverantwortung für körperliches Wohlbefinden: Anstatt dem Arzt die Heilung einer Krankheit zu überlassen, übernehmen die Patienten selbst nicht nur die Verantwortung für die Ursache ihrer Krankheit, sondern auch für deren Heilung.

▶ Krankheit als Chance: Krankheit wird nicht als Schicksal, sondern als Chance betrachtet. Als eine Chance, Einblick in die eigenen Lebensgewohnheiten zu bekommen, die der Gesundheit abträglich sind, um dadurch Verhaltensweisen entsprechend ändern zu können. So betrachtet es Thorwald Dethlefsen in seinem Buch *Schicksal als Chance* von 1979.

▶ Krankheit als Sprache der Seele: Die Seele leuchtet das Umfeld der jeweiligen Krankheitsbilder aus. Sie kann sie deuten und Aufschluß über die Herkunft und Heilung geben. So die Ansicht von Rüdiger Dahlke in seinem 1992 erschienenen Buch *Krankheit als Sprache der Seele*.

▶ Vorbeugende Medizin: Holistische Anwendungen verstehen Gesundheitsvorsorge und Heilung von akuten Krankheiten als gleichbedeutend. Die Person wird als Einheit von Geist, Psyche und Körper verstanden.

▶ Anwesenheit des inneren Heilers: Dieselbe Kraft, die unser körperliches Wachstum steuert, wird als die Kraft empfunden, die den Heilungsprozeß einleitet, durchführt und das Immunsystem stärkt. Diese Kraft kann bewußt aktiviert werden und steht für Konsultationen zur Verfügung.

▶ Die nie endende Definition von Gesundheit: Gesundheit ist mehr als die Abwesenheit von Krankheit. Gesundheit bedeutet energetisches Wohlbefinden, Gleichmut und Vitalität. Sie bedeutet Integration der Vergangenheit in die Gegenwart, Akzeptanz der eigenen Person und darauf aufbauend die Akzeptanz anderer Personen und der ganzen Natur.

Ein wesentliches Element der holistischen Gesundheitsvorsorge sind Selbsthilfegruppen, die sich um die Überwindung von Alkohol- und Drogensucht bemühen. Bekannt und erfolgreich ist vor allem die Gruppe der *Anonymen Alkoholiker*. Sie haben ein Zwölf-Punkte-Programm entwickelt, das bereits vielen Menschen geholfen hat, dauerhaft von ihrer Sucht loszukommen.

Das Programm beginnt mit der Anerkennung der eigenen Hilflosigkeit gegenüber dem Alkoholproblem und der Erkenntnis, daß ein Leben als Alkoholiker auf Dauer unmöglich ist. Dem folgt das Eingeständnis des Problems anderen gegenüber und der Versuch, anderen zugefügtes Unrecht wiedergutzumachen, anderen Alkoholikern bei ihren Problemen zu helfen und Verantwortung für sie zu übernehmen. All das wird begleitet durch ein gemeinsames Nachdenken über die Ursachen der Sucht. Diese Therapieform ist so erfolgreich bei Alkoholikern, daß sie in den letzten 15 Jahren auch bei anderen Suchtformen angewandt wurde. So zum Beispiel bei allen Arten von Medikamenten- und Nahrungsmißbrauch, bei Spielsucht, bei sexuellen Zwangshandlungen und bei starken Rauchern. Darüber hinaus wurden Gruppentherapien für die Familienangehörigen der Süchtigen eingeführt, die zur Auflösung von Vorurteilen und Gewohnheiten im zwischenmenschlichen Bereich führen und einen echten Neuanfang für alle Betroffenen ermöglichen.

Selbst bei Personen, die Probleme haben mit der Gesellschaft und ihren Organisationen, wurde diese Therapieform angewandt. So beschreibt es Anne Wilson Schaef in ihrem Buch *When Society becomes an Addict* von 1978. Die bürokratisch organisierte Gesellschaft läßt viele Formen von Abhängigkeit entstehen, die den Betroffenen meistens nicht bewußt sind. Zum Beispiel den Schreibtischtäter, der sich hinter Zahlen und Daten versteckt und den Kontakt von Angesicht zu Angesicht scheut. Oder den Opportunisten, der sich hinter den Richtlinien und hinter den Oberen versteckt. All diese Menschen sind konfliktscheu, haben Angst vor Repressalien und sind in hohem Grade kommunikativ gehemmt.

Angesichts der steigenden Anzahl von Menschen, die in der einen oder anderen Form süchtig oder abhängig sind, sind wir alle aufgefordert, über unser Dasein, unsere Ängste, Nöte und Beziehungen nachzudenken und sie zu hinterfragen. Nicht nur, um uns selbst vor solchen Abhängigkeiten zu schützen, sondern auch um Menschen zu ermutigen, sich selbst aus ihren Abhängigkeiten zu befreien, überkommene Wahrnehmungsmuster und Wertsysteme zu überwinden, um wieder Raum zu schaffen für persönliches Wachstum anstelle von Zerstörung.

Im übrigen könnten Gesundheit und die mit ihr verbundenen Bereiche wie geistige Frische und Schönheit das zukunfts- und gewinnträchtige Dienstleistungsangebot einer erwachten Pharma- und Kosmetikindustrie sein. Eventuell sogar gemeinsam mit einer Ärzteschaft, die nicht von Krankheit, sondern von Gesundheit lebt.

■ Das Zentrum der Autorität

Ein wichtiger Aspekt der neuen Daseinsform ist die Entdeckung des wirklichen Zentrums der Autorität. Die Fundamente des hierarchischen Autoritätskonzepts wurden bereits von den alten Römern gelegt. Mit dem

Untergang des Römischen Reichs ging die politische Autorität auf die Kirche über. Die Unfehlbarkeit des Papstes und die göttlichen Rechte der Könige illustrieren die zentrale Rolle der höchsten Autorität in der westlichen Welt.

Die Grundeinstellung dieser Autoritäten gegenüber den Menschen war überwiegend negativ. Die Machtausübung geschah aus der Überzeugung heraus, daß die Stabilität der Gesellschaft nur durch Kontrolle über die Menschen erhalten werden kann, und schon deshalb mußte das Zentrum der Autorität extern sein. Diese Einstellung verführte die zentralen Machtgruppen zur Unterdrückung der Menschen und zur Überschätzung ihrer eigenen Fähigkeiten.

Jede Kraft erzeugt, mehr oder weniger subtil, ihre Gegenkraft. In diesem Falle können heute Medikamenten- und Drogenmißbrauch, Alkoholmißbrauch, Kriminalität, Vandalismus, psychosomatische Krankheiten und die Rebellion junger Menschen gegen den Staat als solche Gegenkräfte gesehen werden.

Wir stehen vor einer großen Herausforderung des wissenschaftlichen Weltbildes als externer Autorität. Viele Menschen verbinden Wissenschaft mit Großtechnologie und Rüstung. Sie sehen mehr die großen Schrecken, die durch Wissenschaft entstanden sind, als den Beitrag der Wissenschaft zu Wohl und Wohlstand der Menschen. Dadurch ergibt sich für viele das Bild einer Wissenschaft, die *das Gute will und stets das Böse schafft*. Verschiedene Katastrophen bewiesen in den letzten Jahren die Fehlbarkeit dieser Wissenschaft und hinterließen großen und tiefsitzenden Unmut bei der Bevölkerung.

Das neue Zentrum der Autorität liegt im Menschen selbst. Das bedeutet, daß der Mensch sich selbst voll in Besitz nimmt, wach ist und Selbstvertrauen hat. All das hat nichts mit Gesetzlosigkeit zu tun. Gemeint ist ein neues Selbstverständnis mit psychischer Freiheit und Selbstverantwortung, eine Form von Selbstentkolonialisierung.

■ Innerer Frieden

Frieden wird oftmals als eine Periode ohne Krieg und äußere Gewalt verstanden. Aus Sicht der neuen Bewegungen ist Frieden etwas, das im Inneren der Menschen stattfindet. Frieden mit sich selbst, der innere Frieden, vermag äußeren Frieden zu schaffen und ermöglicht Kommunikation frei von Konventionen und Abhängigkeiten.

Existentieller Frieden ist wesentlich mehr, als nicht mit der Familie oder den Nachbarn im Streit zu leben. Er bedeutet die Abwesenheit jeglicher Gewalt, auch in ihren subtilen Formen. Dieser Frieden erlaubt dem Menschen ein Wohlsein, das körperlich, psychisch und geistig für ihn erfahrbar ist. In dieser Geisteshaltung fällt es leicht, die eigene Verletzlichkeit einzugestehen und die psychischen Schutzmechanismen abzubauen. In dieser Daseinsform tritt das eigene Wirken, das durch die Kraft der Gedanken getragen wird, hervor. Ohne Hektik und Strebsamkeit werden die Dinge, die anstehen, getan, und im Tun wird immer wieder Neues entdeckt. Aus dieser Perspektive sind die Menschen und die Welt a priori gut und gegenseitiges Vertrauen wird zur Basis des Zusammenlebens.

Dieses Selbstverständnis ist das Gegenteil von Verzweiflung, Passivität und Zynismus. Es führt zu Kettenreaktionen freiwerdender Energien, die sich in der Freude des Menschen an sich selbst und an seinem Leben ausdrücken, in einer Kreativität, die in den Mitmenschen das Gute hervorruft und uns alle befähigt, ohne Kontrolle und Unterdrückung zu leben. Wobei Schmerz, Leid und Sterben als etwas ganz Normales in den Lebensprozeß integriert werden.

Die Suche vieler Menschen nach neuen Gesellschaftsformen ist oftmals eine Suche nach neuer Spiritualität. Das hat sich in all den friedvollen Demonstrationen und Befreiungsaktionen im Osten gezeigt. Sie waren kraftvoll, mitfühlend und gewaltlos. Das tiefe Verlangen nach innerem Frieden und äußerer Veränderung läßt neue Facetten der eigenen Persönlichkeit entdecken, Probleme erscheinen in einem neuen Licht. Die Wahrnehmung ändert sich radikal in Momenten tiefer Erkenntnis, für viele ist es eine Metanoia, eine Verwandlung der ganzen Person. Während Spirituelles und Politisches bislang als getrennte Aspekte des Lebens betrachtet wurden, werden sie nunmehr als zwei Seiten einer Medaille wahrgenommen.

Es gibt eine Tendenz, den Unterschied zwischen Säkularisierung und Spiritualität zu verwischen. Alle Formen der Spiritualität beinhalten die soziale Komponente. Sie schließen nichts aus, denn das Fernziel ist allumfassende Liebe, die gleichzeitig bedingungslos ist. Jeder Mensch kann dieses gut sein in sich entdecken, ob er in die Kirche geht oder nicht. Es gibt keinen Unterschied zwischen Leben und Religion, zwischen Säkularität und spirituellem Leben. Die Kirchen haben sich nur ihrer Mystiker entledigt, die schon immer gegen jedwede Hierarchie und Ansammlung von Macht und Besitz waren.

Die Respiritualisierung ist Teil der modernen kulturellen Bewegungen. Sie möchten die heute vorherrschende Trennung von Geist und Materie aufheben. *„Spiritualität muß nicht als etwas verstanden werden, das zusätzlich an das Leben geheftet wird. Vielmehr ist es etwas, das alle menschlichen Aktivitäten und Erfahrungen durchdringt."* So formulierte es Ursula King in ihrem Buch *Woman and Spirituality: Voices of Protest and Promise* von 1989. Die Kraftquelle dieser Bewegungen ist das Wissen um die Einheit der Natur mit dem, was wir Gott nennen. Dieser Gott ist niemals außerhalb, sondern in allem. Er ist die alles durchdringende Energie, zu der wir, wenn wir es wünschen, direkten Zugang haben.

Die verschiedensten Gruppierungen und Tendenzen haben einen synergetischen Effekt. Es sieht aus, als würden sie an Stärke zunehmen. Kein Aspekt des Lebens wird von ihnen unberührt bleiben. Soziale Beziehungen, Selbstbilder, Weltbilder, wirtschaftliche Bedingungen, politische Strukturen, technische Anwendungen und vieles mehr wird in einen rauschenden Fluß der Umgestaltung gelangen. Viele der Elemente sind uralt und werden neu belebt. Wirklich neu daran ist, daß zum erstenmal in der Geschichte der Menschheit die einzelnen Elemente zu einer sozialen Struktur zusammengefügt werden.

■ Glaube erzeugt Wirklichkeit

Die einzige Konstante in dieser Welt ist das Verlangen nach Anerkennung und Liebe, alles andere verändert sich. Das Paradox der Menschheit ist, daß sie sich dem, was sie am meisten begehrt, durch ihre Art zu denken, widersetzt.

Der hohe Stellenwert des Kosten-Nutzen-Denkens in unserer Gesellschaft reduziert Leben zum Tauschgeschäft. Diese Mangelmentalität führt eine geistige Strichliste und zieht irgendwann Bilanz. Das Kosten-Nutzen-Denken erwartet von anderen eine Gegenleistung und stellt Bedingungen für seine Liebe, selbst aber sehnt es sich nach bedingungsloser Bejahung und Liebe. Dieses Bedürfnis zu leugnen aber, verhindert die Erfüllung des Lebens und läßt es verarmen. So verbringen viele Menschen ihr Leben wie in einem schlechten Fernsehkrimi, den man längst ausschalten wollte, ihn aber weiterhin in dem Glauben anschaut, vielleicht etwas Wichtiges zu versäumen.

Viele Menschen hoffen, daß ihnen die Zukunft die Leere und Ödnis ihrer Gegenwart füllen wird. Viele glauben an UFOs, an Außerirdische und einen Erlöser, der das wieder richten soll, was sie zerstört haben.

Krimi und Kirche haben jedoch zwei Dinge gemeinsam, beide sind nur Ersatz für das echte Leben. Beide leben von der Dichotomie des Guten und des Bösen, von Sheriff und Mörder, von Gott und Teufel, von Leben und Tod.

Der Glaube und die Hoffnung sind ein trügerisches Paar. Sie können ein wegweisendes Licht sein, aber auch zu Passivität und Selbstzufriedenheit verleiten. Der Glaube kann einem Menschen das Eine, das Ungeteilte, das Unergründliche, das dem Verstand nicht Begreifbare zugänglich machen und zur Ekstase führen. Aber der Glaube kann auch in Abgründe leiten und Nationen in Schutt und Asche legen. Er kann, wie das Beispiel der ehemaligen sozialistischen Länder Osteuropas zeigt, zu Passivität und Resignation führen, wenn er die erhofften Veränderungen nicht bringt. Wenn hingegen Eltern an ihre Kinder glauben, können sie sie zu hohen Leistungen motivieren und zu einem kreativen Leben befähigen.

Das bedeutet also, Glaube kann der Entschluß zu einer lebensbejahenden Grundeinstellung sein, die eine Gesinnung der Zuversicht und des Vertrauens schafft. Glaube kann aber auch nur Wunschdenken sein, das lediglich die Kraft zu Lippenbekenntnissen und zu Wichtigtuerei hat.

Demokratie beispielsweise gründet auf dem Glauben, daß alle Menschen im Prinzip gleich sind und gleiche Mitbestimmungsmöglichkeiten haben sollten. Wähler können mit ihrem Stimmzettel zwar eine Regierung legitimieren, aber was geschieht dann, wenn sie ihren Glauben an die Kompetenz der Politiker verloren haben?

In den 90er Jahren haben viele Menschen ihren Glauben an eine gerechte Politik verloren und damit den Glauben an die Demokratie und ihre Institutionen. Sie mißtrauen inzwischen allem, was mit Macht zu tun hat. Das ist ein schwerwiegender Vertrauensbruch zwischen den Regierenden und den Regierten, für den niemand zur Rechenschaft gezogen wird. Verfehlter Glaube erzeugt Hoffnung, nämlich die Hoffnung, daß andere die Kohlen aus dem Feuer holen. Hoffnung entführt den Geist in eine bessere Zukunft, das heißt sie spaltet die Aufmerksamkeit im Hier und Jetzt und entwertet die Gegenwart. Zukunft entwickelt sich aber aus Geistesgegenwärtigkeit. Der Mensch ist sich dessen bewußt und so entsteht die Angst, daß sich seine Hoffnung als trügerisch erweist. Es beginnt die Pendeldynamik zwischen Hoffnung und Angst, zwischen hoffnungsvoll und hoffnungslos. So wie Sentimentalität kein Ersatz für Liebe sein kann, kann Hoffnung kein Ersatz für Mut und Engagement sein.

Einer der Hauptgründe, warum es moralisch-gläubigen und pflichtbewußten Menschen oft schwerfällt, sich selbst zu akzeptieren, ist, daß sie die sinnliche Neigung ihres Körpers herabsetzen und die sittlich-moralische Pflicht glorifizieren. Pflicht und Hoffnung werden zum Ersatz für Lebensfreude. Es ist zu beobachten, daß solche Menschen, wenn sie am Schaltpult der sozialen Marktwirtschaft hantieren, ihre christlich-soziale Pflicht ihrem ökonomischen Kalkül und strategischen Interessen unterordnen.

Viele Partnerschaften zerbrechen, weil das Besitzergreifende, das Überlebte und Lebenshinderliche nicht überwunden werden kann. Oftmals müßte nicht die Beziehung gelöst werden, sondern nur der einengende Besitzanspruch. Aber wahrscheinlich ist es besser, eine solche Verbindung zu beenden, als eine Gewohnheitsehe in geistloser Routine weiterzuführen, an der das Leben vorbeigeht.

▨ Liebe schafft Erfüllung

Das grundlegendste Bedürfnis eines Menschen ist es, geliebt und gelobt zu werden. Die ersten Liebeserfahrungen sind wichtige und prägende Erlebnisse. Zuwendung zu erwidern, aktiviert die eigene fundamentale Bejahung und Selbstakzeptanz. Dieser grundlegende Aspekt der Liebe konkretisiert sich in jeder Begegnung anders:

▶ In der wahrhaft erotischen Liebe, in der sich die Partner als Einheit von Körper, Seele und Geist empfinden und alle Unterschiede auflösen.

▶ In der Liebe der Gegenseitigkeit von Schenken und Beschenktwerden, der Freundschaft, der Kommunikation und der Einfühlsamkeit.

▶ In der bedingungslosen Liebe, die andere Menschen so belassen kann, wie sie sind, mit all ihrer Eigendynamik; die anderen einen angemessenen Raum zugesteht und mit ungeteilter Aufmerksamkeit ihr Potential aktiviert und Vertrauen in die Zukunft gibt. Ich glaube an Dich.

▶ In der spirituellen Liebe, die alle Menschen und Wesen vom kosmischen Einheitsgrund des Lebens her kommend begreift und tiefe Empathie für sie empfindet.

Nur wer mit sich selbst vertraut ist, kann sich selbst vertrauen, kann Ungewißheit und Instabilität ohne Ängste meistern. In diesem Zusammenhang bedeutet Liebe, den Mut zu haben, die Geliebten auf ihre Schattenseiten und negativen Gewohnheiten aufmerksam zu machen.

Bedingungslose Liebe braucht keine Gegenleistung, denn sie erfüllt sich immer wieder aus sich selbst heraus, aus dem Vertrauen und dem Glauben in das Leben. Leben, dessen Urgrund die bedingungslose, die nicht besitzergreifende Liebe ist. Alles entsteht aus diesem Urgrund und kehrt dorthin zurück.

Zusammenfassung: Herrschaftsfreiheit und weitgehende Unabhängigkeit sind ein zentrales Ziel des neuen Denkens. Um die altbackenen bürokratischen Institutionen wieder mit Leben und Menschlichkeit zu füllen, muß der Ort der Autorität ein anderer sein als bisher, was bedeutet, weg von der externen Autorität der Politik, Kirche und Wissenschaft hin zu einer inneren Autorität des Ur- und Selbstvertrauens.

Das neue Zentrum der Autorität liegt im Menschen selbst. Das bedeutet, daß man sich selbst voll in Besitz nimmt, wach ist und Selbstvertrauen hat.

Wer sich für seine Befindlichkeit selbst verantwortlich fühlt und nicht andere dafür verantwortlich macht, wird mit der Zeit autark, authentisch und unabhängig. Die gewonnene Offenheit und Authentizität befähigt zu echter Kommunikation und Freude an sich selbst. Beide führen zu einer emotionalen und damit sozialen Kompetenz und natürlicher Gleichheit zwischen Männern und Frauen und verringern den Leistungsdruck und Wettkampf untereinander.

Neue Politik forscht nach gangbaren Wegen zu einer partizipativen Demokratie nach altgriechischem Muster, unter Einbeziehung der Frauen und bei Ersatz der Sklaven durch Technik. Sie zielt auf eine allgemeine Devolution der Macht, verbunden mit der Stärkung örtlicher und regionaler Kompetenzen, um wieder eine demokratische Initiative von unten nach oben zu ermöglichen. Die Vereinigung Europas könnte diesem Denken entgegenkommen, denn eine neue Form von Demokratie baut auf die Wechselbeziehungen und Erfahrungen einer Vielfalt von Kulturen, Nationen und Rassen auf. Durch die Förderung von Kreativität, Innovationsfreudigkeit und durch die Revitalisierung kleinerer Einheiten und Gemeinschaften wird Pluralismus innerhalb einer großen europäischen Einheit möglich und für alle von Vorteil sein.

| *Glaube erzeugt Wirklichkeit, Liebe schafft Erfüllung.* |

■ 4. Kapitel
Signale einer neuen Gesellschaft

■ Entwicklungslinien

Der Übergang von der modernen in eine transmoderne Gesellschaft wird durch das Zusammenwirken zweier sozialer Faktoren verständlich, zum einen durch das ständig wachsende Bewußtsein, daß durch die gegenwärtige Ordnung die Menschen von sich selbst und ihren Lebensgrundlagen entfremdet werden, zum anderen durch die wachsende Sehnsucht nach einer gerechten und lebensfördernden Gesellschaft.

Anhand der vielfältigen Dilemmas der modernen Gesellschaft, die wir in Kapitel 2 untersucht haben, wird deutlich, welche Elemente der Gesellschaft transformiert werden müssen, damit die Menschheit nicht nur überlebt, sondern auch eine lebenswerte Zukunft vor sich hat. Die Ziele der sozialen Bewegungen, die wir dann in Kapitel 3 vorgestellt haben, lassen bereits die Konturen einer neuen Gesellschaft erkennen. In diesem Kapitel werden wir noch konkreter und werden die entscheidenden Charakteristiken dieser Gesellschaftsform aufzeigen.

Vor allem gesundheitsschädigende Katastrophen, die an die Öffentlichkeit gelangt sind, haben viele Menschen für die gesamte Umweltproblematik sensibilisiert. Der schädliche Einfluß, den unsere wirtschaftlichen Aktivitäten zum Beispiel auf Wetter und Weltklima haben, ist für viele mittlerweile unübersehbar geworden. Die Probleme, die sich durch den sauren Regen, das Ozonloch, Pflanzengifte, durch BSE für uns ergeben, sind so breit in der Öffentlichkeit diskutiert worden, daß wir am liebsten nichts mehr davon hören würden. Auch das Verständnis, daß zu einer echten Verbesserung der Gesamtsituation mehr als Flickwerk und neue Gesetze aufgeboten werden müssen, ist gewachsen. Wir kommen nicht umhin, uns mit dem Zusammenhang zwischen Wirtschaftswachstum und Umweltzerstörung auseinanderzusetzen, bestimmte Entwicklungen im Bereich der Technologie und vor allem das durch Werbung ständig steigende Konsumbedürfnis kritisch zu hinterfragen.

Die eingeleiteten Aktionen und die gegenwärtigen Strategien der Wirtschaft und öffentlichen Verwaltung können die auf uns zurollende Lawine nicht aufhalten, sie können sie höchstens verlangsamen.

Es ist an der Zeit zu erkennen, daß es keine geringere Lösung gibt, als die, eine wirklich moderne, neue Gesellschaft zu erfinden.

Im folgenden werden wir uns die nötigen Veränderungen auf den in Kapitel 2 beschriebenen Erklärungsebenen 5 und 6 der Gesundheitsanalogie ansehen. Gemeint sind unsere Überzeugungen und Vorurteile, unser gesamtes Wertesystem.

Wichtiger als die Werte selbst sind zunächst die Fundamente, auf denen sie stehen. Denn unsere Wertmaßstäbe und unsere Ansprüche gründen auf unserer Weltanschauung, das heißt auf der Weise, wie wir die Wirklichkeit wahrnehmen. Das moderne Weltbild wurde durch die wissenschaftliche Art der Wirklichkeitserfahrung geprägt. Wir orientieren uns in unserem Leben in der Regel am naturwissenschaftlichen Paradigma. Aus diesem Grund ist es wichtig, Hinweisen nachzugehen, die gerade auf Voreingenommenheiten der Wissenschaft schließen lassen, und sich zu fragen, wie man diese Voreingenommenheiten überwinden kann.

■ Überdenken der Technik und des Patriarchats

Die Wissenschaftsgläubigkeit unserer Gesellschaft, die Abhängigkeit von der Technik und unsere Zukunft sind eng miteinander verknüpft. Daran dürfte es keinen Zweifel geben. Wir Menschen sind an einem Punkt angelangt, wo wir glauben, daß im Grunde alles, was wir uns vorstellen können, machbar ist, solange wir nur den nötigen Willen, die geeigneten Mittel und genügend Zeit aufbringen. Die Frage ist jedoch: Was sind lohnenswerte Aufgaben? Über diesen Punkt ist sich die moderne Gesellschaft völlig im unklaren.

Ein Grund für diese Unklarheit liegt in dem kontinuierlichen Versuch, Probleme, die durch die Technik entstanden sind, mit Hilfe neuer Techniken zu lösen. Wenn aber das Bewußtsein der Anwender mit den technischen Möglichkeiten nicht mitwächst, laufen wir stets den Problemen hinterher, die wir selbst erzeugt haben. Wir befinden uns in einem technischen Dauerreparaturbetrieb, den wir Fortschritt nennen und dieses Denken findet in allen Bereichen der Wirtschaft seine Anwendung.

Als beispielsweise in den 80er Jahren der Konsum stagnierte, brach ein brutaler Verdrängungswettbewerb aus. In dem Glauben, daß Wachstum die Wettbewerbsfähigkeit sichert, wurden ohne Rücksicht auf die Kosten Marktanteile erkämpft und verteidigt, Firmen gekauft, Beteiligungen und Allianzen eingegangen. Als der Wachstumsglaube nicht die gewünschte

Wirkung erzielte, entstand der Glaube, daß Kostenreduzierung die Wettbewerbsfähigkeit sichert. Mit Hilfe von Konzepten wie *lean production*, *re-engineering* oder *Kai Zen* wurde der alte Taylorismus erst richtig auf Trab gebracht. Und als sich die Kostenreduzierung als Konsumbremse entpuppte, denn Arbeitslose sind zurückhaltende Käufer, entstand der Glaube, daß Kundenzufriedenheit die Wettbewerbsfähigkeit sichert.

Ein Konzept jagte das andere, nur das utilitaristische Denken dahinter blieb das gleiche. Während in Mitteleuropa gegenwärtig noch fleißig abgespeckt und die Qualität verbessert wird, geht der Kampf in den USA um weitere Wettbewerbsvorteile längst weiter, und zwar in Form von Firmenaufkäufen in bisher unbekanntem Maße, genannt *supermerger*. Aber auch in Deutschland entstehen vermehrt Monopole neuer Art, speziell im Finanzbereich.

> *Eine ähnliche Logik liegt, wie wir gesehen haben, unserem derzeitigen Medizinkonzept zugrunde. Krankheiten, die wesentlich Folge unseres krankmachenden Lebensstils sind, werden mit großem Aufwand medikamentös behandelt, anstatt den Lebensstil selbst zu ändern.*

■ Eine post-patriarchalische Gesellschaft

In ihrer Analyse des Patriarchats hat Riane Eisler eine erweiterte Definition von Technik vorgeschlagen. Technik wird von Riane Eisler als dynamischer Prozeß gesehen. Er schließt den Gebrauch von Werkzeugen, natürlichen Ressourcen und der Körper und Köpfe der Menschen ein, um die Ziele, die sich der Mensch gesteckt hat, zu erreichen. Riane Eisler unterscheidet vier Anwendungsbereiche von Technik:

► *Techniken der Produktion.* Das sind Techniken, die zum Beispiel die Landwirtschaft, das Transport- und Verkehrswesen, die Bekleidungsindustrie oder das Bauwesen benötigen, um menschliches Leben zu erhalten und zu verbessern.

► *Techniken der Reproduktion und Regeneration.* Das sind Techniken, die sich zum Beispiel auf Geburtenkontrolle, den Geburtsvorgang selbst oder die Herstellung künstlicher Organe, Prothesen und vieles mehr beziehen.

► *Techniken der Selbstverwirklichung.* Hierzu zählen sowohl soziale Techniken, die zum Beispiel im Bildungswesen oder bei demokratischen Prozessen angewandt werden, als auch individuelle Selbsterfahrungstechniken wie zum Beispiel Meditations- oder Biofeedbackverfahren.

▶ *Techniken der Zerstörung.* Diese zielen auf Zerstörung und Beherrschung ab. Sie reichen von primitiven Techniken individueller Kampfarten bis hin zu Massenvernichtungssystemen.

Diese Klassifizierung befähigt uns, klar zu sagen, was wir in Zukunft wollen, lebensvernichtende oder lebensunterstützende Techniken?

Im großen und ganzen empfinden Menschen nicht, daß sie sich bereits für lebenzerstörende Techniken entschieden haben, auch dann nicht, wenn sie Bomben bauen. Aufgrund ihrer Weltanschauung glauben sie, allein die anderen seien die Bösen, sie selbst würden dem Bösen nur etwas entgegensetzen, womit sie sich folgerichtig zu den Guten zählen. Aber gleichgültig, ob gut oder böse, beide sind Teil einer sozialen Matrix, die die Wahlmöglichkeiten immer schon mitbestimmt. Die entscheidende Frage lautet deshalb, welche Gesellschaft würde allein Techniken der Produktion, Reproduktion und Selbstverwirklichung fördern und den Einsatz destruktiver Techniken minimieren?

Riane Eislers Interpretation historischer und archäologischer Funde kommt zu dem Schluß, daß es in den neolithischen Kulturen diese Prioritätensetzung gab. Die sozialen Strukturen waren im wesentlichen egalitär, markante Unterschiede zwischen arm und reich gab es anscheinend nicht und auch die Frauen waren den Männern nicht untergeordnet. Es gab vielmehr Priesterinnen und weibliche Handwerker. Die höchste Gottheit war weiblicher Natur. Das Grundprinzip, das die soziale Ordnung zusammenhielt, war gegenseitiges Vertrauen und Fürsorge. Solche Eigenschaften sind noch heute charakteristisch für die wenigen noch existierenden Urvölker. Unglücklicherweise wurden wir in der modernen Kultur in dem Glauben aufgezogen, daß wir von diesen sogenannten primitiven Kulturen nichts lernen können.

Riane Eisler führt den Terminus Partnerschaftsgesellschaft ein, um einen Gegensatz zu der Herrschergesellschaft zu schaffen, in der wir heute zweifellos leben.

Unter Partnerschaftsgesellschaft versteht Riane Eisler eine soziale Ordnung, in welcher der Unterschied zwischen weiblich und männlich nicht mit unterlegen und überlegen gleichgesetzt wird. Weibliche Attribute wie Mitgefühl, Sensibilität, Einfühlungsvermögen und menschliche Wärme können vielmehr soziale Priorität gewinnen, wie überhaupt in einer Partnerschaftsgesellschaft nur lebensunterstützende Techniken zur Anwendung kommen.

Inwieweit die frühen Kulturen dieses Ideal verwirklichen konnten, darüber streiten sich die Gelehrten. Aber ihr Wert als Muster für die Zukunft hat unsere Aufmerksamkeit verdient.

Auch die moderne Frauenbewegung erscheint vor dem Hintergrund einer Partnerschaftsgesellschaft in einem anderen Licht. Sie will weit mehr sein als nur eine Demonstration für mehr Gleichberechtigung. Sie strebt die Integration weiblicher Werte und Eigenschaften in die Gesamtgesellschaft an. Und bereits heute sind es diese Eigenschaften, die den sozialen Bewegungen unserer Zeit ihre Dynamik verleihen. Die Gruppen, bei denen Frauen wesentlich beteiligt sind, wie zum Beispiel die gesamte Ökologie- und Menschenrechtsbewegung, sind alle friedlicher und sanfter Natur. Sie sind nicht hierarchisch strukturiert, weitgehend herrschaftsfrei und sie sind erfolgreich. Sie sind die Keimzellen für eine lebensfähige und erfreuliche Zukunft.

▨ Evolution der Arbeitswelt

Früher war der Maßstab der Wirtschaft Boden, Kapital und Arbeit. Heute ist der Maßstab der Wirtschaft Produktivität und der Zweck der Produktivität ist Gewinn und Machtzunahme. Das heißt der Gewinn eines Unternehmens hängt von der Nützlichkeit seiner Investitionen und seiner Beschäftigten ab. Vom Nutzen profitieren allerdings nur einige wenige.

Die digitalisierte Informationsgesellschaft wird Millionen von Menschen Wissen zugänglich machen und damit die Gesellschaft demokratisieren. Boden, Kapital, Arbeit und Produktivität nach heutigem Verständnis werden ihre Dominanz verlieren.

Informationsgesellschaft bedeutet nicht unbedingt die weitere Anhäufung von Wissen für eine Elite, sondern die intelligente Organisation existierenden Wissens, indem Wissensfragmente interdisziplinär organisiert, strukturiert, und für alle abrufbar, sinnlich erfahrbar gemacht werden.

Eine Ideenwirtschaft kennt keine Grenzen und keine Rassen. Hypertextnetze bieten zahlreiche Anwendungsmöglichkeiten. Es gibt beispielsweise die elektronische Post, es existieren elektronische Lexika, Bibliotheken und Museen, Telemärkte können aufgesucht, Ferndiagnosen, Ferntherapien und Fernoperationen durchgeführt werden, es besteht die Möglichkeit elektronisch Geld abzuheben, Teleunterricht zu nehmen, eine

Fernberatung in Anspruch zu nehmen, Telearbeit zu verrichten und auf alle Datenbestände zuzugreifen, die mit Steuergeldern bezahlt wurden.

Die zunehmende Erfahrung mit diesen Technologien und ihre Weiterentwicklung können neue Modelle für Energie, Ernährung, Gesundheit, Transport, Wohnen, Stadt- und Landentwicklung hervorbringen. Dadurch kann sich das Leben, Wohnen und Arbeiten vieler Menschen weltweit stark verändern.

Die digitalisierte Informationsgesellschaft könnte Grundlage einer realen Demokratie sein, weil Ideen und Wissen der Allgemeinheit bis hinein in den afrikanischen Busch direkt zugänglich sind.

Wenn der Zweck der Arbeit nicht mehr auf Gewinn beschränkt ist, können sich die auf Geld und Gewinn fixierten Werte vieler Menschen auflösen und ihren Geist über die utilitaristischen Dimensionen unserer Zeit hinaus wachsen lassen. Bei der Diskussion um eine Neubestimmung der Arbeit kann die simplifizierte Evolutionskurve der Arbeit ein Wegweiser sein.

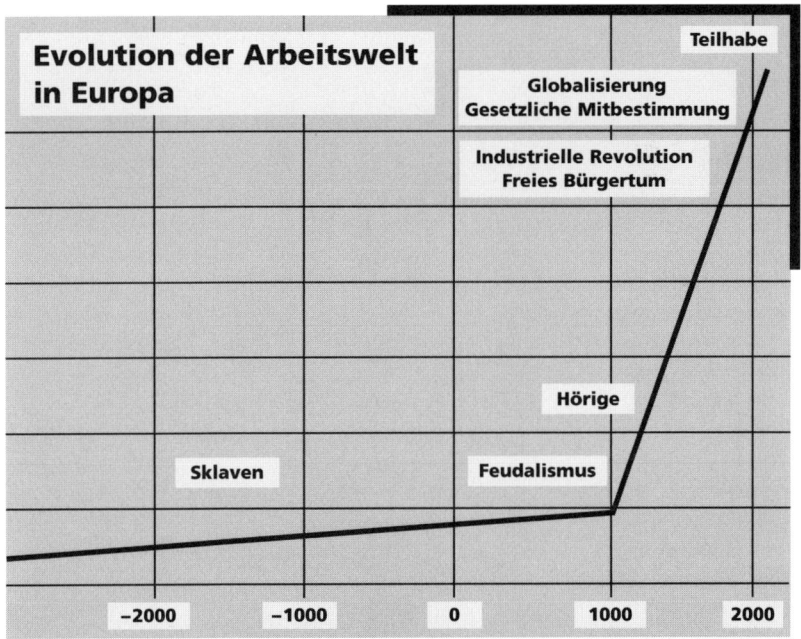

Evolution der Arbeitswelt in Europa

Teilhabe

Globalisierung
Gesetzliche Mitbestimmung

Industrielle Revolution
Freies Bürgertum

Hörige

Sklaven

Feudalismus

-2000   -1000   0   1000   2000

In der Antike waren Arbeiter Sklaven ohne Freiheit und ohne Rechte. In der Zeit um 1.000 n. Ch. etablierte sich in Europa das Feudalsystem. Es machte Arbeiter zu Hörigen, zu Hörigen, deren Freiheit zwar beschränkt war, denen aber Schutz und Rechtmäßigkeit zugestanden wurde. In den Anfängen der Industriellen Revolution, Mitte des 19. Jahrhunderts, entstand das freie Bürgertum, aber die Arbeiter wurden weiterhin skrupellos ausgebeutet. Das führte zu streitbaren Gewerkschaften, denen es zu verdanken ist, daß in Deutschland Kinderarbeit, Ausbeutung und Arbeiterverelendung weitgehend abschafft wurden. Erst Ende des 19. Jahrhunderts erhielten Arbeiter einen Einfluß auf ihre Konditionen und in der zweiten Hälfte des 20. Jahrhunderts wurde die paritätische Mitbestimmung gesetzlich verankert.

Politische Mitbestimmung, Volksentscheide, Bürgergeld, Unternehmensbeteiligungen und moderne Genossenschaftsformen werden in nicht allzu ferner Zukunft Wirklichkeit sein. Sie sind Botschaften, die den Übergang von der Herrschaftsgesellschaft zu einer vertrauensbildenden Partnerschaftsgesellschaft verkünden.

Eine Verschiebung von der Herrschaftsgesellschaft zu einer Partnerschaftsgesellschaft kann allein schon deshalb keine klassische Revolution sein, weil die Anwendung destruktiver Techniken beim Umsturz eines Herrschersystems zwangsläufig zu einem neuen Herrschersystem führen würde. Die Auflösung der derzeitigen Herrschaftsgesellschaft müßte demgegenüber gewaltfrei geschehen. Sie muß von einer Transformation des Bewußtseins der Menschen eingeleitet und getragen werden, einer Transformation, die unserer Meinung nach damit beginnen sollte, unser derzeitiges wissenschaftliches Weltbild zu überdenken.

■ Umstrukturierung der Wissenschaft

Über die Krise der modernen Wissenschaft wurde in der Öffentlichkeit genügend berichtet. Man möchte annehmen, daß die Bewältigung dieser Krise eine Angelegenheit der Wissenschaftler sei. Aber die Konsequenzen dieser Wert- und Sinnkrise erstrecken sich auf sämtliche Lebensbereiche und sind für unser Überleben zu wichtig, als daß wir sie den Wissenschaftlern alleine überlassen sollten.

Es handelt sich um eine Krise der Kausalität, des Zusammenhangs von Ursache und Wirkung. Dieses Denkmodell ermöglicht es, Strukturen der Wirklichkeit zu vereinfachen, zu untersuchen und zu manipulieren. Solange seine Relativität bedacht wird, ist dieses Interpretationsmodell für bestimmte Zwecke sinnvoll und erfolgreich. Die Wissenschaft jedoch hat das Kausalitätsdenken verabsolutiert, indem sie nur das als wirklich gelten läßt, was meßbar ist. Kausalitätsdenken ist ein Denken allein in Quantitäten. Auf diesem Weltbild ist unsere westliche Gesellschaft aufgebaut, und es ist der Absolutheitsanspruch, der zu Recht von verschiedenen Seiten angegriffen wird.

Während viele avantgardistische Denker das Kausalitätskonzept der Wissenschaft am liebsten ganz aufgeben würden, geht es uns darum, dieses Konzept lediglich in seine Schranken zu verweisen.

Wenn man Wissenschaftler fragt, ob es eine Krise des Kausalitätsdenkens gäbe, werden die meisten die Frage verneinen. Wissenschaftstheoretiker und Wissenschaftsphilosophen sind sich jedoch bereits seit längerem dieser Krise bewußt. Sie haben erkannt, daß die Wissenschaft von sich aus dazu neigt, die innere Einstellung der Menschen, ihren Willen, ihre Wünsche, kurz ihr gesamtes Bewußtsein in seiner Realität und Wirkkraft zu ignorieren. Und das allein aus dem Grund, weil es für sie schwer, vielleicht sogar überhaupt nicht kausal erklärbar ist. Bei den Nichtwissenschaftlern wachsen deshalb Zweifel, ob die wissenschaftlich-kausale Sichtweise und Denkweise der Wirklichkeit in ihrer Gesamtheit angemessen ist, wo ihnen doch das Innenleben der Menschen, welches zweifellos wirklich ist, verschlossen ist.

In dem interaktiven System, das wir Universum nennen, ist alles mit allem verbunden. Eine Veränderung in irgendeinem Teil dieses Systems wirkt sich auf alle anderen Elemente des Systems aus, ungeachtet welche Größe dieser Teil hat.

| *Alles ist von allem die Ursache.* |

Diese Einsicht hilft uns aber in der Praxis nicht weiter. Wir sind schon allein aus Zeitgründen nicht in der Lage, bei unserem Tun die Komplexität der Welt zu berücksichtigen. Aus diesem Grund reduziert die Wissenschaft, quasi notgedrungen, die Komplexität der Welt auf einen für sie überschaubaren Teil. Innerhalb dieses Teils untersucht sie dann Entstehung und Folgen bestimmter Ereignisse gemäß dem Ursache-Wirkung-Schema. Ein solches Vorgehen, das niemals der tatsächlichen Komplexität der Geschehnisse gerecht werden kann, ist per se reduktionistisch beziehungsweise immer nur gültig relativ zu dem einmal gewählten Bezugsrahmen. Das kann man der Wissenschaft jedoch nicht vorwerfen. Wohl aber, daß sie sich zum einen der Relativität ihres Vorgehens in der Regel nicht bewußt ist und behauptet, die einzig adäquate Beschreibung der Welt geleistet zu haben, zum anderen, daß sie eine andere Kausalität, nämlich die des Willens beziehungsweise des Bewußtseins, gänzlich außer acht läßt. Eine Kausalität, von der wir tagtäglich im Umgang mit anderen Menschen Gebrauch machen, etwa dann, wenn wir jemanden überzeugen und ihn für etwas gewinnen wollen.

Die absolute Wahrheit selbst ist schwer faßbar. Wahrheit ist vom Standpunkt der Philosophen her der Glaube daran, den Kern einer Situation erfaßt zu haben. Für traditionelle Naturwissenschaftler ist Wahrheit das, was nachweisbar ist, und zwar solange nachweisbar, bis etwas anderes nachgewiesen wird. Politiker wissen, sie müssen nur etwas lange genug behaupten, dann wird auch ihr Wunschdenken zu einer Wahrheit.

Wahrheit ist relativ. Wissenschaftliche Kausalität kann also nicht mehr sein als eine hilfreiche Annäherung an die absolute Wahrheit, auch wenn Wissenschaftler das nicht wahrhaben wollen.

Die Begriffe und Wechselwirkungen, mit denen wissenschaftliches Denken zu tun hat, sind Abstraktionen einer größeren Realität. Sie sind der erfolgreiche Versuch, Erscheinungen aus ihrem Zusammenhang zu lösen, sie zu untersuchen, Erkenntnisse über sie zu sammeln, um schließlich mit Hilfe der Technik in die Wirklichkeit einzugreifen. Selbst die Entstehung des Universums und der verschiedenen Lebensformen auf der Erde konnten nach diesem Modell kausal geklärt werden.

All dies hat der Wissenschaft hohes Ansehen und großen Einfluß verschafft. Die Konzentration auf das Machbare und Wiederholbare engt jedoch unsere Wahrnehmungsfähigkeit und -bereitschaft erheblich ein und verleitet dazu, weite Teile der Realität auszublenden.

Aufgrund dieser Voreingenommenheit verwechseln Wissenschaftler und Teile der Öffentlichkeit oft ihre Modelle mit der Wirklichkeit. Und daß es so etwas wie Willenskausalität gibt, wird trotz aller Evidenz von vielen hartnäckig ignoriert oder kurzerhand geleugnet. Letzteres in der Form, daß Bewußtsein als Epiphänomen von physikalisch-chemischen Abläufen im Gehirn interpretiert wird.

So entstehen die fruchtlosen Debatten darüber, ob der Mensch überhaupt einen freien Willen besitzt oder ob nicht auch sein Wille, wie angeblich alles in der Welt, durch anderes determiniert ist.

Wir benötigen beide Formen der Kausalität, um ein ganzheitliches Bild der Wirklichkeit zu bekommen. Im täglichen Leben rechnen wir auch ständig sowohl mit der Kausalität der äußeren Natur als auch mit der unseres Bewußtseins. Naturwissenschaftler haben hier oftmals Schwierigkeiten. Die willentliche Auslösung und Beeinflussung von Vorgängen wirft teleologische Fragen auf, die von ihm in der Regel ausgeklammert werden.

Wenn wir zum Beispiel den Trieb einer Geranienpflanze abschneiden und in feuchte Erde stecken, entsteht daraus eine neue Geranie. Irgendwie versteht dieser Trieb, Wurzeln zu produzieren und eine neue Pflanze mit roten Blüten hervorzubringen, obwohl doch nur Stammzellen angesprochen waren. Diesen Prozeß können wir nun Selbstorganisation oder mit den Worten des Philosophen Aristoteles formale Ursache nennen. Das ändert nichts daran, daß die Wissenschaft nicht viel über diese erstaunliche Fähigkeit des Geranientriebs weiß, gleichwohl aber an dem Glauben festhält, daß seine Gesetzmäßigkeiten irgendwie in der DNS der Pflanze gespeichert sein müssen.

■ Bewußtsein als Kausalität

Das Bewußtsein ist wahrscheinlich das größte aller Rätsel. Arthur Köstler reflektierte in seinem Buch *The Invisible Writing* über dieses Rätsel am Beispiel der Erfahrungen, die er während des spanischen Bürgerkriegs gemacht hat:

„Diese Erfahrungen erfüllten mich mit der Gewißheit einer höheren Ordnung der Wirklichkeit. Später nannte ich sie ‚die Realität der Dritten Ordnung‘. Die enge Welt der sinnlichen Wahrnehmung bildete die Erste Ordnung. Diese wahrnehmbare Welt war gleichsam eingehüllt in die begriffliche Welt der nicht mehr unmittelbar sinnlich erfahrbaren Phänomene, wie beispielsweise die Gravitation, die elektromagnetischen Felder oder der gekrümmte vierdimensionale Raum. Die Zweite Ordnung der Realität füllte die Zwischenräume des Flickwerks sinnlicher Wahrnehmung und gab ihnen erst einen Sinn. Genauso hat auch die Dritte Ordnung der Realität der Zweiten Ordnung Bedeutung gegeben, sie durchdrungen und eingehüllt. Sie beinhaltete ‚okkulte‘ Phänomene, die weder auf der sinnlichen noch auf der begrifflichen Ebene verstanden oder gar erklärt werden können und die dennoch wie spirituelle Meteoren in den primitiven gewölbten Himmel eindrangen. Genauso wie die begriffliche Ordnung die Illusionen und Deformierungen der Sinne aufzeigte, so zeigte die Dritte Ordnung, daß Raum und Kausalität, daß Isolation, Abgetrenntheit und raumzeitliche Begrenzungen des Selbst nur optische Täuschungen auf der nächst höheren Ebene waren."

Gegenüber Arthur Köstlers Dritter Ordnung der Realität, der immerwährenden Weisheit der spirituellen Welten, bleibt die Wissenschaft skeptisch. In dem positivistischen Glauben des konventionellen Szientismus sind Geist oder Bewußtsein, wie bereits gesagt, lediglich Epiphänomene. In der herkömmlichen Wissenschaft ist auch kein Platz für die kürzlich geäußerte Beobachtung des Nobelpreisträgers für Biologie, George Wald. George Wald hatte sich in seinen späteren Jahren mit der Frage auseinandergesetzt, warum das Universum die Entwicklung von Leben besonders unterstützt. Er schrieb 1988:

„Etliche Jahre zurück wurde mir klar, daß Bewußtsein, anstatt sehr spät in der Entwicklungsgeschichte lebender Wesen aufzutauchen und auf komplexe Nervensysteme limitiert zu sein (was ich stets geglaubt hatte), immer schon vorhanden war und daß dieses Universum allein deshalb Leben hervorbringt, weil die dauernde Präsenz des Geistes es dazu befähigt. Dieser Gedanke (...) hat mich in meinen wissenschaftlichen Fähigkeiten so in Bedrängnis gebracht, daß ich regelrecht in Verlegenheit geriet. Es dauerte aber nur ein paar Wochen, um zu erkennen, daß ich in bester Gesellschaft war. Diese Gedanken sind nicht nur in jahrtausendealte östliche Weisheiten eingebettet, sie waren auch von einer Anzahl großer und neuerer Physiker bereits ausgesprochen worden."

In unseren täglichen Lebenserfahrungen ist Bewußtsein das Primäre. Nur durch Bewußtsein ist es überhaupt möglich, etwas zu verstehen und unser Tun auf Ziele auszurichten. Der Nobelpreisträger Roger Sperry hat mit Nachdruck darauf hingewiesen, daß alle Wissenschaft solange unzulänglich bleibt, bis sie endlich Bewußtsein als kausale Realität anerkennt.

In einem 1987 erschienenen Artikel verlangt Roger Sperry, die vom Willen beeinflußte Verursachung, das absteigende Kausalprinzip, in die moderne Wissenschaft einzugliedern. Denn, so schrieb er, *„Dinge werden nicht nur von unten nach oben durch molekulare Aktivität gesteuert, sondern genauso von oben nach unten durch geistige, soziale, politische und andere Makroeigenschaften. Vorrang nimmt dabei die obere Ebene ein, nicht die untere."*

Der vollständige Erfolg wissenschaftlicher Erkenntnis wird uns dann zuteil, wenn auch komplementäre Erklärungen wissenschaftlich gültig sind und damit die untere Erklärungsebene ihrerseits durch die obere gedeutet werden kann.

■ Das verwirrte Weltbild westlicher Wissenschaft

Wenn die Verwirrung über Kausalität in den Wissenschaften ein Problem ist, so bedeutet das für die Gesellschaft eine Katastrophe. Durch die erfolgreiche Entwicklung der Technik hat das wissenschaftliche Weltbild in der Gesellschaft großen Einfluß gewonnen. Wissenschaftliche Erklärungen der Wirklichkeit werden von großen Teilen der Bevölkerung als letztes Wort akzeptiert, solange, bis sie durch eine neue Erkenntnis ersetzt werden. Wenn aber diese Erklärungen der Wirklichkeit systematisch Formen von Kausalität auslassen, gründen auch die Handlungen der Gesellschaft auf einem falschen Weltbild.

In unserem Rechtswesen, um ein Beispiel zu nennen, wird angenommen, daß Menschen für ihre Handlungen verantwortlich sind, für Handlungen, die unter Umständen zu lebenslangen Haftstrafen führen können. Gleichzeitig aber gehen weite Teile der Wissenschaft nach wie vor davon aus, daß die Handlungen der Menschen erblich bedingt sind oder durch Erfahrungen in der frühen Kindheit ausgelöst werden. Einen selbständigen, freien Willen gibt es demzufolge nicht. Immer ist es etwas anderes, das den Menschen in dem, was er will, bestimmt. Wenn die Wissenschaft mit dieser Auffassung recht hätte, dann wäre niemand für sein Tun verantwortlich und im juristischen oder moralischen Sinne schuldig. Damit wäre jeder Rechtsprechung ihre Grundlage genommen. Eine Gesellschaft, die in dieser zentralen Frage der Wissenschaft folgt, müßte also konsequenterweise ihr Rechtssystem aufgeben.

Ähnlich verworren ist die Situation im Bildungswesen. Was ist die Zielsetzung der Bildung? Lehrer sind in hohem Maße von dem vorherrschenden Verständnis wissenschaftlicher Kausalität beeinflußt. Von daher ist es verständlich, daß Bildung als eine Form der Konditionierung und Sozialisation angesehen wird, bei der es lediglich um die Weitergabe vorhandenen Wissens geht. Eine angstfreie Wahrnehmung, die einen kreativen Umgang mit Bewußtsein voraussetzt, gibt es nicht. Im Gegenteil. Ein freier Geist wird meist mit überholten Information vollgeschüttet.

Ein ganz anderes Bild ergibt sich, wenn man anstelle von wissenschaftlicher Kausalität das Bewußtsein der Menschen als Ziel aller Bemühungen um Bildung ansieht. Bildung wird dann zu einem Weg, auf dem wir nicht irgendetwas lernen, sondern auf dem wir primär über uns etwas lernen und im Lernprozeß unsere eigene Kreativität und Erfüllung entdecken und fördern.

Unsere Überzeugungen und Werte gründen auf einer Kosmologie, einem Bild, das wir uns von der Wirklichkeit, der Natur und dem Universum gemacht haben. Jede Kosmologie erzählt eine Geschichte davon, wie der Mensch in die Welt gekommen ist. Bis zum 19. Jahrhundert war es die alte christliche Geschichte von einer transzendenten Gottheit, die sich verkörpert hat, um die Menschen von ihrer Ursünde zu erlösen. Dazu gab es noch eine halb wissenschaftliche, halb theologische Geschichte, die einen Schöpfer irgendwo außerhalb des Universums annahm. Nachdem er das Universum einmal geschaffen hatte, war er für dessen Funktionieren nicht mehr verantwortlich und erforderlich, ähnlich einem Uhrmacher, den man nicht mehr braucht, wenn die Uhr einmal läuft. So ist es kaum verwunderlich, daß die Menschen entsetzt über Entmystifizierungen waren, zum Beispiel über Charles Darwins Entdeckung der Gesetze menschlicher Evolution und Sigmund Freuds nicht minder revolutionäre Entdeckung der individuellen menschlichen Bewußtseinsgenese. Die Menschen spürten das Ende des gesellschaftlichen Konsens über Werte und Sinn des Lebens Jahrzehnte bevor es eintrat. Mitte des 20. Jahrhunderts, nach zwei Weltkriegen, waren sie schließlich gänzlich verunsichert hinsichtlich der Werte, die für sie jahrhundertelang selbstverständlich gewesen waren.

Der Zustand unserer Gesellschaft und unseres Planeten ist Zeuge dieser allgemeinen Verwirrung. Unser Selbstbild und unser Weltbild prägen den Umgang der Menschen miteinander. Sie haben einen tiefen Einfluß auf die Beziehungen mit anderen Lebewesen. Sie bestimmen in hohem Maße unser Denken und unser Verhältnis zum Leiden und zum Tod. Wir rennen dem Glück hinterher und fliehen vor dem Leid, das uns über die Ursachen unserer Probleme, und damit auch unseres Strebens nach Glück, informieren möchte. Aus diesem Denken entstehen auch die Bemühungen der modernen Wissenschaft, das Leben um jeden Preis zu verlängern. Oft wird freilich statt des Lebens nur das Sterben in die Länge gezogen. Je mehr wir darüber nachdenken, desto klarer wird der Zusammenhang erkennbar, der zwischen unseren herkömmlichen, wissenschaftlichen Erklärungen der Ursachen und den selbsterzeugten ökologischen, politischen und sozialen Problemen besteht.

Ein Paradox wird bei der ganzen Diskussion jedoch nur selten gesehen. Wenn, wie so viele beteuern, die Wissenschaft wirklich so nahe an einer adäquaten Beschreibung der Wirklichkeit ist, wie kommt es dann, daß immer mehr Menschen im wissenschaftlichen Betrieb das Wissen alter Kulturen und spiritueller Disziplinen suchen? Gerade zu dem Zeitpunkt, an dem die Wissenschaft ihre größten Triumphe im technischen Bereich feiert, im Bereich der Raumfahrt, der Computertechnologie, der künstlichen Intelligenz, der Biotechnologie, fragen sich vermehrt Wissenschaftler und Nichtwissenschaftler, ob es in der Wissenschaft noch mit rechten Dingen zugeht. Um diese Krise der Wissenschaft besser verstehen zu können, müssen wir uns ihrer Quelle zuwenden, müssen wir uns mit der Epoche auseinandersetzen, in der die Wissenschaft begann, ihre heutige Gestalt anzunehmen.

■ Die Grundannahmen heutiger Wissenschaft

Seit der Mensch entdeckt hat, daß unbewußte Prozesse und Glaubensannahmen unsere Wirklichkeitserfahrungen in bestimmte Bahnen lenken, ahnt er, daß auch die Wissenschaft von solchen unbewußten Überzeugungen beeinflußt wird. Die Grundannahmen stammen aus dem frühen 18. Jahrhundert und bestimmen bis heute das wissenschaftliche Vorgehen.

▶ Die erste von ihnen ist *die objektivistische Annahme, daß der wissenschaftliche Beobachter nicht Teil des zu beobachtenden Geschehens ist,* sondern das Geschehen, frei von jeder Subjekt-Beeinflussung, in seiner objektiven Gesetzmäßigkeit beschreiben kann.

▶ Die zweite ist *die positivistische Annahme, daß nur das, was meßbar ist, objektive Realität und wissenschaftliche Relevanz hat.*

▶ Die dritte ist *die reduktionistische Annahme, daß die Ursache eines jeden noch so komplexen Phänomens erkannt werden kann, wenn man nur auf genügend elementare Ebenen des Phänomens zurückgeht.* So kann zum Beispiel die Funktion eines Computerchips durch die Elektronenbewegungen auf seiner Silikonschicht erklärt werden.

Wichtig ist, daß es sich bei all dem nicht um Erkenntnisse der Wissenschaft handelt, sondern um a priorisch gemachte Annahmen.

Diese Annahmen engen den Radius des Erforschbaren auf die physisch meßbare Realität ein und schließen zum Beispiel teleologische Phänomene von vornherein aus. Die Limitierung des Frage- und Forschungshorizonts war damals eine kluge Vorkehrung, um Konflikte mit der Kirche zu vermeiden. Als die Wissenschaft jedoch zu Ansehen und Macht kam, wurde dieser strategische Charakter vergessen und die gesamten wissenschaftlichen Beweise bauten weiterhin auf den drei oben genannten Annahmen auf. Man war und ist auch heute noch der festen Überzeugung, daß die Wissenschaft die Wirklichkeit so beschreibt, wie sie an sich ist, und übersah damit das restriktive Vorgehen der Wissenschaft.

Diese Naivität ist jedoch folgenreich gewesen. Die junge Wissenschaft hatte das Ziel, den damaligen Aberglauben durch wissenschaftlich fundierte Beweise zu ersetzen. Damit wurden die Türen für all das verschlossen, was auch nur den Anschein eines Wunders erweckte.

Die Wissenschaft hat seitdem alle Phänomene, die sie aufgrund ihrer metaphysischen und methodologischen Voraussetzungen nicht erklären konnte, als inexistent angesehen. So zum Beispiel auch den Einfluß, den psychische und spirituelle Erfahrungen auf das gesundheitliche Wohlbefinden der Menschen haben.

Da alle anderen traditionellen, metaphysischen und spirituellen Weltbilder nicht in das selbstauferlegte restriktive, mechanistische Weltbild paßten, hat die westliche Wissenschaft sie kurzerhand als unwissenschaftlichen Humbug abgetan. Nachdem diese Glaubenssysteme in den letzten Jahrzehnten eine Aufwertung erfahren haben, stellt sich heute die Frage, wie man die Wissenschaft wieder mit den von ihr verdrängten Weltbildern zusammenführen kann. Oder anders gefragt: Wie kann die Wissenschaft dazu gebracht werden, ihre drei metaphysischen, methodologischen Grundannahmen aufzugeben und anzuerkennen, daß es all die Phänomene, die sie bislang hartnäckig geleugnet hat, zu jeder Zeit und in allen Kulturen gegeben hat und daß sie ihre eigene Gültigkeit besitzen?

Solch eine Umstrukturierung ist nicht so schwierig, wie es zunächst den Anschein hat. So formuliert es Willis Harman 1988 in seinem Buch *Bewußtsein im Wandel.* Ein großer Teil der Wissenschaft würde intakt bleiben, denn das alte wie auch das neue Wissen sollen die bisherige Wissenschaft lediglich ergänzen, nicht ersetzen. Die zwei Hauptveränderungen wären:

▶ Die wissenschaftlichen Forschungsmethoden würden anteilnehmende, sozusagen einfühlende Untersuchungsformen einschließen.
▶ Die herkömmlich-reduktionistische Kausalität und die Bewußtseinskausalität würden als gleichberechtigte Deutungsmöglichkeiten von Phänomenen zugelassen.

Die gesellschaftlich wichtigste Folge der Öffnung und Umgestaltung der Wissenschaft wäre die Aussöhnung der technisch-wissenschaftlichen mit der human-religiösen Kultur.

■ Vier Ebenen einer neuen Wissenschaft

Eine Konsequenz aus dieser erweiterten Wissenschaft ist zugleich ein Grund dafür, warum eine Verbindung beider Kulturen bislang verhindert worden ist. Teilnehmende Forschung, speziell wenn sie menschliches Bewußtsein betrifft, sensibilisiert und verändert den Beobachter. Deshalb ist die Bereitschaft, sich innerlich berühren zu lassen, eine unabdingbare Voraussetzung für einen sogenannten partizipativen Wissenschaftler. Um für die Probleme seiner Patienten empfindsam zu sein, muß jeder Psychotherapeut zuvor seine eigenen Neurosen und Psychosen bewältigt haben. Ein Wissenschaftler, der die spirituellen Weisheiten innerhalb traditioneller Kulturen erforschen will, muß bereit sein, selbst tiefgreifende Wandlungen durchzumachen. Erst dann ist er ein kompetenter Beobachter. Wir alle verspüren jedoch in uns einen Widerstand gegenüber solchen Infragestellungen und Wandlungen.

In der Vergangenheit haben Wissenschaftler darauf bestanden, daß teleologische und an Werten orientierte Fragen keine wissenschaftliche Relevanz haben. Gleichwohl wurden diese Fragen immer wieder neu aufgeworfen, zum Beispiel im Gesundheitssektor. Wenn man nach der Funktion eines bestimmten Organs im Körper fragt, so fragt man, ob man will oder nicht, teleologisch. Und wenn man sich fragt, was dem eigenen gesundheitlichen Wohlbefinden zuträglich oder abträglich ist, so ist das zweifellos eine Wertfrage.

Im folgenden werden wir sehen, daß die Voreingenommenheit der Wissenschaft, von der bisher die Rede war, eine Frage der Verstehenshierarchie ist. Teleologische Fragen haben auf der reduktionistischen Ebene der physikalischen Realität tatsächlich keinen Platz. Auf der Ebene der Biologie jedoch, wo es um die Erklärung bestimmter organischer Prozesse geht, ist es durchaus zulässig, ja sogar notwendig, mit teleologischen Fragen an das Untersuchungsobjekt heranzutreten.

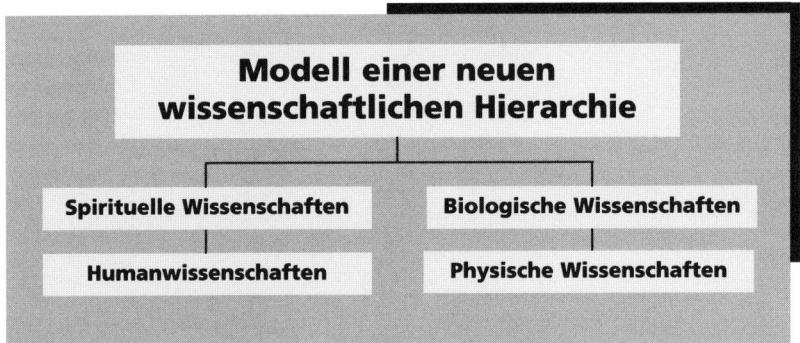

Modell einer neuen wissenschaftlichen Hierarchie

Spirituelle Wissenschaften — Biologische Wissenschaften

Humanwissenschaften — Physische Wissenschaften

Auf der Ebene der Humanwissenschaften sind Willenskraft und innere Einstellung eines Menschen als Kausalitätsfaktoren zu berücksichtigen. In den spirituellen Wissenschaften schließlich werden paranormale Phänomene erforscht und in ihrer Bedeutung für den Menschen gedeutet.

Die Umgestaltung der Wissenschaften und die Erweiterung ihres herkömmlichen Fragehorizontes erlauben es, Geist und Materie wieder miteinander zu versöhnen. Die Anerkennung des Bewußtseins in der Materie wäre eine Revision unseres bisherigen Weltbildes, die den Vergleich mit der Kopernikanischen Wende nicht zu scheuen braucht.

Ähnlich wie damals würde diese Wandlung der Gesellschaft neue Horizonte eröffnen, die künftigen Aufgaben der Wirtschaft erleichtern und zu einer unglaublichen Befreiung aller führen.

■ Weniger arbeiten – besser leben

Die Diskussion in Kapitel 1 führte uns zu einer entscheidenden Frage: Wenn es für eine ökonomisch und technisch erfolgreiche Gesellschaft immer sinnloser wird, den Konsum und die damit verbundene Produktion als wesentliche Bestandteile ihrer Kultur zu verstehen, was wird dann zu ihrem zentralen Anliegen? Es scheint nur eine zufriedenstellende Antwort zu geben: Beteiligung, Lernen und Persönlichkeitsentfaltung.

Den Begriff von der lernenden Gesellschaft hat Robert Hutchins 1968 in seinem gleichnamigen Buch geprägt. Es handelt sich um eine Gesellschaft, die es dem einzelnen ermöglicht, von sich selbst und anderen zu lernen und dabei seine ganzen Möglichkeiten und Fähigkeiten auszuschöpfen, eine Gesellschaft, die dadurch auch das Zusammenleben der Menschen verfeinert und auf ein höheres Niveau bringt. Alle Institutionen der lernenden Gesellschaft sind auf diese Ziele ausgerichtet. Bereits die alten Athener hatten diese Gedanken in Teilen verwirklicht. Robert Hutchins formuliert es wie folgt:

„Sie machten ihre Gesellschaft zu einer Gesellschaft, die all ihren Bürgern zur vollen Entwicklung ihrer höchsten Kräfte verhalf. (...) Bildung war keine vom gesellschaftlichen Ganzen losgelöste Angelegenheit für bestimmte Stunden, für bestimmte Plätze oder für bestimmte Lebensabschnitte. Sie war Ziel und Bestimmung der Gesellschaft. (...) Der Athener wurde durch diese Kultur gebildet, durch Paideia.“

Natürlich hatten die Griechen Sklaven anstelle von High-Tech. Insofern sind die beiden Gesellschaften nicht in allen Punkten vergleichbar. Gleichwohl wäre der Grundsatz lebenslanger Bildung, der in allen gesellschaftlichen Institutionen zur Anwendung kommt, auch auf unsere moderne Gesellschaft durchaus anwendbar. Lewis Mumford schreibt in seinem Buch *The Transformations of Man* 1956:

„Paideia bedeutet nicht nur Lernen, sondern auch im künstlerischen Sinne Machen und Formen. Der Mensch selbst ist das Kunstwerk, das die Paideia in eine Form bringen möchte. (...) Das, was die griechische Paideia uns lehrt, ist die Grundlage jeden Demokratieverständnisses: Persönliches Wachstum und Wandel der Persönlichkeit sind nicht delegierbar."

Die höchste Form und das zentrale Thema der Paideia war die Reise nach innen, die Suche nach dem Zentrum, dem inneren Gleichgewicht.

Das eigentliche Ziel der lernenden Gesellschaft ist im weitesten Sinne die Persönlichkeitsfindung und Bildung des einzelnen, um ihn dazu zu bewegen, gemeinsam mit anderen Mitgliedern der Gesellschaft an Lösungen für eine lebenswerte Zukunft zu arbeiten. Unbegrenzt viele Menschen, die nicht bereits an anderen gesellschaftlichen Projekten beteiligt sind, können an dieser kreativen Zukunftsgestaltung teilnehmen.

| *In einer Gesellschaft, deren zentrales Anliegen Lernen ist, gibt es keine überflüssigen Menschen.*

Die lernende Gesellschaft kann nicht geplant und nicht von oben nach unten geführt werden. Das macht ihre Entstehung nicht leichter. Aber auch von unserer jetzigen Gesellschaft könnten wir das gleiche sagen. Niemand hat die moderne Industriegesellschaft auf dem Reißbrett entworfen. Die Moderne hat sich vielmehr langsam und auf organische Weise entwickelt. Viele Experimente im Verlaufe dieses Wandlungsprozesses haben sich bewährt und wurden kopiert, wie zum Beispiel die Verfassung der USA. Andere wiederum scheiterten.

Menschen entwickeln sich weiter, manche Grundzüge unseres gesellschaftlichen Systems sind jedoch nicht gleichermaßen mitgewachsen. Sie arbeiten nicht mehr für uns und unsere Zukunft.

| *Einer dieser negativen Grundzüge ist die fortschreitende Vereinnahmung der Gesellschaft durch die Wirtschaft sowie die damit verbundene Monetarisierung menschlicher Werte.*

Hierzu gehört auch das Job-Denken, das die Arbeit aufs Geldverdienen reduziert und damit von persönlichen Entwicklungsprozessen abkoppelt. Wenn wir erst einmal diese unselige Trennung von Geldverdienen und Kreativität überwunden haben, werden für den arbeitenden Menschen die Möglichkeiten, sich in und mit seinem Tun zu entfalten, unbegrenzt sein.

Jeder Mensch kann in der lernenden Gesellschaft an kreativer Arbeit und an weiterem Lernen teilnehmen. Dazu benötigen wir nicht mehr Arbeitsplätze und weiteres Wirtschaftswachstum. Die Motivation, zu lernen und die eigene Kreativität weiterzuentwickeln, ist dem Menschen inhärent. Es müssen nur die Blockaden gegen beides aufgelöst werden. Menschen sind nicht nur durch die Aussicht auf materiellen Wohlstand für ihre Arbeit zu motivieren, wie uns die Wirtschaftswissenschaftler einzureden versuchen. Ein Blick in die Geschichte genügt, um zu sehen, daß es auch andere Beweggründe gibt. Der Bau gotischer Kathedralen war sicherlich nicht durch die Aussicht motiviert, Geld zu verdienen. Dennoch hat er unglaubliche Fertigkeiten beim Handwerk entfaltet. Trotzdem wird auch in einer lernenden Gesellschaft Geld weiterhin Motivator und Inspirator sein, wenn persönliches Engagement entsprechende Früchte tragen kann.

Die Applications International Corporation (SAIC) in San Diego, USA, ist beispielsweise ein großes Unternehmen mit einem Umsatz von 2,2 Milliarden US-Dollar im Jahr 1996. SAIC ist hauptsächlich spezialisiert auf Informationssysteme für Gesundheitsvorsorge. Die 23.000 Beschäftigten besitzen über 90 Prozent des Aktienkapitals, die Aktie stieg in den letzten 5 Jahren im Schnitt um 19 Prozent, 1996 sogar um 34 Prozent. Hunderte der SAIC Mitarbeiter wurden zu Millionären.

Die soziale Komponente der Arbeit wird durch das Arbeiten in Beteiligungsmodellen jeder Art, in größeren und in kleineren Einheiten gefördert. Der beste Nährboden für eine erfüllte Arbeit sind die vielfältigen Aktivitäten einer Gesellschaft, die ständig bereit ist, zu lernen, sich einzubringen und sich weiterzuentwickeln. Viele solcher Komponenten stehen im dritten oder freiwilligen Sektor zur Verfügung. Das zeigt, daß die enge Verbindung zwischen Arbeit und Einkommen mittlerweile zu einem Problem geworden ist. Keine Gesellschaft muß befürchten, daß jemals die konstruktive Arbeit ausgeht. Solche Situationen entstehen nur, wenn die Auffassung vorherrscht, daß Arbeit nur dann Arbeit ist, wenn sie im Rahmen des monetären Wirtschaftssystems getan wird.

Die lernende Gesellschaft, so wie wir sie uns vorstellen, ist dezentral, ihre

Technik umweltfreundlich und sparsam im Umgang mit den natürlichen Ressourcen. In einer lernenden, dezentralen Gesellschaft sind alle Prozesse für ihre Mitglieder überschaubar und den regionalen Verhältnissen angemessen. In ihr wird ein Lebensstil gepflegt, der weniger durch Effizienz, das heißt, die Dinge richtig machen, als vielmehr durch Effektivität, das heißt, die richtigen Dinge zu machen, gekennzeichnet ist.

50 Prozent der geleisteten Arbeit findet in Deutschland bereits jenseits der Erwerbsarbeit statt. Gemeint sind damit jene Ergebnisse menschlicher Arbeit, die noch nicht in der Waren- und Dienstleitungsbilanz des Bruttosozialprodukts ausgewiesen werden. Die gesellschaftliche Akzeptanz einer neuen Form sinnstiftender Arbeit, die direkt mit lernen, helfen und sich helfen lassen zu tun hat, gewinnt zunehmend an Bedeutung. Die Arbeit für das Gemeinwohl versteht sich im Kontext zu einer lernenden Gesellschaft als Ergänzung zur abnehmenden Erwerbsarbeit. Eine mögliche Vision, wie sie der Soziologe Gerd Mutz zu beschreiben wagt, ist Teilzeitarbeit plus 10 Stunden wöchentliche Arbeit für das Gemeinwohl bei gleichzeitiger Sozialversicherungs- und Rentengarantie. Auf diese Weise könnten Einkommensverluste durch weniger Erwerbsarbeit durch Arbeit in Kindergärten, Seniorenheimen oder anderen kreativen Lehr- und Lernstätten aufgefangen werden.

Hier scheint ein Blick in die USA nützlich zu sein. *Community* und *volontier work* sind dort selbstverständlicher als hierzulande. Freiwilligenarbeit dient nach Ansicht von Gerd Mutz in den USA auch stärker der Erfüllung von Individualinteressen und der eigenen Bedürfnisbefriedigung.

Frithjof Bergmann hat mit seinem Projekt *New Work,* das er nunmehr in Detroit vorantreibt, ähnliche Erfahrungen gemacht. Er schreibt:

„In Zusammenarbeit mit der Automobilindustrie werden dort Modelle mit dem Ziel getestet, die Arbeit in drei Teile zu gliedern. Zwei Tage die Woche wird regulär in der Fabrik gearbeitet, zwei Tage widmet man sich einem sogenannten high tech self providing, also der Selbstversorgung auf hohem technischen Niveau, und an zwei Tagen tun die Leute das, was sie schon immer machen wollten.“

Unter *high tech self providing* versteht sich ein Lernprozeß, der zusammen mit Universitäten oder Stiftungen eingeleitet werden kann, um Wissen und Anwendungstechniken weiterzugeben. Er hat das Ziel, durch eigenen Arbeitseinsatz bis zu 70 Prozent der Dinge, die man zum Leben braucht, selbst mit Freude herzustellen.

An dieser Stelle sollte auch Rudolf Steiner, Gründer der Anthroposophischen Gesellschaft, bedacht werden. Schon zu Beginn der Industrialisierung stellte er ein demokratisches Dreiheitsprinzip auf, das für ein Gleichgewicht zwischen Politik, Wirtschaft und Kultur sorgen sollte.

Freiheit – Kultur
Gleichheit – Politik und Recht
Brüderlichkeit – Wirtschaft und Religion

Dahinter steckt ein durchaus stabilisierendes Element, das uns heute gut tun würde. Das Modell setzt allerdings mündige Bürger voraus. Eine lernende Gesellschaft könnte sich diesen Ansatz wieder zunutze machen.

■ Unbemerkte Wirtschaftsformen

Das derzeitige Wirtschaftssystem ist voller Widersprüche und Paradoxien. Jede Ökonomie müßte an sich auf der Ökologie und damit der Erde gründen, die unser aller Lebensgrundlage ist. Das derzeitige Wirtschaftssystem scheint sich jedoch zum Ziel gesetzt zu haben, die natürlichen Lebensgrundlagen der Menschen, und damit auch sich selbst, zu zerstören. Der schnelle Gewinn scheint jede Rücksichtslosigkeit zu belohnen. Menschen dagegen, die sich bemühen, in Kreisläufen zu denken und die verbleibende Lebensgrundlage zu erhalten, werden als Spinner angesehen.

| *Die Wirtschaft sollte den Menschen dienen, aber es scheint, als würden die Menschen der Wirtschaft dienen.*

Ökonomische Werte, Utilitarismus und Rationalität verdrängen persönliche Integrität und Empfindsamkeit. Für menschliche Reflexionen ist im Arbeitsprozeß keine Zeit.

Hazel Henderson betonte 1988 in ihrem Buch *The Politics of the Solar Age: Alternatives to Economics* die Tendenz der Ökonomen, nur Teile des wirtschaftlichen Produktionssystems einer Industriegesellschaft zu erklären. Das Gesamtsystem beinhaltet die folgenden Ebenen:

▶ *Privatwirtschaft:* Sie beinhaltet die Güterproduktion und den Konsum, den Arbeitsmarkt, den Dienstleistungsbereich, sämtliche Investitionen und Sparguthaben und wird durch offizielle Statistiken erfaßt.

▶ *Öffentlicher Sektor:* Er besteht aus Staat, Ländern und Gemeinden sowie der gesamten Infrastruktur wie Straßen, Brücken, Schulen, öffentliche Verkehrsmittel, öffentlicher Dienst. Auch dieser Sektor wird durch offizielle Statistiken erfaßt.

▶ *Der dritte Sektor:* Er besteht aus dem Gemeinwesen sozialer Kooperativen. Hierzu zählen Vereine, gemeinnützige Stiftungen, unbezahlte Hausarbeit, Kindererziehung, Heimarbeit und Landwirtschaft für den Eigenbedarf, Volontariate und Hospitanzen, gegenseitige Unterstützung bei der Kranken- und Altenpflege. All dies subventioniert die Volkswirtschaft mit unbezahlter Arbeit.

▶ *Schwarzwirtschaft:* Sie geht illegal vor und hinterzieht Steuern in riesigem Ausmaß und hat damit schätzungsweise einen Anteil von mindestens 10 Prozent am Gesamtwirtschaftsvolumen.

▶ *Natur:* Auch die Natur, die Ressourcen bereitstellt und bei der Abfallbeseitigung sozusagen hilft, subventioniert die Volkswirtschaft in unbekannter Größenordnung.

Die Tätigkeiten der Tauschwirtschaft und die Dienste der Natur, evaluiert und zusammengerechnet, werden auf das gleiche Volumen geschätzt wie das gesamte Volkseinkommen. Der Wert an Gütern und Dienstleistungen, der in der Tauschwirtschaft erwirtschaftet wird, ist nahezu so hoch wie die Löhne und Gehälter im privaten und öffentlichen Sektor. Ein großer Teil der Erfolge dieser beiden Sektoren ist nur durch die unbezahlte Mitarbeit vieler Menschen im Tauschwirtschaftssektor und durch die Mithilfe der Natur möglich. So wird ersichtlich, daß die offiziellen Statistiken nur einen Ausschnitt des gesamten Produktionssystems erfassen, nicht jedoch ein realistisches Gesamtbild. Diese Faktoren müssen bedacht und berücksichtigt werden bei dem anstehenden Übergang einer produktionsorientierten Wirtschaftsform, die nicht-erneuerbare Ressourcen verbraucht, zu einer neuen Wirtschaftsform, die den Abfall so weit minimiert und so viel wie möglich durch Recycling wiederverwendet, erneuerbare Ressourcen benutzt und insgesamt sorgsamer mit der Umwelt umgeht. Die vorindustrielle Landwirtschaft könnte für diese neue Wirtschaftsform als Vorbild dienen.

Aber selbst wenn all das eingeführt werden könnte, hätten wir noch nicht unsere drängendsten Probleme gelöst, solange wir glauben, quantitatives Wachstum für den Erhalt von Arbeitsplätzen zu benötigen. Wie wir schon in Kapitel 2 gesehen haben, geht ein Trend der sozialen Bewegungen hin zu einer dezentral-globalen Wirtschaftsstruktur. Das könnte das entscheidende Merkmal einer transindustriellen Gesellschaft werden. Und mit der allgemeinen Dezentralisierung wird auch die Hausgemeinschaft wieder an Bedeutung gewinnen, und zwar nicht nur als wichtigste Konsumtionseinheit, sondern auch und vor allem als entscheidender Produktionsfaktor, wie sie es bereits vor der Industrialisierung gewesen ist.

■ Eine florierende lokale Wirtschaft

Das beste Beispiel hierfür ist wohl die Mondragon Genossenschaft in Nordspanien.

Mondragon ist eine Vereinigung von Unternehmen, Geschäften, Schulen, landwirtschaftlichen Betrieben und einer Bank. Mehr als 20.000 Personen sind zugleich Besitzer, Arbeitnehmer und Manager. Die Mitarbeiter haben eine Lebensstellung, angemessene Gehälter, partizipieren am Gewinn und Verlust ihres Unternehmens, sie sind an der Führung beteiligt, sie haben eine angemessene Krankenversicherung und Altersversorgung. Die Produktionsrate gehört mit zu der höchsten in Europa.

Mondragon ist auf einem anderen Weltbild aufgebaut als Kapitalismus und Sozialismus. Die Kooperative lebt nach einem ganzheitlichen Weltbild. Kooperation, das Prinzip leben und leben lassen und familiäre Beziehungen werden verwirklicht. Die Menschen streben an, erstklassige Produkte und Dienstleistungen anzubieten, weil ihnen die Arbeit in dieser familiären Atmosphäre Freude macht. Es ist ihnen wichtiger, zur Entwicklung der Gesellschaft beizutragen, als den eigenen Vorteil zu suchen.

Interessant ist, daß Mondragon ähnliche Vorstellungen hat, wie sie viele europäische Auswanderer im 19. Jahrhundert in die USA mitgebracht haben. Dort gingen sie allerdings durch die Urbanisierung verloren. Diese Vorstellungen werden wieder lebendig, da sie mit der veränderten Wahrnehmung der Wirklichkeit stimmig zu sein scheinen. Wenige werden die Mondragon Genossenschaft kopieren, aber gewiß werden viele Unternehmen und Institutionen in den nächsten Jahren nach Alternativen suchen und eigene Experimente wagen.

Zwei wesentliche Elemente des Mondragon Modells sollen jedoch an dieser Stelle hervorgehoben werden, die Bedeutung der persönlichen Beziehungen und die Partizipation der Beschäftigten am Besitz und an der Führung der Unternehmen. Diese Merkmale werden künftig in allen erfolgreichen Unternehmen anzutreffen sein.

Ein typisches Beispiel für die Renaissance dezentral-lokaler Wirtschafts-formen ist das kanadische Local Employment Trading System (LETS) in Courtenay, British-Columbia, das auf die Initiative von Michael Linton zurückgeht. Dort hat man ein eigenes Währungssystem entwickelt, bei dem als Zahlungsmittel kein gedrucktes Geld, sondern bestimmte Zeichen in einem Computernetzwerk verwendet werden, die sogenannten grünen Dollar. Wir nehmen an, jemand möchte sein Haus renovieren und es neu streichen lassen. Zu diesem Zweck vereinbart er mit dem Maler, dem er den Auftrag erteilt hat, eine Summe, die aus zwei Werten besteht, einem Anteil X an grünen Dollar und einem Anteil Y an kanadischen Dollar. Die kanadischen Dollar benötigt der Maler, um Farbe einzukaufen, die nicht im LETS verfügbar ist. Mit den grünen Dollar kann der Maler Dienstleistungen und Produkte, die im LETS angeboten werden, kaufen. Wenn jemand ein Darlehen in grünen Dollar möchte, bekommt er es zinslos. Auf diese Weise ist der Geldfluß der grünen Dollar wesentlich höher als der des offiziellen kanadischen Geldes. Der Effekt ist, daß diese Gegend, im Gegensatz zu den umliegenden Provinzen, eine florierende Wirtschaft besitzt. Bemerkenswert ist, daß dieses System inzwischen weltweit eingeführt ist, beispielsweise in der Innenstadt von München, im Schwabinger Bürgerhaus, dem ungefähr 200 Familien angeschlossen sind.

■ Ein Lichtblick bei der Entwicklungshilfe

Die amerikanische Stiftung für internationale Unterstützung von Gemeinschaften (FINCA) in Tucson, Arizona, ist ein weiteres Beispiel für eine kreative Antwort auf die aktuellen Probleme. Dem Unternehmer John Hatch fiel auf, daß es armen Menschen oft nicht an nötigen Ideen, Wissen und Motivation mangelt, wohl aber an Kapital. Diese Beobachtung trifft sicherlich für viele Menschen zu, die auf dem Land oder in den Städten am Rande des Existenzminimums leben. Sie verfügen zwar über Talent und die nötige Kreativität, nicht aber über Startkapital für ein kleines Geschäft. Oft benötigen sie lediglich einen kleinen Kredit, den sie jedoch weder von den Banken, dem Staat oder durch die Entwicklungshilfe bekommen. Es ist hinlänglich bekannt, daß ein Großteil der Entwicklungsgelder in die Taschen etablierter Geschäftsleute und wohlhabender Landbesitzer wandert. Die Hilfe für die Armen besteht aus Lebensmittelimporten, die zwar die Not lindern, die Menschen aber in einem Kreislauf aus Armut und Krankheit gefangen halten. John Hatchs Antwort auf diese Situation war die Gründung von FINCA.

FINCA stellt Gemeinden die nötigen Geldmittel für umlaufende Darlehen oder für eine eigene Dorfbank zur Verfügung. Die Gemeinde entscheidet in voller Eigenverantwortung, welche Projekte im Sinne der Gemeinschaft gefördert werden sollen. Daraufhin werden kleine, zinslose Darlehen vergeben, ohne Bürgschaft, nur mit persönlichem Ehrenwort und Unterschrift oder Daumenabdruck. Solche Darlehen gehen beispielsweise in den Früchte- und Gemüsehandel, in die Herstellung von Textilien oder in die Kleinviehhaltung und Keramikindustrie. Pünktliche wöchentliche Darlehensrückzahlungen qualifizieren den Kreditnehmer für eine Erhöhung seiner Kreditlinie. Rückzahlungen bleiben selten aus, und die Menschen erzielen oftmals erstaunliche Gewinne mit kleinstem Kapital und ohne teure Ausbildung oder Maschinen. John Hatch bemerkte im übrigen, daß die Geschäftstüchtigkeit der Frauen eine der am wenigsten genutzten Möglichkeiten der Entwicklunghilfe ist. Die meisten Darlehen der FINCA werden daher mittlerweile an Frauen vergeben.

Das Beispiel der FINCA ist deshalb interessant, weil es erkennen läßt, wie die finanzielle Hilfe durch den Geber zur Selbsthilfe auf der Nehmerseite wird und wie mit geringen Mitteln maximale Wirkung erzeugt werden kann. Die Förderstrategie von FINCA gibt dem Spender das Gefühl, etwas in der Welt bewirken zu können, ohne andere zu entmündigen.

■ Andeutung einer neuen Gesellschaft

Die Erkenntnis der Gefahren und Zerstörungen der natürlichen Umwelt, die durch kurzfristiges Denken und rücksichtslose unternehmerische Aktivitäten heraufbeschworen wurden, wächst rapide.

Die Erde braucht die Menschheit nur bedingt, wir Menschen aber brauchen die Erde unbedingt.

Die grünen Bewegungen möchten die Konsumgesellschaft in eine Gesellschaft mit ökologischer Ethik und einer Ethik der Selbstverwirklichung überführen. Ökologische Ethik setzt unsere Identifikation mit der ganzen Natur voraus, von der kleinsten Lebensform bis hin zum größten Planeten. Sie fordert die Menschheit zum partnerschaftlichen Umgang mit der Natur auf, um ihre Lebensgrundlagen zu sichern, ihre Intelligenz zu verstehen, von ihr zu lernen und dieses Wissen auf Produkte und menschliche Lebensformen zu übertragen. Und letztlich soll der partnerschaftliche Umgang mit der Natur aus dem krebsartigen Wachstum der Wirtschaft ein gesundes Wachstum machen.

Die Ethik der Selbstverwirklichung stärkt die Einsicht, daß individuelle Erfahrung das Ziel haben sollte, den einzelnen zu geistiger Reife in

Harmonie mit der Erde und all ihren Kreaturen zu führen. Die Aufgabe der verschiedenen gesellschaftlichen Institutionen ist es, Mitwelten zu bilden, die dieses Bewußtsein und seine Weiterentwicklung unterstützen.

Die neue Ethik bedarf einer Transformation des Wirtschaftssystems. James Robertson formulierte 1979 zehn Elemente der neuen Wirtschaftsform:

▶ Sie ist ökologisch, sparsam und basiert hauptsächlich auf erneuerbaren Ressourcen.
▶ Ihre Produkte sind dauerhaft und der Warenumlauf insgesamt geringer.
▶ In ihr haben die Menschen vor den Dingen Priorität.
▶ Sie besteht aus selbständigen Organisationseinheiten auf örtlicher, regionaler und nationaler Ebene.
▶ Sie ist eine dezentrale Wirtschaft.
▶ Sie unterstützt auf internationaler Ebene wirtschaftliche Aktivitäten, die dem Gemeinwohl dienen und Länder wie Regionen wieder selbständiger werden lassen.
▶ Sie entwickelt eine dem Menschen und der Natur angemessene Technik.
▶ Sie fördert die Wiederbelebung des ländlichen Raums.
▶ Sie entwickelt eine größere Verteilungsgerechtigkeit.
▶ Sie integriert Arbeit und Freizeit.

Birger Priddat, Dekan für Wirtschaftswissenschaften der freien Universität Witten-Herdecke, hat drei Formen der Transformation durch Arbeit entwickelt:

▶ Arbeit als Transformation von Materien
   = Bearbeitung eines fremden Objekts;
▶ Arbeit als Transformation der Lebensumstände
   = Bearbeitung von anderen Menschen;
▶ Arbeit als Transformation seiner selbst in Form von Bildung
   = Bearbeitung von sich selbst als Mensch.

Die nötigen Veränderungen des wissenschaftlichen Konzepts haben wir bereits besprochen. Zeichen für einen vergleichbaren Wandel sind hier weniger sichtbar als die Signale des Umdenkens in der Wirtschaft. Gleichwohl ist auch hier bereits der Keim einer neuen Metaphysik gesetzt. Insgesamt zeichnet sich am Horizont folgende Entwicklung ab:

Die industrialisierte Welt wird sich von einer Herrschaftsgesellschaft zu einer Partnerschaftsgesellschaft entwickeln, in der weibliche Werte integriert sind. Die Befreiung von der Furcht vor einem nuklearen Holocaust oder sonstiger Massenvernichtung rückt damit in greifbare Nähe. Wenn die Frauen gleichberechtigt sind und das Recht erhalten, selbst über die Geburt ihrer Kinder zu entscheiden, wird sich die Bevölkerungsproblematik entspannen. Die Geburtenraten werden sich den persönlichen, sozialen und ökonomischen Möglichkeiten für ein lebenswertes Leben besser anpassen und damit das Malthus'sche Gesetz für Krieg, Hungertod und Krankheiten durchbrechen. Langsam wird auch das Entwicklungsproblem der Dritten Welt für alle zufriedenstellend gelöst werden. Wenn wir die alternativen Möglichkeiten zur Energiegewinnung und -umwandlung für Industrie, Haushalte und Verkehr ernsthaft erforschen und verwirklichen, erhalten wir wieder saubere und erneuerbare Energie in großer Fülle.

Es wird mehr Offenheit und Vertrauen zwischen den Geschlechtern, in unseren Familien und den übrigen Gemeinschaften herrschen. Institutionen werden sich weniger hierarchisch gliedern und offener für Vielfalt und Flexibilität sein. Die Wirtschaftsordnung wird sich drastisch ändern, Metastrategien werden eine kreativ-produktive Zusammenarbeit der heute im Wettkampf stehenden Unternehmen ermöglichen. Unternehmen werden sich mehr Klarheit über ihre eigentliche Bestimmung verschaffen und damit aus einer erweiterten Sicht denken und handeln. Eine Reihe neuer Industriezweige mit neuen Produkten und Dienstleistungen wird entstehen, die das Leben auf unserem Planeten materiell und geistig bereichern.

■ Ökonomische Schlüsselannahmen

Einige der wünschenswerten Charakteristika eines transformierten Wirtschaftssystems haben wir damit angedeutet. Gleichzeitig wissen wir aber, daß nicht alles, was wünschenswert, auch realisierbar ist. Was jedoch in unseren Augen realisierbar ist, darüber entscheiden letztlich unsere weltanschaulichen Grundüberzeugungen. Wenn wir uns wirklich eine Umgestaltung wünschen, sollten folgende Werte gesellschaftlich akzeptiert werden.

■ Werte für eine Umgestaltung

Werte, die geeignet sind, die Menschheit in eine bessere Zukunft zu leiten, basieren auf der Einsicht, daß der Mensch aus Geist, Seele und Körper besteht und geistloser wie sinnloser Konsum eine Falle ist.

Eine systemisch-ganzheitliche Sichtweise, die auf die Belange der Mitwelt, Nachwelt und Umwelt gleichermaßen achtet, wird allen Entscheidungsprozessen zugrundeliegen. Kreislaufwirtschaft beispielsweise ist auf allen Ebenen gewinnbringend.

Kleinere wirtschaftliche Einheiten werden gestärkt und das weltweite Wirtschaftswachstum wird begrenzt.

Die Überwindung der immer unüberschaubarer werdenden Weltwirtschaft zugunsten kleinerer, weitgehend autonomer Wirtschaftsgemeinschaften ist für die Entwicklung einer neuen Gesellschaft unabdingbar.

Die Menschen suchen in ihrem Leben die Erfahrung von Sinn und Bedeutung, nicht bloßen Konsum und Komfort. Sie sehnen sich nach kreativer Arbeit, nicht nach Untätigkeit.

Viele materielle Bedürfnisse der Menschen sind künstlich geweckt worden. Sie sind zudem nur begrenzt zu befriedigen. Die Suche nach materiellem Wohlstand ist der falsche Weg, um sich selbst als ganzer Mensch zu erfahren.

Eine kreative Tätigkeit ist eine Voraussetzung für psychisches und geistiges Wachstum.

Arbeit kann nicht bloßes Mittel dazu sein, sich in der Freizeit etwas leisten zu können. Kreative Arbeit, die Muße und ständiges Lernen einschließt, ist Mittel und Zweck und zugleich der beste Weg, um sich selbst zu erfahren und sich auszudrücken.

Die innere Kündigung und zunehmende Illoyalität ihrer Arbeitnehmer machen immer mehr Unternehmen schmerzhaft bewußt, daß sie ihre alten Führungskonzepte aufgeben müssen. Inhuman waren diese schon immer, auch wenn sie in der Vergangenheit scheinbar erfolgreich waren. In wirtschaftlich unruhigen Zeiten, angesichts des sich verschärfenden internationalen Wettbewerbs und des wachsenden Selbstbewußtseins vieler Menschen wirken sie sich jedoch kontraproduktiv aus. Sie unterdrücken Kreativität, Initiative und Innovationen. Potentiale, die heute für jedes Unternehmen überlebensnotwendig sind. Allerdings genügt es nicht, wie einige Unternehmen glauben, Kompetenzen und Verantwortung einfach nach unten zu verlagern. Wenn die alten, auf Befehl und Gehorsam ausgerichteten Organisationsstrukturen fallen, muß eine neue Art von Führung an ihre Stelle treten.

| *Führung durch Sinngebung und Wertschätzung der Mitarbeiter.* |

Erst Menschlichkeit, Empathie und Sinn lassen Mitarbeiter zu einer Unternehmensgemeinschaft werden, die sich schöpferisch und kraftvoll den neuen Herausforderungen stellt.

■ Die geforderte Synthese

Die derzeitige Gesellschaft ist eine gespaltene Gesellschaft. Der eine Teil befriedigt seine materiellen Bedürfnisse und sein Statusdenken durch Ausbeutung der Natur und Manipulation anderer Menschen und läßt sich vom Wesen der Dinge innerlich nicht mehr berühren. Dieser Teil der Gesellschaft hat seinen Zugang zum Herzen verschüttet und läßt sich bei der Entscheidungsfindung durch reines Kosten-Nutzen-Denken leiten. Die Welt ist für ihn ein kaltes Gegenüber, kein warmes Miteinander. Fehlendes Vertrauen treibt diese Menschen hin zu Mißtrauen, Macht- und Sicherheitsdenken, zu dem Glauben, daß mehr Geld und mehr Besitz die persönliche Sicherheit erhöht. Es ist das gleiche Denken, das dem Wahn erliegt, daß mehr Raketen und nukleare Sprengköpfe die nationale Sicherheit steigere.

Der andere, kleinere Teil der Gesellschaft hat eine andere Lebensform gewählt. Er hat ein grundlegendes Selbstvertrauen und ist damit angstfreier und kommunikationsfähiger, er kann anderen vertrauen. Dieser Teil der Gesellschaft orientiert sich an Gebrauch statt Verbrauch, Qualität statt Quantität. Wobei Qualität in dieser Lebensform bedeutet, daß Dinge, Ort und Zeit zusammenpassen. Es gibt demzufolge nichts, das an sich schlecht ist. Es kann höchstens für manches zu spät oder zu früh sein oder aber sich am falschen Platz befinden.

Die folgende Auflistung enthält Eigenschaften und Werte, die für beide Teile der Gesellschaft charakteristisch sind. Die einen wurden bislang viel beachtet, die anderen hingegen vernachläßigt. Sie sind jeweils Teile einer Gesamtwirklichkeit, die uns allen zugänglich ist, wenn wir willens sind, uns für sie zu öffnen. Ein systemisch-ganzheitliches Fühlen, Denken und Handeln wäre die Synthese der beiden Eigenschaftsgruppen, die zur Zeit noch auf zwei Teile der Gesellschaft verteilt sind.

**Für die Gesellschaft
charakteristische Eigenschaften
und Werte**

Bisher betont wurde(n):	Bisher vernachläßigt wurde(n):
Absicht	Einsicht
Bildung	Befähigung
Klugheit	Weisheit
Verbrauch	Gebrauch
Kontrolle	(Selbst-)Vertrauen
Information	Kommunikation
Verordnung	Verständnis
Wissende Haltung	Fragende Haltung/Zuhören
Hoffnung	Geistesgegenwärtigkeit
Termine	Wissen um Prioritäten
Schuldsuche	Sinnsuche
Angst vor Verlust	Umgang mit Ungewißheit
Opportunismus	Integrität
Freizeit	Muße
Zielorientierung	Prozeßorientierung
Jeder für sich	Jeder für jeden
Effizienz	Effektivität
Quantität	Qualität
Rationalität	Intuition
Bedingte Liebe	Bedingungslose Liebe

▦ Charakteristiken des Systemumbaus

Abschließend seien noch einmal die vier entscheidenden Charakteristika des anstehenden Systemumbaus genannt.

Eine adäquate Weltanschauung: Die Kultur und die Wissenschaft der westlichen Welt haben sich als unvereinbar mit einer lebensfähigen Zukunft erwiesen. Ein neues Welt- und Selbstverständnis der Menschheit ist jedoch im Entstehen begriffen, und zwar aufgrund vielfältiger Einflüsse. Zu nennen sind vor allem ein erweitertes Wissenschaftsverständnis, die grüne Bewegung, die Frauenbewegung, neue Formen des Managements.

Betonung neuer Werte: Die materialistischen und hedonistischen Ziele unserer Gesellschaft müssen durch solche ergänzt werden, die mit Lernen und Persönlichkeitsentwicklung zu tun haben. Erkenntnisse über die dynamischen Beziehungen zwischen Mensch und Kosmos lassen eine neue Ethik aufkommen, die gleichermaßen auf die Bedürfnisse der Umwelt, Mitwelt und Nachwelt Rücksicht nimmt.

Umstrukturierung der Weltwirtschaft: Sie setzt voraus, daß man endlich die Grundannahmen unseres derzeitigen Systems in ihrer lebenszerstörenden Kraft begreift und sich für eine dezentrale, alternative Wirtschaftsform engagiert.

Die neue kreative Rolle der Wirtschaft: Die Wirtschaft ist zweifellos der dominierende Sektor in unserer Kultur. Unternehmen operieren in der Regel weltweit. Sie tragen aber auch in hohem Maße zu den weltweiten Problemen bei. Wenn es gelingt, die Wirtschaft als den Motor unserer Gesellschaft im oben beschriebenen Sinne zu transformieren, dann könnte sie zur stärksten Kraft auf Erden werden, die die Menschheit in eine lebenswerte Zukunft führt.

Zusammenfassung: Wir befinden uns im Übergang von der Herrschergesellschaft in eine Partnerschaftsgesellschaft. Unter Partnerschaftsgesellschaft ist eine soziale Ordnung zu verstehen, in welcher der Unterschied zwischen weiblich und männlich nicht mit unterlegen und überlegen gleichgesetzt wird. Mitgefühl, Sensibilität, Einfühlungsvermögen und menschliche Wärme können vielmehr soziale Priorität gewinnen, wie überhaupt in einer Partnerschaftsgesellschaft nur lebensunterstützende Techniken zur Anwendung kommen.

Wissenschaftliche Forschungsmethoden werden anteilnehmende, einfühlende Untersuchungsformen einschließen. Die herkömmlich-reduktionistische Kausalität und die Bewußtseinskausalität werden als gleichberechtigte Deutungsmöglichkeiten von Phänomenen zugelassen werden. Die gesellschaftlich wichtigste Folge der Öffnung und Umgestaltung der Wissenschaft ist die Aussöhnung der technisch-wissenschaftlichen mit der human-religiösen Kultur.

Die alten Athener hatten eine Gesellschaft, die all ihren Bürgern zur vollen Entwicklung ihrer höchsten Kräfte verhalf. Bildung war keine vom gesellschaftlichen Ganzen losgelöste Angelegenheit für bestimmte Stunden, für bestimmte Plätze oder für bestimmte Lebensabschnitte. Sie war Ziel und Bestimmung der Gesellschaft. Der Athener wurde durch diese Kultur gebildet, durch Paideia. Paideia bedeutet nicht nur Lernen, sondern auch im künstlerischen Sinne Machen und Formen. Der Mensch selbst ist das Kunstwerk, das die Paideia in eine Form bringen möchte. Das, was die griechische Paideia uns lehrt, ist die Grundlage jeden Demokratieverständnisses. Persönliches Wachstum und Wandel der Persönlichkeit sind nicht delegierbar.

Das eigentliche Ziel der lernenden Gesellschaft ist im weitesten Sinne die Persönlichkeitsfindung und Bildung des einzelnen, um ihn dazu zu bewegen, gemeinsam mit anderen Mitgliedern der Gesellschaft an Lösungen für eine lebenswerte Zukunft zu arbeiten. Unbegrenzt viele Menschen, die nicht bereits an anderen gesellschaftlichen Projekten beteiligt sind, können an dieser kreativen Zukunftsgestaltung teilnehmen.

In einer Gesellschaft, deren zentrales Anliegen Lernen ist, gibt es keine überflüssigen Menschen.

Die lernende Gesellschaft, so wie wir sie uns vorstellen, ist dezentral, ihre Technik umweltfreundlich und sparsam im Umgang mit den natürlichen Ressourcen. In einer lernenden, dezentralen Gesellschaft sind alle Prozesse für ihre Mitglieder überschaubar und den regionalen Verhältnissen angemessen. In ihr wird ein Lebensstil gepflegt, der weniger durch Effizienz, das heißt, die Dinge richtig zu machen, sondern vielmehr durch Effektivität, das heißt, die richtigen Dinge zu machen, gekennzeichnet ist.

■ 5. Kapitel
Die neue kreative
Rolle der Wirtschaft

> *Die höchste Belohnung für*
> *menschliche Mühen liegt nicht*
> *in dem, was man dafür bekommt,*
> *sondern in dem, was man*
> *dadurch wird.*
> *(John Ruskin)*

Die Wirtschaft ist ein riesiges Reservoir an Intelligenz, Energie, Leistungsbereitschaft, Fachwissen und Kreativität. Sie begrenzt ihren Horizont jedoch durch das enge Selbstbild, das umschrieben wird mit den Worten: *The business of business is business.* Arbeit wird auf Geldverdienen reduziert und von bewußtseinserweiternden Lernprozessen abgekoppelt. Unsere Arbeit bestimmt nicht nur das, was wir für sie bekommen, sondern auch das, was wir durch sie werden. Die Art der Arbeit prägt den Menschen.

Entscheidend für Leistungswillen und Qualität ist die innere Einstellung zur Arbeit. Manager rufen durch ihre Einstellung die entsprechende Arbeitsmoral der Beschäftigten hervor. Wer in seinen Angestellten nur ein notwendiges Übel und Kostenfaktoren sieht, ruft den Drückeberger hervor, der zu allem gezwungen werden muß. Die Deutsche Bahn, die Post, die Telekom und auch die Betriebe in Ostdeutschland wurden nicht durch ihre Umwandlung in eine AG besser, sondern durch Führungskräfte, die nicht kraft ihres Amtes, sondern durch ihren Einsatz und ihre Persönlichkeit, Leistungswillen und Kreativität im Betrieb hervorrufen. Diese Führungskräfte verstecken sich nicht hinter ihrem Status und ihrer Funktion, sondern sie schaffen ein innovatives Klima in den Unternehmen. Sie mobilisieren die Beschäftigten des Unternehmens und führen es damit erfolgreich zum Ziel. Sie behandeln Beschäftigte, Kunden und Lieferanten wie mündige Menschen. Sie übertragen Verantwortung und Rechte auf die Mitarbeiter in den Unternehmen. Institutionen, die diesen einfachen Regeln folgen, sind selbst in Krisenzeiten erfolgreich und alle Beteiligten sind Gewinner. Die Formel ist einfach:

▶ Die Einstellung der Beschäftigten zu ihrer Arbeit entsteht aus der Art ihrer Behandlung.
▶ Menschen möchten gute Arbeit verrichten und dafür anerkannt werden.

▶ Der Unternehmenszweck muß eine Perspektive für Kunden, Beschäftigte, Lieferanten und Investoren bieten.

Eine derart erweiterte Sicht setzt ungeahnte Potentiale frei. Einsatzbereitschaft, Innovationskraft und Freude bei der Arbeit, die wiederum positiv ansteckend auf Geschäftspartner wirken. Die Wettbewerbsfähigkeit steigert sich, da schrittweise kontrolliert, neue Werte, Produkte und Dienstleistungen hervorgebracht werden. Eine solche Sicht ist das beste Frühwarnsystem, um auftauchende Probleme oder Chancen zu erkennen.

Spielen sich Erkenntnisse und Ideen nur im Kopf ab, bleiben sie intellektuelle Spielereien. Werden sie aber im täglichen Leben erprobt, zeigen sich ihre Stärken ebenso wie ihre Schwächen und weitere Entwicklungen werden möglich. Erst reale Erfahrungen, die das Denken und das Fühlen einbeziehen, lassen uns verstehen. Verstehen beinhaltet auch das Wissen darum, daß der Anspruch, mit dem wir andere messen, der Maßstab ist, an dem wir selbst gemessen werden.

Nehmen wir an, Sie sind von unseren Überlegungen und unseren Lösungsansätzen weitgehend überzeugt. Dann stellt sich an dieser Stelle noch einmal die Frage: Was kann ich tun?

Bei dem Versuch, die Zukunft anders zu gestalten, stellen sich sechs Herausforderungen.

■ Die sechs Herausforderungen der neuen Helden

Wach und bewußt zu werden. Zunächst einmal geht es darum zu wissen, wer bin ich und was will ich wirklich vom Leben? Viele Menschen wissen nicht, was sie wollen, sie folgen ihrem Wunschdenken, dem, was sie glauben zu wollen. Sie folgen den Glücksversprechungen anderer, anstatt nach dem Lachen am Ende ihres eigenen Regenbogens zu forschen.

Glaubwürdigkeit setzt voraus, Handlungen zu unterlassen, die einem selbst und anderen schaden. Der Eigentümer einer großen Werbeagentur in Chicago hat allen bewiesen, daß das geht. Die Agentur wirbt nur für Produkte, die nachweislich frei von Giftstoffen sind und den Käufern bedenkenlos angeboten werden können. Die Werbung dieser Agentur ist für die Käufer wie ein Qualitätssiegel, und sie ist erfolgreich.

Kreativ mit Ungewißheit und Angst umgehen. Wir sind Menschen und dürfen Angst haben, denn Angst ist ein Teil von uns. Es ist wichtig, sich der Angst zu stellen, denn sie macht wach und hellhörig. Davonzulaufen ist feige.

Die eigene Agenda finden. Innovative, erfolgreiche Menschen haben eine langfristige Agenda, die sie deshalb verwirklichen, weil sie sich dafür einsetzen und Verantwortung übernehmen. Bürokratien und noch mehr Absicherung sind ihnen ein Greuel. Kreative Menschen haben gelernt, Innovationen zu lieben, weil es sie lebendig macht, am Puls der Zeit zu sein. Sie leisten mehr, als eine Liste abzuarbeiten, sie sehen zu, daß ihre Aktivitäten den Gesamterfolg ihres Unternehmens voranbringen. Es ist ein Fehler zu glauben, daß ein innovativer Vordenker allein ein verschlafenes Unternehmen noch in Richtung Zukunft drehen kann. Erfolgreiche Change Agents erzählen immer wieder, daß echte Verbesserungen durch ein innovatives Klima entstehen. Feige Lippenbekenntnisse allein sind tödlich für alle Beteiligten.

Versprechungen der Vergangenheit einlösen. Versprechungen und Gelöbnisse können Hypotheken für die Zukunft sein. Insofern empfiehlt es sich, keine neuen mehr einzugehen. Dann lasten auf dem Management keine übertriebene Erwartungen. Innerer Frieden und Gelassenheit können sich einstellen. Wer zu seinen inneren Überzeugungen steht und trotz Unwägbarkeiten seinen Weg weitergeht, merkt, daß der Einsatz fast immer zum Erfolg führt. Aus dem Erfolgsgefühl enwickeln sich der Mut und die Lust, neue Schritte zu gehen.

Aufhören, das Leben an sich verstehen zu wollen. Die Suche nach Erkenntnis ohne die Suche nach Liebe ist eitel. Alle Philosophen dieser Welt haben bis heute keinen Wegweiser geschaffen, der uns in dieser komplexen Welt Orientierung geben könnte. Der Glaube, das Phänomen Leben restlos zu verstehen, ist Selbstbetrug, nicht mehr als ein Tauschgeschäft zwischen Belohnung und Bestrafung. Leben will mit allen Sinnen gefühlt und vom ganzen Menschen gelebt werden.

■ Das Null Vektor Prinzip

> *Mit dem Verstand und den Emotionen besitzt der Mensch zwei Hauptinformationssysteme, die sich gegenseitig ausschalten, wenn sie einseitig benutzt werden.*

Wer sich nur seines Verstandes bedient, dessen Emotionen lehnen sich im Untergrund gegen ihn auf. Wer nur aus dem Bauch heraus lebt, der wird oftmals von seinem Verstand ausgetrickst. Große Energien werden sinnlos vergeudet, weil sich die jeweiligen Informationssysteme gegenseitig ausschalten. Als Beispiel dafür soll die folgender Geschichte dienen. Jemand steckt mit seinem Klavier in seiner Haustüre fest und ruft einen Passanten um Hilfe. Nach einer Weile vergeblichen Bemühens sagt der Passant: „Auf diese Weise bekommen wir das Klavier nie da hinein." Darauf antwortet der Eigentümer: „Aber das Klavier muß hinaus."

Gegensätzliche Energien schalten sich aus, auch in vielen Unternehmen und Institutionen. Zum Null Vektor Prinzip gehören auch die tödlichen Phrasen wie „Ja, aber", „Ich würde ja gerne, aber (...)"

Systemisches Denken, das man auch als ganzheitliches Denken bezeichnen kann, verbündet beide Informationssysteme zu einem dialogischen, spontanen und effektiven System. Während ein monologischer Sprecher sein Gegenüber auf die Rolle eines Empfängers reduziert, bezieht ein dialogischer Redner sein Gegenüber mit ein und läßt einen Austausch entstehen. Kontexte und größere Zusammenhänge können erfaßt und schnell umgesetzt werden. Damit die Übergangzeit rascher Veränderungen schadlos überstanden wird, sollten die inneren Zusammenhänge verstanden werden. Verhaltensweisen müssen den neuen Bedingungen angepaßt werden, die sich erheblich von denen in stabilen Zeiten unterscheiden. Mut zu unkonventionellen Wegen, eine aufmerksame Beobachtung der Rückkoppelungseffekte aus dem Umfeld und spontane Reaktionen bieten die besten Chancen, bewegte Zeiten erfolgreich zu überstehen.

Gute Ergebnisse zu erzielen ist wichtig. Damit meinen wir im herkömmlichen Sinn, eine Tätigkeit oder ein Unternehmen zum Erfolg zu führen. Nicht als Selbstzweck gedacht, sondern um auf der Grundlage von Handlungsfähigkeit einen Beitrag leisten zu können. Um in dem sich verschärfenden Wettbewerb an der Spitze bleiben zu können, muß ein Unternehmen kompetente und kreative Personen für sich gewinnen. Gute Mitarbeiter aber lassen sich nicht mehr durch Anreize finden, die vor zehn oder zwanzig Jahren attraktiv waren. Sie suchen eine Arbeitsumgebung, die ihnen Freiräume läßt und sie ermutigt, ihre gesamten Fähigkeiten in die Arbeit im Unternehmen einzubringen.

Die besten Mitarbeiter verlangen ihrem Unternehmen gesellschaftliche Verantwortung ab. Nicht auf der Basis von Spenden, Sponsoring oder Wohltätigkeitsveranstaltungen, sondern durch eine andere Art der Unternehmensführung, die zur Lösung gesellschaftlicher Probleme führt. Gleichgültig welche Stellung sie innehaben, tragen solche Menschen durch ihr Handeln zu einem gesellschaftlichen Wandel und zur Besserung bei. Führungspersönlichkeiten, die einen Wandel bejahen und kreative Lösungsansätze fördern, können aufgrund ihrer größeren Einflußmöglichkeiten die Ängste vor Veränderungen mildern und ermutigende Leitbilder sein.

Die kapitalistische Version des westlichen Wirtschaftsparadigmas hat, wie bereits dargelegt, in der Vergangenheit beachtliche Erfolge erzielt. Heute scheint dieses System dem Null Vektor Prinzip zum Opfer zu fallen. Es hat keine Lösungen für drei fundamentale Probleme:

▶ Es hat versagt, dem Bürger die Möglichkeit zu geben, ein geschätztes Mitglied der Gesellschaft zu sein, das sich zugehörig und nützlich fühlen kann.

▶ Es hat versagt, ein Zusammenwirken der individuellen und unternehmerischen Mikroentscheidungen herbeizuführen, zum Beispiel was kaufe ich, was produziere ich. Das wäre notwendig, um die daraus resultierenden gesellschaftlichen Makroentscheidungen für alle annehmbar zu machen, zum Beispiel hinsichtlich der Frage nach dem Ausmaß des Treibhauseffekts.

▶ Es versagt, langfristig eine gerechte Verteilung von Macht und Reichtum sicherzustellen.

Das größte Versagen aller Versionen des modernen Paradigmas liegt darin, daß sie den heutigen Menschen nicht das Gefühl geben konnten, nützliche und anerkannte Mitglieder eines sozialen Ganzen zu sein.

Die rasch wachsende Jugendkriminalität ist nur eines der vielen Zeichen dieses Scheiterns. Zyniker meinen allerdings, daß dieses Scheitern im Grunde genommen die treibende Kraft des Kommerz bildet.

Ausschließlich über begangene Fehler zu klagen, raubt uns Energie für den Entwurf neuer Lösungen, ganz gleich wie groß unsere Probleme aufgrund der Versäumnisse der Vergangenheit auch sein mögen. Die großen Erfolge von Demokratie, Wirtschaft und Technik kamen nicht dadurch zustande, daß die Menschen sich auf jene Probleme kaprizierten, denen sie entfliehen wollten. Sie sind das Ergebnis kreativen Denkens und

Handelns, die in Visionen einer besseren Zukunft ihren Ursprung haben. Wir sind jetzt an einem Punkt angelangt, an dem jeder für sich die Frage entscheiden muß: Halte ich an dem Gewohnten fest, das mir sicher erscheint oder nehme ich die Herausforderung an?

■ Auf dem Weg zu einer Lerngesellschaft

Eine positive Herausforderung der modernen Gesellschaft ist ihr Übergang in einer Art postindustrielle Lerngesellschaft, wie sie schon in Kapitel 4 angedeutet worden ist. Die postindustrielle Lerngesellschaft kann folgendermaßen charakterisiert werden:

► Arbeit dient der Persönlichkeitsentwicklung und der Lebenserfüllung, jenseits des Konzepts, Arbeit als Ware auf dem Wirtschaftsmarkt zu handeln und als Kostenfaktor zu betrachten.

► Das Management der Aktiengesellschaften erhält seine Vollmachten von allen Interessengruppen, deren Leben von den Aktivitäten der Unternehmen berührt wird, insbesondere von denen, die ihr Leben und/oder ihr Kapital in die Unternehmen einbringen, jenseits des Konzepts, sklavisch den Zielen abwesender Investoren zu dienen.

► Während große Unternehmen zunehmend globalisieren, gedeiht eine Vielfalt mittelständischer, unkonventioneller und alternativer Unternehmen. Zwischen allen findet ein lebhafter Austausch neben den gängigen Wirtschaftsinteressen statt, jenseits des Konzepts „Jeder für sich".

► Die globale Entwicklung anhand klarer Zielvorgaben, wie sie beispielsweise eine erweiterte Agenda 21 gestaltet. Die einzelnen Gesellschaften erhalten einen weiten Rahmen für vielfältige alternative Entwicklungsmöglichkeiten, über die die Betroffenen vor Ort selbst entscheiden können, jenseits des Konzepts, externe Fachleute und Bürokraten wissen es besser.

► Innovatives Denken und Handeln, Vertrauen und Kooperation werden gefördert, jenseits des Konzepts „Erfolg mit allen Mitteln".

► Bürokratie in großen Unternehmen und Institutionen wird reduziert, jenseits des Konzepts „Vertrauen ist gut, Kontrolle ist besser".

► Gemeinnützige Organisationen werden in ihrer Bedeutung anerkannt, jenseits des Konzepts „Der Staat regelt alles".

▶ Rahmenbedingungen und Anreize werden geschaffen, die unsere Erde schützen, ihre lebensunterstützenden Prozesse, ihre Ressourcen und ihre Schönheit, jenseits des Konzepts „Mache dir die Erde untertan".

▶ Eine wirksame internationale Rechtsordnung mit entsprechender Exekutive wird geschaffen, jenseits nationaler Egoismen.

▶ Die Grundlagen unserer Gesellschaft werden anerkannt und geschützt, Mütter, Kinder, Väter, die Familie, ohne die alle oben aufgeführten Punkte belanglos wären.

Selbst wenn sich unsere Gesellschaft mit großen Schritten in diese, fast schon naiv anmutende Richtung bewegen würde, ist eine Transformation in unserem Sinne noch nicht in Sicht. Uns ist es wichtig, den Unterschied zwischen Verbesserungen innerhalb des Paradigmas und einem grundlegenden Wandel des Paradigmas selbst herauszustellen.

Aber es könnte genauso zutreffend sein, daß die vorgeschlagene Richtung vernünftig ist, weil sie lebensrettend ist. Zumindest ist die internationale Staatengemeinschaft mit ihrer Agenda 21 in eine ähnliche Richtung gegangen. Was noch fehlt, das ist die Umsetzung. Der Journalist und Beobachter langfristiger ökologischer Prozesse, Peter Felixberger, beschreibt die Agenda 21 im folgenden:

▨ Die Agenda 21

„Die Agenda 21 wurde 1992 als Ergebnis der Konferenz für Umwelt und Entwicklung der Vereinten Nationen in Rio de Janeiro von insgesamt 179 Staaten verabschiedet und ratifiziert. Sie ist ein internationales Aktionsprogramm, das alle wesentlichen Politik- und Gesellschaftsbereiche umfaßt. Unter dem Leitbegriff Nachhaltigkeit oder Zukunftsfähigkeit, im englischen sustainability, werden in 40 Kapiteln genaue Handlungsanweisungen an die internationale Staatengemeinschaft für alle wesentlichen Bereiche der Umwelt- und Entwicklungspolitik gegeben. Die Unterzeichnerländer wurden diesbezüglich aufgefordert, in der Folge nationale Aktionspläne zur Umsetzung auszuarbeiten und an die Kommission für nachhaltige Entwicklung der Vereinten Nationen, Commission for sustainable Development (CSD), weiterzuleiten und dort zu berichten. Die CSD ist das zentrale Organ bei der Überwachung der Umsetzung der Agenda 21."

Die Erde braucht die Menschen nicht, aber ...

Peter Felixberger hat versucht, die komplizierten Zusammenhänge einfach zu erklären. Er schreibt:

„Schwerpunktmäßig enthält das Programm wichtige Festlegungen für die Armutsbekämpfung, Bevölkerungspolitik, Abfall-, Chemikalien-, Luftreinhalte- und Energiepolitik sowie zu den übergeordneten Themen Handel und Umwelt, Finanzen und Technologie."

Darüber hinaus fordert die Agenda 21 eine weltweite Partnerschaft aller Länder, um die Kluft zwischen den reichen Industriestaaten und den armen Entwicklungsländern abzubauen. Dafür werden Technologien und Verfahren vorgeschlagen, die es zu entwickeln gilt, damit die menschlichen Bedürfnisse bei einer vorsichtigen Bewirtschaftung der natürlichen Ressourcen befriedigt werden können. Sie fordert:

Teil 1: Soziale und wirtschaftliche Dimensionen, zum Beispiel Gesundheit, Bevölkerung, Wirtschaft.

Teil 2: Erhaltung und Bewirtschaftung der Ressourcen, beispielsweise Boden, Wald, Berge, Meere, Wasser, Abfall und Entsorgung.

Teil 3: Stärkung der Rolle wichtiger Gruppen, zum Beispiel Frauenaktionsplan, eingeborene Völker, Nongovernment Organisationen, Bauern, Manager und Unternehmer.

Teil 4: Möglichkeiten der Umsetzung, zum Beispiel umweltverträgliche Technologien, berufliche Aus- und Fortbildung.

Konkret bedeutet die Agenda 21:

▶ Nicht mehr natürliche Rohstoffe zu verbrauchen als nachwachsen, Subsistenz.
▶ Künftigen Generationen ebensoviele Ressourcen zu überlassen, wie uns heute zur Verfügung stehen, intergenerationelle Fairness.
▶ Wirtschaftswachstum im Sinne eines qualitativen Wachstums, das die Natur schont und für eine gerechte Verteilung notwendiger Rahmenbedingungen sorgt.
▶ Chancengleichheit in der Bildung und freier Zugang zu den neuen Lernwelten.

Nachhaltige Entwicklung bedeutet:

> *„Nach der grundlegenden, von der Brundtland-Kommission gepräg-*
> *ten Definition ist eine Entwicklung nachhaltig, welche ,die Bedürf-*
> *nisse der Gegenwart befriedigt, ohne zu riskieren, daß künftige Gene-*
> *rationen ihre eigenen Bedürfnisse nicht mehr befriedigen können'. Es*
> *geht um die Versöhnung von Ökonomie und Ökologie, von Nord und*
> *Süd, von Mensch und Natur. Bei einer derart allgemeinen Bestim-*
> *mung ist es kein Wunder, daß dieses Leitbild bisher breite Zustim-*
> *mung gefunden hat. Da macht es auch keinen Unterschied, daß die*
> *einen von nachhaltiger, die anderen von zukunftsfähiger, die dritten*
> *schließlich von dauerhaft umweltgerechter Entwicklung sprechen. All*
> *diese Begriffe haben das Ziel, den englischen Terminus sustainable*
> *development ins Deutsche zu übertragen."*

■ Die Evolution der Handlungsfähigkeit

> *Ökonomische Logik leitet vom nächsten Quartalsbericht Entschei-*
> *dungen ab, die alle Menschen der Erde und künftige Generationen*
> *tiefgreifend beeinflussen. Der technologische Imperativ, alles ent-*
> *wickeln und anwenden zu können, was Profit und Macht bringt oder*
> *einen Feind vernichten kann, droht, unsere Lebensgrundlagen zu zer-*
> *stören.*

Mit Erfolg hat diese Wissenschaft dazu beigetragen, die physische und teils auch biologische Welt für uns berechenbarer und kontrollierbarer zu machen. An der Schwelle zum 21. Jahrhundert reift jedoch die Erkenntnis, daß diese einseitig mechanistische Weltsicht unser Wertverständnis negativ geprägt hat. Spirituelle Werte wurden unterminiert und durch eine Art moralischen Relativismus ersetzt. Das entstandene Vakuum wurde mit Pseudowerten aus Wirtschaft und Technik gefüllt, wie materieller Fortschritt, Effizienz und Produktivität.

Die Gesellschaft scheint sich selbst neu zu strukturieren, indem sie ein anderes Bild der Wirklichkeit zugrundelegt. In den letzten 30 Jahren wuchs das Interesse vieler Menschen an Religion und Philosophie des Ostens, an westlicher Mystik und Aussagen zur ewigen Weisheit, um sich ihrer selbst wieder bewußt zu werden. Auf sogenannte Macher, dazu zählen die meisten Manager, mag die Erfahrung des eigenen Selbst keinen besonderen Reiz ausüben. Ein Mißverständnis kann die Ursache sein:

> *Es geht nicht um einen Rückzug in andere Sphären. Es geht um Geistesgegenwart in allen Handlungen, um Einfühlungsvermögen, Kreativität und um ein Selbstverständnis, das andere und anderes zuläßt.*

Warnen möchten wir allerdings vor religiösem Fundamentalismus, er hat nichts mit einer geistigen Öffnung zu tun, die wir anstreben. Uns geht es um das Hinterfragen und Loslassen überholter Konditionierungen. Unser Ziel sollte sein, daß wir unsere Egoismen überwinden und ein soziales Bewußtsein entwickeln, das alle Mitmenschen und den Planeten Erde umfaßt.

> *Es ist für viele selbstverständlich, die Computerprogramme, mit denen sie arbeiten, zu ersetzen, sobald sie veraltet sind. Aber überholte Meinungen und Werturteile, die sie auf ganz ähnliche Weise steuern, verteidigen sie und halten verbissen an ihnen fest.*

Die moderne Wissenschaft gründet auf der Annahme, daß unser Universum aus verstofflichter Energie besteht. Diese verstofflichte Energie wurde in den kleinsten Elementarteilchen gefunden. Bewußtsein habe sich in einem langen Evolutionsprozeß aus dieser Materie gebildet. Die Forscher müßten nur noch genügend Daten und Fakten zu den Gehirnfunktionen zusammentragen, damit wir Bewußtsein verstehen.

Die Mystiker dagegen verstehen unser Universum als ein morphogenetisches Ganzes. Für sie ist Bewußtsein der primäre Stoff, aus dem die Materie entstanden ist. Alles in dieser Welt ist durch dieses Bewußtsein auf einer bestimmten Ebene miteinander verbunden, selbst wenn wir es mit unseren Sinnen nicht wahrnehmen können. Im herkömmlichen wissenschaftlichen Sinn ist nicht beweisbar, daß auch wir Menschen in unserem Bewußtsein miteinander verbunden sind, allerdings fühlbar für uns durch unsere tiefe Intuition. Bewußtsein ist nicht ein Ergebnis der Evolution, sondern zugleich Anfang und Ende eines zyklischen Spiels, das Leben heißt.

Entsprechend unserer bisherigen Wahrnehmung ist es richtiger zu sagen: „Ich glaube, was ich sehe." Nach der neuen Sicht der Wirklichkeit ist es richtiger zu sagen: „Ich sehe, was ich glaube."

Davon auszugehen, daß unsere Gesellschaft ihre Wahrnehmung der Wirklichkeit so grundlegend verändern wird, scheint zunächst abwegig zu sein. Insbesondere für die orthodoxe Wissenschaft und die Vertreter der Kirchen muß ein solcher Wandel unannehmbar sein.

Wir sagen nicht, daß dies die neuen Grundannahmen sein werden. Wir sagen lediglich, daß viele Anzeichen in diese Richtung weisen. Ob eine neue Metaphysik bereits jetzt identifizierbar ist oder nicht, eine Transformation unserer Kultur steht jedenfalls bevor. Das aufgezeigte Versagen des gängigen mechanistischen Weltbildes ruft nach einem neuen Imperativ:

> *Es ist unmöglich, eine funktionierende Gesellschaft auf einer Wissensbasis zu errichten, die fundamental unzulänglich, bedenklich unvollständig und fehlerhaft in ihren Grundannahmen ist. Aber genau das hat die moderne Welt versucht zu tun. Jetzt ist es an der Zeit, nicht länger zu zögern, sondern ruhig, entschlossen und selbstbewußt auf der Notwendigkeit zu beharren, Wissenschaft und Wirtschaft so umzustrukturieren, daß sie im Einklang mit allen menschlichen Erfahrungen sind und nicht nur mit Teilen von ihnen.*

Wenn die ewige Weisheit ergänzend zu unserer modernen Wissenschaft und als Summe aller bedeutenden und universalen menschlichen Erfahrungen gesehen werden kann, wird sich die moderne Gesellschaft insgesamt neu gestalten müssen.

Sollten wir grundlegend geistige Wesen in einem von Bewußtsein durchdrungenen Universum sein und sich die moderne Verleugnung als falsch erweisen, wird jegliche gesellschaftliche Struktur, die auf der Basis dieser Verleugnung entstanden ist, am Ende versagen.

Sollten diese Vermutungen zutreffen und sich die Grundannahmen der modernen Gesellschaft in einem Umfang erneuern, wie dies in der Zeit der wissenschaftlichen Revolution geschah, wird sich die transmoderne Gesellschaft des 21. Jahrhunderts von der heutigen so sehr unterscheiden, wie die heutige Gesellschaft sich von der des 17. Jahrhunderts. Die Führungsqualitäten und Unternehmensformen des 21. Jahrhunderts vorauszusehen, würde dem Versuch gleichkommen, sich heutige Unternehmen aus der Sicht des 17. Jahrhunderts vorzustellen.

Allerdings haben wir dem Wandel der damaligen Zeit etwas voraus. Aufgrund unseres höheren Bildungs- und Informationsstandes haben wir bessere Erkenntnisse über frühere gesellschaftliche Entwicklungen. Und wir können Pionieren folgen.

▦ Evolution der persönlichen Handlungsfähigkeit

Unsere Befindlichkeiten und Überzeugungen färben unsere Wahrnehmung und unsere Wahrnehmungen beeinflussen und verstärken unsere Überzeugungen.

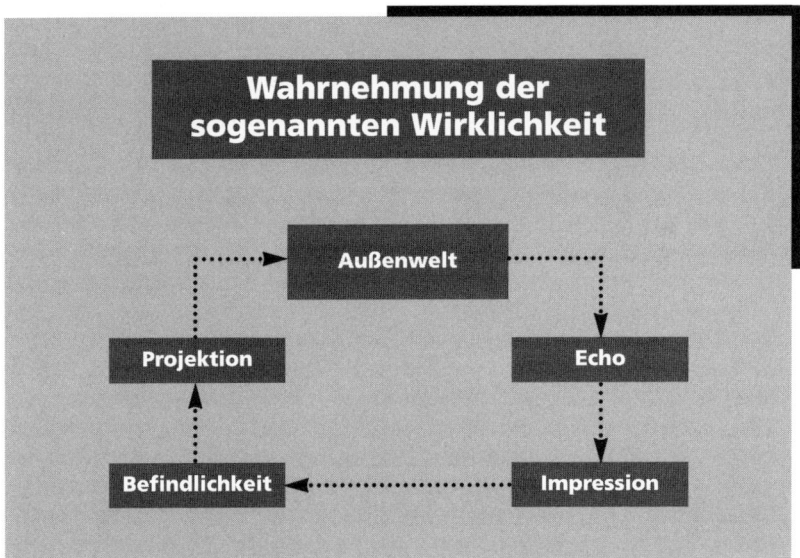

Folgende Tabelle zeigt die Evolution der Wahrnehmung aus unserer Sicht. Die Ordnung besteht aus vier Ebenen, wobei die vierte Ebene die Eigenschaften der anderen einschließt. Die einzelnen Ebenen sind unsere verschiedenen Erlebniswelten. Sie werden durch unsere Wahrnehmung, unser Bewußtsein definiert und lassen einen entsprechenden Handlungsraum zu. Ebene 4 erlaubt das Erleben der Gesamtwirklichkeit, gibt also einen größtmöglichen Handlungsraum. Wir haben die Möglichkeit, uns von einer Ebene in die andere zu wandeln.

Handlungsebene	Wahrnehmung	Beweggrund	Werte
4	Bewußtheit	Weisheit	Spiritualität
3	Intuition	Einsicht	Kommunikation
2	Intellekt	Absicht	Interessen
1	Instinkt	Überleben	Grundbedürfnisse

Handlungsebene 1: Personen, die auf der Handlungsebene 1 wahrnehmen, fühlen sich als Opfer ihrer Umwelt. Sie nehmen die Teile der Wirklichkeit wahr, die zu ihren Überzeugungen passen. Zusammenhänge können sie nur in Umrissen erkennen. Erfahrungen nehmen sie direkt und persönlich. Sie fühlen sich als Spielball des Schicksals und negieren die Möglichkeit der freien Entscheidung. Sie bestimmen daher ihr Leben nicht selbst. Sie sind reaktiv, suchen allein ihre Grundbedürfnisse zu befriedigen und haben ihre Verantwortlichkeit externen Autoritäten übertragen. Sie sind auf Überleben eingerichtet. Wenn ihr Leben ein Film wäre, würden sie eine Nebenrolle in ihrem eigenen Lebensfilm spielen. Ihr Motto: Ich weiß nicht, daß ich nicht weiß.

Handlungsebene 2: Die Mehrzahl der Menschen in der modernen Gesellschaft befindet sich wahrscheinlich auf der zweiten Ebene. Sokrates' Feststellung „Ich weiß, daß ich nichts weiß" trifft hier zu. Dieser Überzeugung entspringt das Interesse nach mehr Wissen und Perfektion. Jede Handlung ist absichtsvoll. Festumrissene Vorstellungen bestimmen die Wahrnehmung. Die Welt zeigt sich ihnen als zielgerichtet, rational, linear und zeitgetrieben. Funktionalität steht im Vordergrund und Emotionen werden wegrationalisiert. Dualitäten werden als Gegensätze empfunden. Das führt zu Wettstreit und zu dem Bedürfnis nach Kontrolle. Diese Personen spielen in ihrem Lebensfilm die Hauptrolle. Hier ist die Ökonomie angesiedelt. Ihr Motto: Ich weiß, daß ich nichts weiß.

Handlungsebene 3: Personen, die ihre Selbst- und Fremdwahrnehmung in einem Ausmaß erweitert haben, daß sie in der Lage sind, das gesamte Spektrum der geistig-spirituellen, psychisch-seelischen und körperlichen Wirklichkeiten wahrzunehmen, befinden sich auf der dritten Handlungsebene. Gelerntes Wissen und Ratio entwickeln sich durch Intuition zu transrationalem Wissen. Vorurteile werden durch hohes Unterscheidungsvermögen ersetzt, was die Kommunikation fördert. Dies erlaubt den Umgang mit Ungewißheit und Ambiguität. Der Zwang nimmt ab, alles unter Kontrolle halten zu müssen. Unterschiedlichste Erfahrungen werden möglich, die das Leben bereichern. Dualitäten sind nicht länger Gegensätze, sondern ergänzen sich. Das Umfeld wird nicht mehr wie auf der zweiten Ebene nach einem Soll-Bild geformt, sondern das Bild kann frei erweitert werden, solange es ökologisch bleibt. Personen, die diese Realität wahrnehmen, spielen die Hauptrolle und sind Regisseur ihres Lebensfilms. Ihr Motto: Ich weiß.

Handlungsebene 4: Die wenigen Personen, die sich alle vorhergehenden Ebenen bewußt gemacht und sie integriert haben, werden zu einem leben-

digen, offenen System, durchdrungen vom ewigen Bewußtsein und frei
von den Bildern aus der Vergangenheit, die uns unbewußt prägen. Sie
leben in Harmonie mit ihrem Umfeld, reagieren spontan und kreativ.
Sie sind meisterhaft in ihren Leistungen und fühlen sich in ihrem Körper
und auf dieser Erde zu Hause. Sie sind zu bedingungsloser Liebe fähig.
Sie spielen in ihrem eigenen Lebensfilm die Hauptrolle und sind zugleich
Regisseur und Drehbuchautor. Ihr Motto: Ich bin.

Eine Wandlung der inneren Einstellungen und persönlichen Überzeugungen ist Voraussetzung dafür, von einer Ebene zur nächsten zu gelangen.
Im Hinblick auf unsere bevorstehende gesellschaftliche Umgestaltung gehen wir davon aus, daß sich viele Menschen von der zweiten auf die dritte
Ebene wandeln werden und daß dadurch für einige Menschen die Möglichkeit entsteht, auf die Ebene 4 zu gelangen. Entscheidend ist, daß zunehmend mehr Menschen diese Chancen erahnen und daß bei langfristigen
Überlegungen in Unternehmen diese Entwicklungen einbezogen werden.

■ **Evolution der unternehmerischen Handlungsfähigkeit**

Das folgende Diagramm läßt eine Evolution erkennen, die von Unternehmen und Institutionen vollzogen werden kann. Für einen besseren
Überblick sind die vier Handlungsebenen hier waagerecht dargestellt.
Je mehr Personen in die Ebenen 3 und 4 gelangen, desto mehr verlagert
sich die Handlungsfähigkeit des Unternehmens nach rechts.

▶ Evolution der unternehmerischen Handlungsfähigkeit ▶				
	1	**2**	**3**	**4**
Einstellung	Abwehrend	Entgegen-kommend	Vorbeugend	Gestaltend
Orientierung	Überleben	Ziel	Zweck	Potential
Planung	Instinkt	Taktik	Strategie	Transrational
Führung	Schuldzuweisung	Coaching	Sinngebung	Befähigung
Organisation	Situations-getrieben	Hierarchie	Matrix	Netzwerk
Motivation	Leidvermeidung	Belohnung	Beitrag	Selbstver-wirklichung
Entlohnung	Lohn	Gehalt	Beteiligung	Teilhabe
Verständigung	Rechtfertigung	Anweisung	Mitbestimmung	Partizipation
Perspektiven	Ich	Team	Unternehmen	Gesellschaft

■ Langfristige Entwicklungen

Die Konzepte für die Gestaltung einer neuen Welt im 19. und frühen 20. Jahrhundert haben weltweit viele Menschen inspiriert. Langfristige Visionen, die sich in den Zielen dieser Modelle widerspiegeln, können in drei charakteristische Elemente zusammengefaßt werden:

Element 1: Zunehmende Bewußtheit und Meisterung des Lebens gemäß den aufgeschlossenen Forschungen der Wissenschaft. Anwendung der Technik zur Verbesserung der Lebensqualität und freie Forschung nach angemessenen Wert- und Glaubenssystemen.

Element 2: Befreiung entsprechend dem politischen Ideal der persönlichen Freiheit innerhalb einer gesetzlichen Ordnung. Verwirklichung des ökonomischen Ideals des freien Unternehmertums und des kulturellen Ideals der Individualität.

Element 3: Demokratisierung entsprechend den Idealen einer freien Bildung und der Transparenz der Wissenschaften. Verwirklichung des ökonomischen Ideals der gerechten Verteilung und gleicher Möglichkeiten für alle sowie des politischen Ideals einer partizipativen Demokratie.

Von diesen Entwicklungstendenzen sind die meisten der Industrieländer in den vergangenen Jahrzehnten weit abgekommen. Bewußtsein und Lebensmeisterung schrumpften zu einer utilitaristischen Wissenschaft im Dienste der Technik, die in die Ziele eines gedankenlosen Wirtschaftswachstums und eines unentrinnbaren Militarismus eingebunden wurde. Die Befreiung hörte unmittelbar vor einer ökonomischen und sozialen Liberalisierung der Menschen auf, die vom Sozialismus befreit oder erst vor kurzer Zeit politisch unabhängig wurden. Es fehlt eine von nationalen Egoismen befreite Weltordnung, die in die Tat umgesetzt wird.

Auf die Frage, welches derzeit die größten gesellschaftlichen Herausforderungen unserer Zeit sind, antwortete der Präsident des Club of Rome, Ricardo Diez Hochleitner, in einem Gespräch mit dem Autor 1996:

„Erstens: Fundamental sind Antworten zu Erziehung, Bildung, Ausbildung, Know-how und Wissenschaft. Sie sind eine lebenslange Aufgabe und müssen jedem Menschen in adäquater Weise zugutekommen. Unsere Systeme sind häufig zu elitär, oft arrogant und antidemokratisch. Ich kann mit hundert Worten englisch, die jeder sprechen kann, eher eine Revolution anzetteln als mit tausend Spezialisten, die Shakespeare lesen können und zu verstehen glauben.

Zweitens: Wir müssen die Umwelt ernst nehmen wie einen Freund oder Verwandten. Das heißt auch, daß wir eine Entpolitisierung der Umweltthemen erreichen müssen, ein eigenes international gültiges Umweltrecht mit weitreichenden und langfristigen juristischen Normen, welche die häufig zu kurzfristigen Wahlperioden unserer Demokratien an diesem Punkt außer Kraft setzen.

Drittens: Das Problem der Arbeit in seiner weltweiten Dimension. Denn damit hängen Hunger und Seuchen, Armut und Wohlstand, Migration und Emigration, Glaubenskriege, ethnische Kriege, Bildung und Wissenschaft untrennbar zusammen.

Viertens: Die Fähigkeiten der Entscheidungsträger müssen ebenso überprüfbar sein wie ihre Leistungen. Objektiv festgestellte Fehler müssen zu Konsequenzen führen, die jeder persönlich zu tragen hat. Wir dürfen eine ‚Inkompetenz der Omnipotenz' nicht mehr tolerieren."

Unbestritten ist, daß das Umfeld der Unternehmen in nächster Zeit nicht nur ungewiß, sondern zugleich von einem noch heftigeren Wettbewerb geprägt sein wird. Wenn die globalen Probleme ungelöst bleiben, wird ein hoher Lebensstandard für die meisten Menschen unerreichbar bleiben und der Konkurrenzkampf zwischen einzelnen Personen und Ländern zunehmen. Die Unternehmen werden nicht nur im eigenen Land untereinander im Wettbewerb stehen, sondern intensiver von außen unter Druck geraten. Bodenschätze, Wasser und Lebensmittel werden immer knapper, ein globalisierter Arbeitsmarkt schürt die wirtschaftlichen Turbulenzen.

Gleichzeitig scheinen wir uns in eine Richtung zu bewegen, die Ganzheit über Trennung und Kooperation über Wettbewerb stellt und Beziehungen höher schätzt als Besitz. Weltweit ist festzustellen, daß fortschrittliche Unternehmen ein kooperatives Verhalten entwickelt haben. Unternehmen mit einer hohen internen Übereinstimmung gehören zu den erfolgreichen. Ohne die Vorteile des Wettbewerbs auf einem freien Markt leugnen zu wollen ist offensichtlich, daß die Zukunft denen gehören wird, die Kooperation, Kommunikation, Meinungsvielfalt, Vertrauen sowie Fürsorge pflegen und den Mut zu unkonventionellen Lösungen haben.

In den Schubladen der Politiker liegen haufenweise gute Vorschläge, wie der Staat schnell und erfolgreich reformiert werden könnte, allerdings einhergehend mit einer Devolution der Macht.

■ Neue Aufgaben der Unternehmen

Roger Harrison betrachtet in seinem Aufsatz *Strategies for a New Age* aus dem Jahr 1983 ein Unternehmen aus systemischer Sicht:

„Global gesehen, existiert ein Unternehmen nur als Teil einer größeren Realität. Es wird von dem größeren System getragen und genährt, von dem es abhängig ist, die Nation, ihre Kultur und zahlreiche Interessengruppen, die Weltwirtschaft, das politische System und unser Planet Erde. (...) Aus dieser Perspektive wird der Zweck des Unternehmens nicht einfach von seinen Mitgliedern bestimmt, sondern in großem Umfang durch das größere System, dem es angehört.

Wenn dieser Standpunkt eingenommen wird, muß sich die Einstellung zu den Zielen, zum Erfolg und zum Mißerfolg eines Plans grundlegend verändern. (...) Menschen, die nach Erfolg streben (...) erfahren viel Streß, was an dem erhöhten Konsum von Alkohol, Drogen und Streß-Management-Kursen abzulesen ist. (...) Dieser Streß ensteht zum großen Teil, weil wir uns selbst und unser Unternehmen als autonom verstehen. Wir verneinen unsere Abhängigkeit von größeren Systemen und Geschehnissen und beschuldigen uns anschließend selbst, wenn unsere disharmonischen Handlungen nicht erfolgreich sind. (...) Wir können jedoch die Sicht einnehmen, daß unser Unternehmen einen angemessenen Platz in dem größeren System hat, und daß wir als Führungspersonen die Aufgabe haben, unser Unternehmen auf sein Umfeld einzustimmen, um die Aufgaben zu finden, die das Unternehmen wahrnehmen kann. Die Schwierigkeiten, die wir erfahren, werden als Signale und Hinweise des Umfeldes gedeutet, daß wir nicht mehr mit unseren echten Aufgaben übereinstimmen. (...) Aus dieser Sicht sollte es für ein Unternehmen nicht länger schwierig sein zu überleben und sich zu entwickeln. Es ist vergleichbar mit einem Organ, das in einem gesunden Körper für sein Überleben arbeiten muß. Wenn es seine Aufgabe erfüllt, erhält es die notwendige Nahrung. Aus systemischer Sicht ist strategisches Denken mehr die Suche nach Bedeutung als die Suche nach Vorteilen.“

Für das neue Paradigma ist dies ein besonnener Rat, vom Standpunkt des alten Denkens ein gefährlicher Unsinn.

In Zeiten des verschärften Wettbewerbs ist es wichtig, die besten Mitarbeiter für sich zu gewinnen. Und es ist wichtig, daß die Besten in einem Unternehmen arbeiten wollen, in dem das gesellschaftliche Engagement im Vordergrund steht. Sie fragen das Unternehmen, ob es seine neuen Aufgaben in der Welt kennt.

Vielleicht sollte noch bemerkt werden, daß die vielgepriesene Vollbeschäftigung in den USA nur in Teilen ein Modell für Deutschland sein kann. Seit 1973 haben die größten US-Gesellschaften netto 8 Millionen Arbeitsplätze verloren. In derselben Zeit wurden tatsächlich in den USA 26 Millionen neue Arbeitsplätze geschaffen. 98 Prozent davon in Unternehmen mit 100 oder weniger Beschäftigten, die meisten davon Teilzeit in einem *Just-in-time*-System. Modellcharakter haben allerdings die vielen Neugründungen von Kleinstunternehmen.

■ Von der Utopie zur Realität

Wenn wir nicht nur über einzelne Unternehmen nachdenken, sondern auch das gesamte Wirtschaftssystem und unsere Lebensgrundlage, die Erde, miteinbeziehen, erkennen wir die Verknüpfung der Unternehmen mit den Dilemmas unserer Zeit. Die Widersprüche und Probleme sind längst Teil des *business of business* geworden. Die Menschen aber wollen wissen, wie die Wirtschaft zu Lösungen statt zur weiteren Anhäufung von Problemen beitragen will. Immer mehr Unternehmen sind weltweit auf dem Weg, diesen vorgezeigten Weg zu gehen. Keine obere Führungskraft irgendeiner Organisation könnte oder würde heute noch bestreiten, daß eine ihrer großen Verantwortlichkeiten darin liegt, ihr Unternehmen für eine auf Wettbewerb eingestellte Welt zu revitalisieren. Ein wirklich tiefgreifender Wandel erfaßt alle Bereiche, Inhalte und Grundannahmen eines Unternehmens.

Die Autoren Ralph H. Kilmann und Teresa Joyce Covin schrieben 1988 in ihrem Buch *Corporate Transformation*:

„Eine Unternehmens-Transformation ist ein Prozeß, in dem ein Unternehmen untersucht, was es war, was es ist, was es sein will und wie die notwendigen Veränderungen zu vollziehen sind. Dieser Wandel berührt die psychologischen und die strategischen Aspekte eines Unternehmens. Der Begriff Unternehmens-Transformation soll verdeutlichen, daß dieser Prozeß das gesamte Unternehmen erfassen muß und nicht in kleinen Häppchen oder nur partiell verabreicht werden kann. Transformation weist auf die fundamentale Natur des Wandels hin und steht im Gegensatz zu einer lediglich linearen Extrapolation der Vergangenheit. Unternehmens-Transformation ist eine grundsätzliche Veränderung, die neue Wege der Wahrnehmung, des Denkens und Verhaltens von allen Mitgliedern des Unternehmens verlangt.“

Jedes Unternehmen muß seinen individuellen Weg gehen. Eines aber haben sie wenigstens gemeinsam, ein halbherziger Wandel hat schlimmere Folgen als gar kein Wandel. Zum einen, weil das Unternehmen langfristig unglaubwürdig wird und zum anderen, weil es mit seinen Halbheiten eine wirkliche Transformation hinauszögert.

Eingefahrene Strukturen zu verändern ist ein langer, schwieriger Weg. Jedes alte und zusätzlich große Unternehmen, das diesen Versuch wagt, verdient Hochachtung.

Meist sind es noch relativ junge Unternehmen, die von vornherein anderes Denken und andere Verhaltensweisen einüben konnten, ohne erst alte Strukturen verändern zu müssen. Ihre Leistung soll damit nicht gemindert werden. Daß sie es wollten und konsequent verfolgten, macht ihre außergewöhnlichen Verdienste aus. Mit ihrem Mut und mit ihren Erfolgen sind sie leuchtende Beispiele für alle anderen.

Noch können wir keine fertigen Modelle eines neuen Paradigmas der Wirtschaft erwarten. Dazu ist es beim derzeitigen Stand des Übergangs noch zu früh. Aber es gibt experimentierfreudige Unternehmer, die Aspekte des kommenden Paradigmas sichtbar gemacht haben. Einige sollen stellvertretend an dieser Stelle in Erinnerung gebracht werden, bevor wir im letzten Kapitel die sogenannten neuen Helden vorstellen.

Gottlieb Duttweiler, der die Migros im Jahr 1925 gründete, hat in mehrfacher Hinsicht Pionierarbeit geleistet. Von Anfang an stand der Dienst am Kunden im Vordergrund, und als einer der ersten setzte er sich für kulturelle -, soziale - und Umweltbelange ein. Hervorzuheben aber ist insbesondere sein persönlicher Einsatz für die Idee des sozialen Kapitals. 1941 wandelte er durch Schenkung die von ihm aufgebaute Migros Aktiengesellschaft in den heutigen Migros-Genossenschafts-Bund um. Als andere Unternehmer noch nicht einmal an Beteiligung dachten, war ihm bereits bewußt, daß Cash-Flow und wirtschaftliche Interessen zwar notwendig sind, für einen Erfolg aber nicht ausreichen. Gutbezahlte Arbeitsplätze zu schaffen, preisgünstige Produkte anzubieten und für die Lieferanten ein interessanter Kunde zu sein, war selbstverständlich für ihn. Darüber hinaus strebte er an, daß das Einkaufen den Vorstellungen der Kunden von Lebensqualität entsprechen muß, daß die Gebäude ein Gewinn für die Stadtlandschaft sein müssen und der Konkurrenz mit ökologisch mustergültigen Einrichtungen, Produkten und Dienstleistungen der richtige Weg gezeigt werden muß. Unnötig zu sagen, daß Migros noch heute eines der erfolgreichsten Unternehmen der Schweiz ist.

Ernst Winter, der größte europäischen Hersteller von Diamant- und Bornitridwerkzeugen, praktiziert Umweltschutz aus Überzeugung seit 1972. Er sagt: *„Ohne umweltbewußte Unternehmen kann es keine umweltbewußte Wirtschaft und ohne umweltbewußte Wirtschaft kein menschliches Überleben in unserem Staat geben."*

Das von G. und E. M. Winter entwickelte Modell ist inzwischen in der Öffentlichkeit weit verbreitet. Es geht davon aus, daß eine umweltbewußte Unternehmensführung alle Bereiche eines Unternehmens erfassen muß, von der Mitarbeiterschulung über die umweltbewußte Produkt- und Verfahrensentwicklung bis hin zur Öffentlichkeitsarbeit. So wurde beispielsweise auf Initiative der Unternehmer Winter 1984 der Bundesdeutsche Arbeitskreis für umweltbewußtes Management (B.A.U.M.) gegründet. Sein Ziel ist es, umweltbewußtes Management in der Wirtschaft fortzuentwickeln und zu verbreiten. Weit über 250 Unternehmen gehören heute dem gemeinnützigen Verein an.

Anita Roddick, Gründerin des britischen Unternehmens Body Shop International, das Körperpflegeprodukte und Kosmetika herstellt und verkauft, kauft Dritte-Welt-Produkte ein und zahlt dafür Erste-Welt-Preise. Sie sagt: *„Von anderen Wettbewerbern unterscheiden wir uns dadurch, daß wir uns an Werten orientieren und nicht vom Markt beherrschen lassen."* Im Body Shop werden die Beschäftigten ermutigt, quer zu denken und die Regeln zu durchbrechen. Für innovative Vorschläge werden Prämien gezahlt.

Robert Galvin ist Vorsitzender der Motorola Corporation mit Hauptsitz in Schaumburg, Illinois. Motorola gehört zu den Spitzenunternehmen im Bereich Halbleiter und Mikroprozessoren. Mit seinem in den 70er Jahren eingeführten partizipativen Managementprogramm (PMP) hat Motorola bewiesen, daß die Beteiligungspraktiken kleiner Unternehmen auch in großen umgesetzt werden können. Die Beschäftigten sind in Teams von 50 bis 250 Arbeitern zusammengefaßt. Jeder Beschäftigte ist mit seinen Teammitgliedern an einem allgemeinen Prämien-Pool beteiligt. Dahinter steckt die Idee, daß die Mitglieder jedes Pools für ihre Leistungen selbst verantwortlich sind, gemessen an den Produktionskosten und dem Materialeinsatz, der unmittelbar von jedem Team kontrollierbar ist. Wenn eine Idee, die von einem Teammitglied eingebracht wurde, zu einer Kostenverminderung beiträgt oder das Produktionsziel überschritten wird, werden alle Mitglieder durch Prämien an dem Gewinn beteiligt. Die Prämien können bis zu 41 Prozent des Grundgehalts ausmachen.

Mit der Einführung des partizipativen Managementprogramms stellte Motorola eine erhebliche Produktivitätssteigerung, zunehmende Kooperation, abnehmende Fluktuation bei den Arbeitnehmern und beeindruckende Kostenreduzierungen fest. Der Plan funktioniert gut, denn er fördert eine bessere Kommunikation zwischen allen Ebenen, die die Arbeitnehmer anregt, sich gemeinsam für Unternehmensziele einzusetzen.

Yvon Chouinard, Gründer von Patagonia, einem bekannten Herstellungsbetrieb von Freizeitkleidung in Nordkalifornien, genügte es nicht mehr, nur Profit zu machen. Er war auf der Suche nach dem Sinn seines Tuns und fand ihn darin, sein Unternehmen zu einer positiven Kraft für die Lösung von Umweltproblemen zu machen. Heute unterstützt er finanziell über 250 Umweltprojekte und sucht mit anderen Unternehmen nach Wegen der Abfallreduzierung in den Betrieben und privaten Haushalten.

Jan Erteszek ist Gründer der Textilfirma Olga Company. In den meisten Konkurrenzunternehmen von Olga Company in Kalifornien arbeiten asiatische und lateinamerikanische Frauen zu Hungerlöhnen und unter schlimmen Arbeitsbedingungen. Im Gegensatz dazu zahlt das Unternehmen Olga übertarifliche Löhne. Die Arbeitnehmer besitzen Anteile an der Firma und sind an den Gewinnen beteiligt. Darüber hinaus ist der Arbeitsplatz sicher. Der Olga-Plan schließt jeden Beschäftigten im Unternehmen ein. 25 Prozent des unversteuerten Gewinns vor Steuer fließt nach einer Rückstellung von 15 Prozent für das Eigenkapital dem Gewinnbeteiligungsfond zu. Neben der Gewinnbeteiligung gibt es noch eine Eigentumsbeteiligung. Ein Fünftel jeder Jahreseinlage wird eingesetzt, um Olgaanteile für alle Beteiligten am Programm zu erwerben.

Jan Erteszek sagt dazu: *„Die Menschen, die für uns arbeiten, sind keine Lohnarbeiter. Sie setzen ihre Zeit ein, ihre Kräfte und in manchen Fällen ihr Leben, etwa wie Aktionäre ihr Kapital oder Manager ihr Wissen einbringen. Alle drei sind Investoren. Alle drei haben deshalb ein Recht darauf, an dem Gewinn beteiligt zu sein, der von dem Unternehmen erbracht wird."*

John F. Welch, Präsident der General Electric Corporation, USA, hat den gestrauchelten Riesen innerhalb von drei Jahren wieder flott gemacht. In einem Interview vertrat Jack Welch die Meinung:

„Damit ein großes Unternehmen effektiv sein kann, muß es einfach sein. Damit ein großes Unternehmen einfach ist, müssen seine Beschäftigten Selbstvertrauen und intellektuelles Selbstbewußtsein haben. (...) Die Menschen überschätzen immer die Komplexität eines Unternehmens.

Das ist keine komplizierte Wissenschaft, wir haben einen der einfachsten Berufe gewählt. Die meisten weltweit tätigen Unternehmen haben drei oder vier bedeutende Konkurrenten, und man weiß, wer sie sind. Und sonst gibt es nicht so viele Dinge, die man mit einem Unternehmen tun kann. Es ist nicht so, als ob man zwischen 2.000 Möglichkeiten wählen müßte."

W. L. Gore, Gründer der Goretex Corporation, USA, hat sich innerhalb seines großen Unternehmens für die Lösung der kleinen Einheiten entschieden. Sein Unternehmen läßt nicht zu, daß die Fabriken mehr als 200 Beschäftigte haben. 150 Beschäftigte in jeder Fabrik werden als ideal betrachtet, so eine Annahme, die bereits an anderer Stelle Ricardo Semler zum Ausdruck gebracht hat. Immer dann, wenn diese kritische Größe erreicht ist, wird eine weitere Fabrik errichtet. Gore bezeichnete dieses System als Nicht-Führung. Und es hat sich herausgestellt, daß sein Netzwerk effizient ist.

▓ Wandel und Unternehmenskultur

Die Kultur eines Unternehmens beschrieb James O'Toole in seinem Buch *Vanguard Management* als *„das komplexe, aufeinanderbezogene Ganze von standardisierten, institutionalisierten, gewohnheitsmäßigen Verhaltensweisen, die diese Firma charakterisieren und keine andere".*

Man muß sich aber bewußt sein, daß eine Unternehmenskultur nicht immer förderlich ist, speziell wenn sie zum *„Immunsystems des Unternehmens"* wird, das versucht, alles zu töten, was ihm fremd erscheint. Kultur ist eine mächtige Kraft, den Status quo zu erhalten.

Zahlreiche Bemühungen einer Unternehmens-Transformation sind im letzten Jahrzehnt gescheitert, so James O'Toole weiter, *„weil sie sich nur mit den oberflächlichen Ebenen der Kultur auseinandersetzten. Sie befaßten sich nur mit kulturellen Artifakten, wie dem Logo des Unternehmens oder dem Managementstil, oder sie gingen eine Ebene tiefer und versuchten, kulturelle Werte zu verändern, die Normen und Ideale des Unternehmens. Im Gegensatz dazu geht der Prozeß des Wandels bei den Spitzenunternehmen an die Wurzeln, indem er nicht nur auf diesen beiden Ebenen stattfindet, sondern auch auf der tieferen Ebene der Grundannahmen".*

Auch Perry Pascarella und Mark A. Frohman heben in ihrem Buch *The Purpose Driven Organization* 1989 hervor, daß der zentrale Unternehmenssinn oder Unternehmenszweck in den Mittelpunkt gestellt werden müsse, um die Unternehmenskultur positiv zu beeinflussen.

„Ungeachtet der fehlenden Übereinstimmung über die Natur der Unternehmenskultur, versuchen einige Führungskräfte, sie vorsichtig zu ändern, indem sie mit Konzepten wie Teamarbeit, Werten, Visionen und Missionen ringen." Die Autoren glauben jedoch, daß *„es wenig Sinn hat, Teamarbeit einzuführen (...), wenn das Team nicht weiß, wofür es arbeitet – wohin das gesamte Unternehmen strebt".* Auch Missionserklärungen allein hätten nur geringen Wert, wenn der Unternehmenssinn nicht in jeder Aktivität sichtbar und verpflichtend sei.

Unternehmenskultur ist eine mächtige, aber schwer faßbare Kraft bei der Durchführung eines Wandels. Ob sie eher behindert oder ob sie auch förderlich ist, kann abschließend noch nicht beantwortet werden. Auf jeden Fall aber ist ein besonderes Augenmerk auf sie zu richten.

„In der Tat, jedes Unternehmen, das auf die Transformations-Methode wartet, die sich als effektiv erwiesen hat, schreibt wahrscheinlich seine eigene Grabrede." So Ralph H. Kilmann und Teresa Joyce Covin in ihrem Buch *Corporate Transformation* von 1988. Unternehmen in der ganzen Welt experimentieren selbst mit Wandel und Transformation. Sie versuchen es mit Beratern, sie studieren Bücher über neue Management-Konzepte, Kulturwandel und Qualität. Einige deutsche Großunternehmen versuchen seit einiger Zeit ziemlich erfolglos die Inhalte von Peter Senges Bestseller *Die 5. Disziplin* umzusetzen.

Motorola hat bewiesen, daß eine von oben nach unten verordnete Unternehmens-Transformation auch effektiv sein kann. Das hat auch General Electric bewiesen, ein Unternehmen, das nicht gerade für eine Tradition des hohen Sinns und des Ausgleichs von Interessengruppen bekannt war. Der Vorsitzende John F. Welch hat eine *„revitalisierte ‚menschliche Maschine'* gebaut, um GEs gewaltige ‚Wirtschaftsmaschine' zu beleben".

Die angstbesetzte Wahrnehmung der Entscheidungsträger ist eine der größten Schwierigkeiten, einen fundamentalen Wandel des Unternehmens einzuleiten. Angst verhindert zu erkennen, wie umfassend der Prozeß sein muß. Unternehmensführern mag der Umgang mit Vokabeln des Wandels vertraut sein und sie mögen sich sogar einem großartigen persönlichen Einsatz verpflichten.

Häufig wird übersehen, daß die Grundlage Menschlichkeit und Sinn sein muß, die sich in allen Handlungen des Unternehmens widerzuspiegeln hat. Das aber setzt bei der eigenen Person an. Das Manage-

ment selbst muß umdenken und muß sich wandeln. Nicht manipulieren zu wollen, widerspricht den Prinzipien des traditionellen Managements.

James O'Toole warnt in seinem Buch *Vanguard Management* vor denjenigen, die in den Kulissen sitzen und auf die Chance warten, das alte System erneut zu festigen: *„In jedem der Spitzen-Unternehmen gibt es diejenigen, die den Prinzipien des neuen Managements feindlich gegenüberstehen und die jeden Abschwung der Gewinne, der Aktienkurse oder der Wirtschaft als Gelegenheit nutzen, zu den härteren Praktiken der alten Garde zurückkehren zu können."*

Umfassender Wandel eines Unternehmens bedeutet, daß das Management und die Beschäftigten selbst einen ebenso grundsätzlichen Wandel durchlaufen müssen. Dies kann zu erheblichen Schwierigkeiten führen. Viele Mitarbeiter, die Teil des Unternehmenswandels sind, mögen die Erfahrung einer persönlichen Krise machen. Führungskräfte, die über viele Jahre gelernt haben, nach den alten Prinzipien an die Spitze zu kommen, müssen ihr Denken verändern. Das, was sie in der Vergangenheit erfolgreich gemacht hat, zählt heute nicht mehr. Solche Führungskräfte können erhebliche Schwierigkeiten haben. Traumata, Verwirrung und persönliche Konflikte können bei allen Beschäftigten während der Phase der Transformation ausgelöst werden.

Es gibt Fälle, in denen Beschäftigte gegen ein umfassendes Transformations-Programm protestiert haben. Zum Beispiel bei Pacific Bell, wo es zu Ausschreitungen wegen eines verbindlich eingeführten Trainingsprogramms auf der Basis des Gurdijeff-Schülers Charles Kron kam. Typischerweise konzentrierte sich die Diskussion auf eine befürchtete Gehirnwäsche und eine forcierte Akzeptanz von neuen Ideen, die mit religiösen Überzeugungen der Beschäftigen in Konflikt geraten könnten.

Es gibt aber auch immer mehr Fälle extrem erfolgreicher junger Frauen und Männer, allesamt neue Multimillionäre, die die neue Realität leben. Einige von ihnen sollen hier zu Wort kommen:

John Mackey, Gründer und Vorsitzender des Whole Foods Market, Austin, Texas:

„Ich bin nie das Opfer anderer, ich folge meinem Herzen in allen Situationen. Leben ist ein Abenteuer und wenn ich mit Alternativen konfrontiert werde, wähle ich diejenige, die mich am meisten erregt. Ich tue, was

mich ängstigt, solange bis es mich nicht mehr ängstigt. Liebe ist die einzige Realität, alles andere ist Illusion. Vergebung ist der Schlüssel zur Heilung aller Beziehungen und führt zu Glück. Sage immer die Wahrheit. Ich entscheide mich für Gesundheit."

Jeanette Galvanek, Vorsitzende der Talent Alliance, Morristown, New Jersey:

„Erfolg ist sehr persönlich. Es geht darum, Ideen zu energetisieren und in die Realität umzusetzen. Ich habe fünf Empfehlungen für Erfolg: 1. Definiere Erfolg für dich selbst und lerne nach dieser Definition zu leben. 2. Phantasiere ohne Grenzen, plane realistisch, biege dein Gehirn und dann bringe deine Kreativität in Fokus. 3. Entwickle ein persönliches mission statement und tue, was nötig ist, um es zu realisieren. 4. Suche Menschen, die anders sind als du, sie haben frische Ideen und können helfen, deinen Erfolg voranzutreiben und dein Leben zu bereichern. 5. Teile deinen Erfolg. Erfolg zu teilen, erhält den Erfolg aufrecht."

Michael Bloomberg, Gründer und Vorsitzender der Bloomberg L.P., New York:

„Erfolg ist relativ, aber jeder wirklich Erfolgreiche liebt das, was er macht. Jahre zurück, als ich für Salomon Brothers gearbeitet habe, war ich der erste ‚rein' und der letzte ‚raus' aus der Firma. Warum habe ich härter gearbeitet als andere? Weil ich in meine Arbeit verliebt war. Es ist wirklich sehr einfach, je mehr du deine Arbeit liebst und je besser du werden willst, umso größer wird dein Beitrag zum Unternehmen sein, und umso größer ist dein Erfolg."

Helen Tworkov, Herausgeberin des Tricycle, New York:

„Die wichtigste Ingredienz für Erfolg ist die Bereitschaft zu versagen, hundertmal am Tag auf das Gesicht zu fallen und dumm zu sein. Liebe zur Arbeit und die Überzeugung ihres Wertes macht wiederholte Fehler erträglich, dann belohnt sich der Prozeß selbst."

Es ist zu früh, zu irgendwelchen endgültigen Schlußfolgerungen zu kommen. Sicher ist jedoch, daß wir uns bereits in einem gravierenden Wandel befinden. Und wenn wir positive Veränderungen herbeisehnen, ist die Wirtschaft gut beraten, den Wandel anzuerkennen und ihn mitzugestalten. Die Situation kann am besten beschrieben werden als ein Wettrennen gegen die Zeit, gegen die Zerstörung unserer Umwelt, gegen die Desorientierung vieler Menschen, gegen die zunehmenden Gewalttaten und sozialen Unruhen überall in der Welt.

Unternehmen, die eine Transformation eingeleitet haben, leisten ihren Beitrag für eine bessere Welt. Die weitergehende Frage ist dann, ob sie erfolgreich sein werden. Es ist ein Wettrennen mit einem unsicheren Ausgang und trotzdem:

> *Welche andere Wahl haben wir, als diesen Weg fortzusetzen um befreiende Horizonte zu erschließen?*

Zusammenfassung: Damit die Übergangszeit rascher Veränderungen schadlos überstanden wird, sollten die inneren Zusammenhänge des Wandels verstanden werden. Verhaltensweisen müssen den neuen Bedingungen angepaßt werden, die sich erheblich von denen in stabilen Zeiten unterscheiden. Mut zu unkonventionellen Wegen und zum Risiko, eine aufmerksame Beobachtung der Rückkoppelungseffekte aus dem Umfeld, wie beispielsweise Kundenreklamationen und spontane Reaktionen darauf, bieten die besten Chancen, bewegte Zeiten erfolgreich zu überstehen.

Vielleicht gerade wegen des zunehmenden Wirtschaftskannibalismus bewegen wir uns in eine Richtung, die Ganzheit über Trennung und Kooperation über Wettbewerb stellt und Beziehungen höher schätzt als Besitz. Weltweit ist festzustellen, daß fortschrittliche Unternehmen ein kooperatives Verhalten entwickeln. Unternehmen mit einer hohen internen Übereinstimmung gehören zu den erfolgreichen.

Häufig wird übersehen, daß die Grundlage des Wirtschaftens Menschlichkeit und Sinn sein muß, die sich in allen Handlungen des Unternehmens widerzuspiegeln hat. Das aber setzt bei der eigenen Person an. Das Management selbst muß umdenken und muß sich wandeln. Nicht manipulieren zu wollen, widerspricht den Prinzipien des traditionellen Managements und Prinzipien sind es, die als nächstes zur Hölle fahren.

■ **6. Kapitel**
Die Zukunft hat längst begonnen[*]

■ **Szenarien zukünftiger Entwicklungen**

Ende 1994 entwickelte eine Arbeitsgruppe von Professoren des Massachusetts Institute of Technology (MIT) unter Leitung von Professor Dr. Thomas W. Malone zwei kohärente Szenarien wünschenswerter zukünftiger Organisationen. Diese Szenarien waren sozusagen erste Samenkörner und gedacht als Grundlage für den Aufbau einer vertieften Forschungsinitiative. Grundgedanke war, zwei gegensätzliche Szenarien darzustellen und zu überlegen, welche Variationen dieser Szenarien denkbar sind, um Frühindikatoren zu identifizieren, die auf die Entwicklung in die eine oder andere Richtung hinweisen. *Virtual Countries* sowie *Small Companies – Large Networks* sind die beiden Szenarien, die im folgenden in der deutschen Übersetzung zitiert werden.

■ **Virtual Countries**

Wir haben jetzt das Jahr 2010…
Riesige globale Konzerne haben sich als die vorherrschende Form, Arbeit zu organisieren, entwickelt. Diese Allianzen im Keiretsu-Stil, jede einzelne Allianz mit Firmen, die in fast allen Industriezweigen operieren, haben nur minimale nationale Loyalität oder Zugehörigkeitsgefühle. Mitglieder ein und derselben Familie arbeiten für Sony-Microsoft oder General Electric Toyota und empfinden sich kaum als Staatsbürger der Vereinigten Staaten oder Japans. Es wäre unloyal und ausgesprochen ungewöhnlich, wenn Mitglieder ein und derselben Familie für Keiretsu arbeiten würden, die miteinander im Wettbewerb stehen. Diese Allianzen versorgen uns von der Wiege bis zur Bahre. Sie vermitteln uns Einkommen und Arbeitsplatzsicherheit, Gesundheitsvorsorge, eine Krankenversicherung und -versorgung, Erziehung, Ausbildung und Weiterbildung, gesellschaftliches Leben und ein Gefühl von Identität. Unsere Organisationen sind so mächtig und einflußreich wie Nationen, und wir schulden ihnen Loyalität. Sie haben keine Herrschaft über unser Land, aber sie steuern und kontrollieren unsere viel bedeutenderen Aktiva: Zugang zu Wissen und den Netz-

---

[*] *Beitrag von Hanswerner Voss*

werken und unseren Broterwerb. Sie führen sogar Kriege gegeneinander, mit Anwälten statt mit Armeen, wenn sie mit Nachdruck die Handelsmarken unserer Firma schützen.

Wenn Sie mich in diesen Tagen beschreiben wollen, können Sie meinen geographischen Standort getrost vergessen. Ich kann allein durch die Firma, für die ich arbeite, charakterisiert werden, in deren Diensten ich sicher auch in den Ruhestand treten werde. Meine Freunde und Familienmitglieder rund um die Welt arbeiten alle für dieselbe Organisation. Gelegentlich treffe ich jemanden von Exxushita, wenn ich einmal eine nicht zur Firma gehörende Fluglinie benutzen muß, auch wenn ich für Shell-Daewoo arbeite. Wir unterhalten uns immer voller Neugier, aber vorsichtig, und wir nutzen die seltene Gelegenheit, uns selbst mit den Augen Außenstehender zu sehen.

Genauso wie die Nationen im 20. Jahrhundert sich schließlich der Demokratie zuwandten, sind alle Unternehmen des 21. Jahrhunderts zur repräsentativen Führung übergegangen. Über Anteile an den Pensionskassen, über Anteilsoptionen, Mitarbeiter-Anteils-Verträge und ähnliche Beteiligungen gehören sie praktisch den Mitarbeitern. Die Anteilseigner haben das Recht, die Manager des Unternehmens zu wählen, nicht nur auf der obersten Führungsebene, sondern auf fast jeder Ebene durch die ganze Organisation. Entscheidungen werden hierarchisch getroffen, aber jedes Jahr am Wahltag wählen wir aus einer Wahlliste Manager, die versprechen, den besten Job für das Unternehmen als ganzes zu machen. Da unser Broterwerb unmittelbar von dieser Wahl abhängt, prüfen nahezu alle von uns die Finanzberichte in den Offenen Büchern unseres Keiretsus, die ständig den neuesten Überblick über unsere Geschäftsprioritäten sowie Finanzzahlen und Fähigkeiten geben.

Einige Leute halten dieses System für patriarchalisch und bürokratisch. Aber tatsächlich hat das System sehr wenig Speck angesetzt. Nepotismus, knochenharte Kommandostrukturen und laue Jobs dauern nicht lange an, da jeder einzelne von verbesserter Leistung profitiert. Spezialisierte Organisations-Designer reisen durch die riesigen Allianzen, bringen neue Partnerschaften zusammen und helfen sicherzustellen, daß alle Mitarbeiter effektiv quer über alle Grenzen hinweg kommunizieren können. Wir alle kommen gut zurecht, weil unsere Firmen dazu tendieren, nur die Leute einzustellen, die mit den vorherrschenden Wertvorstellungen übereinstimmen. Wir alle haben die Shell-Daewoo-Kultur internalisiert, für die wir leben und sterben.

■ Small Companies – Large Networks

Wir haben jetzt das Jahr 2010 ...
Das Unternehmen des späten 20. Jahrhunderts war nur eine Übergangs-
form. Es überdauerte mehr als hundert Jahre, aber nur wenige Unternehmen dieser Art sind heute übriggeblieben. Wenn wir zurückblicken in
das Dinosaurier-Zeitalter, in dem General Motors, Microsoft und Sony
über die Erde stapften, fallen uns die kleinen Säugetiere wie Unter-
haltungs-Produktionsfirmen, Konstruktions-Projekt-Teams und Berater-
Arbeitsgruppen, die in den 90er Jahren ohne große öffentliche Beachtung
arbeiteten, höchstens deshalb noch ein, weil sie die Prototypen unserer
heutigen modernen Organisationen wurden. Heute wird nahezu jede
Aufgabe von unabhängigen Teams mit bis zu zehn Mitgliedern, die durch
Netzwerke verbunden sind, ausgeführt. Diese Teams bestehen aus unabhängigen Vertragspartnern oder kleinen Firmen. Sie kommen in zeitlich
begrenzten Kombinationen zusammen, um die unterschiedlichsten Projekte zu bearbeiten. Sie lösen sich wieder auf, sobald das Projekt erledigt
ist. Als Beispiel nehmen wir den Entwurf eines Autos. In einem typischen
Projekt bildet eine Vielzahl unabhängiger Firmen miteinander konkurrierende Koalitionen, die alternative Entwürfe für das elektrische System
oder das Chassis oder die Methode, die einzelnen Subsysteme des Autos
zusammenzufügen, untersuchen. Einige dieser Firmen sind Joint-ventures,
andere haben sich gegenseitig aneinander beteiligt, einige haben sich um
elektronische Märkte herum gebildet, die Löhne und Preise kontrollieren. Alle sind selbständig und organisieren sich selbst. Alle gewinnen
ihre Stabilität durch die überall verfügbaren, transaktionsschweren
elektronischen Netzwerke mit hohen Bandbreiten, die sie miteinander
verbinden.

Es gibt nach wie vor eine klar definierte Autorität, aber nicht mehr im
Sinne von Befehl und Gehorsam. Eine kleine Firmenzentrale, beispielsweise Chevrolet-Saturn, hat einige wenige erfahrene Mitarbeiter, die
darüber entscheiden, wo sie ihr Forschungs- und Entwicklungs-, Marke-
ting- und Produktionskapital investieren wollen. Aber es gibt ebenso
Gruppen, die völlig verrückte Ideen ausprobieren und die sich als sehr
erfolgreich erweisen und daher finanziell sehr interessant für ihre Teilnehmer sind. Zum Beispiel hat ein Team von vier Leuten eine Fabrik für
Nano-Engineering entwickelt, einem individualisierten Lichtsystem für
den Kühlergrill jedes Autos. Die Teammitglieder widersprachen mit ihrer
Systementwicklung allen konventionellen Erfahrungen und Lebensweis-
heiten, aber alle wurden bei diesem Geschäft Millionäre.

Die Welt wäre leer und unbefriedigend für jeden, wenn alle Beziehungen vertraglich geregelt wären. Daher sind wir alle glücklich, unabhängige Organisationen für gesellschaftliche Kontakte, das Lernen, für persönliche Werbung und die Sicherung eines regelmäßigen, stabilen Einkommens zu haben. Diese Organisationen haben sich aus den früheren Gewerkschaften, Bruderschaften und Studentenverbindungen, Vereinen und Kirchen entwickelt. Viele von ihnen ähneln den Schriftsteller- und Schauspieler-Vereinigungen von Hollywood. Sie helfen den Menschen dabei, für ihren Ruhestand zu sparen. Die meisten zahlen einen Prozentsatz ihres Einkommens an ihre Vereinigung oder Zunft als eine Art freiwilliger Arbeitslosenversicherung. Große und kleine Unternehmen existieren in dieser Welt, aber sehr wenige dauerhaft. Einige Organisationen, die von Investoren über lange Zeit finanziert werden, haben sich auf langfristige Forschungen und weitsichtige Visionen konzentriert. Andere schlachten aktuelle Marktgegebenheiten aus und leben sozusagen von der Hand in den Mund. Zusammengenommen entwickelt sich alles aus der Aktivität des Netzwerkes. Die erfolgreichsten Unternehmer schaffen es immer wieder, zur richtigen Zeit am richtigen Platz zu sein, gerade lange genug, um ein Geschäft zu machen und der Dreh- und Angelpunkt für Mitarbeiter, Produktionsmaschinen und Finanzmittel zu sein, und schnell genug, bevor sich die Spielregeln ändern und Gelegenheiten an anderer Stelle auftauchen. Die gesuchtesten Mitarbeiter haben eine schnelle Auffassungsgabe und sind in der Lage, selbst schnell zu lernen und andere Schnell-Lerner anzuleiten. Jeder einzelne in der Arbeitswelt beherrscht die grundlegenden Fähigkeiten des neuen Managements, wie man zusammenarbeitet, verhandelt, Geschäfte vermittelt und abschließt, wie man ein Team bildet, ein Budget kalkuliert und einhält, Treffen moderiert und vor allem, wie man das Netzwerk effektiv einsetzt. Soziale Dienstleistungen und die Caritas, alle sind im Netzwerk integriert. Wir alle wissen, daß unsere Lebensqualität durch ständige Investition aufrechterhalten wird. Wenn wir nicht in die Gemeinschaft investieren, leiden wir am Ende alle darunter.

Soweit die Übersetzung der MIT-Szenarien; der Text stammt aus *Organisationen des 21. Jahrhunderts: Vier plausible Projektionen* von Art Kleiner. Es ist ein zusammenfassender Bericht des *Global Business Network (GBN)/MIT Worldview Meetings* vom 5. bis 7. November 1995 in Boston, Massachusetts, auf dem die Szenarien diskutiert und weiter ausgearbeitet wurden. Die beiden beschriebenen organisatorischen Modelle wurden durch die Dimension individuelle Werthaltung ergänzt. Dadurch entstanden vier neue Szenarien, die in der umseitigen Graphik in Anlehnung an die Ergebnisse des World-View-Meetings dargestellt sind.

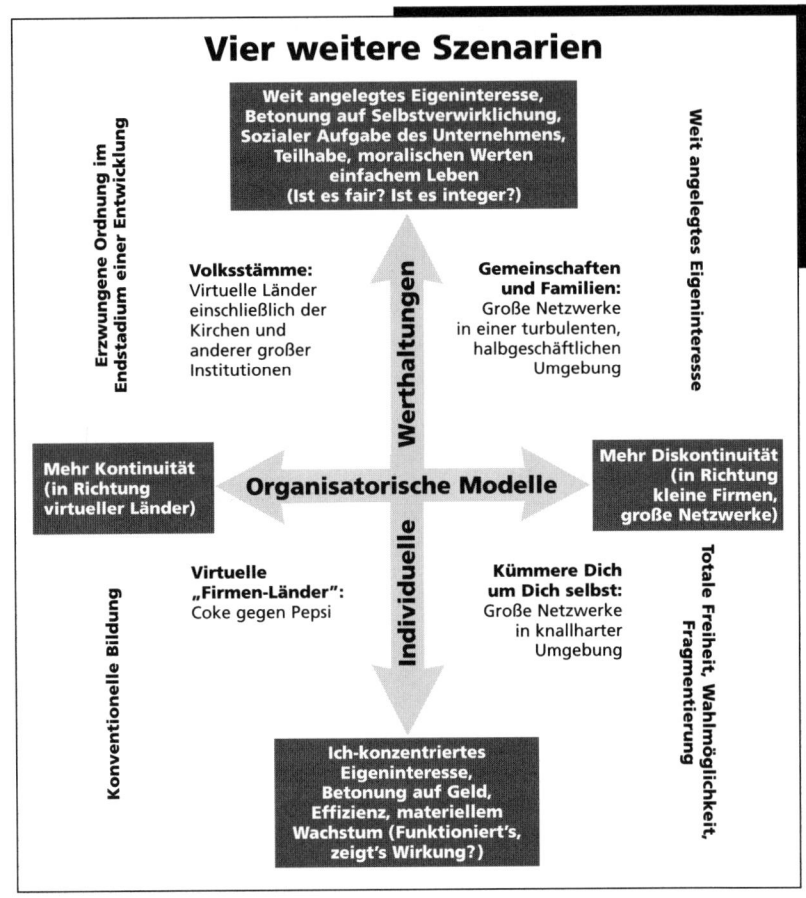

Die Szenarienentwicklung stand am Beginn der Forschungsinitiative *Inventing the Organizations of the 21st Century* der MIT Sloan School of Management unter der Leitung der Professoren Thomas W. Malone und Michael Scott Morton.

Viele der in der Zwischenzeit mehr als 250 konkreten Beispiele unterschiedlichster Unternehmungen, die als interessante Organisationen untersucht wurden, weisen darauf hin, daß die Zukunft möglicherweise längst Gegenwart ist. Eines dieser Beispiele existiert bereits seit mehr als zwei Jahrzehnten, lange bevor auch nur der Name geprägt war, den wir heute diesem losen Netz hochspezifischer funktionaler Geschäftsbeziehungen gegeben haben.

■ Beispiele, die die Utopie zur Realität machen

■ Das Prato System

Massimo Menichetti war wohl einer der ersten, der eine große hierarchische Organisation in ein Netzwerk umwandelte. In der Prato-Region zwischen Florenz und Pistoia in Italien, in der eine Wolle verarbeitende Textilindustrie seit dem frühen Mittelalter besteht, schlug er bereits Anfang der 70er Jahre einen neuen Weg bei der Organisation seiner Geschäfte ein. Er schuf eine der ersten virtuellen Organisationen.

Nachdem er ein großes, vertikal integriertes Textilunternehmen geerbt hatte, das in drei aufeinander folgenden Jahren deutliche Verluste machte, beschloß er, sein Unternehmen in kleine, selbständige, funktional spezialisierte Gruppen aufzuteilen. Damit hoffte er, dem steigenden internen Kostendruck, den fallenden Marktpreisen und der Forderung nach größerer Produktvielfalt und schnelleren Produktzyklen begegnen zu können.

Menichetti schuf acht separate, funktional spezialisierte Unternehmen. Massimo Menichetti:

„Ich wollte die einzelnen Produktionsbereiche sich darauf spezialisieren lassen, wo sie wirklich gut waren. Ich separierte die Spinnerei und Weberei und ließ sie sich entwickeln und spezialisieren in welche Richtung sie auch wollten, unbehindert vom Rest der Firma. Wenn sie Neues entwickelten und gut waren in dem, was sie taten, konnten sie ihre Produkte immer an irgendeinen in Prato verkaufen."

In einem Zeitraum von drei Jahren verkaufte er zwischen 33 Prozent und 50 Prozent der Anteile der neu gegründeten Firmen an seine Führungskräfte, die den Kaufpreis für diese Anteile aus den Gewinnen der laufenden Jahre bezahlen konnten, so daß keiner der neuen Anteilseigner eigenes Geld vorab in die Hand nehmen mußte. Auf diese Weise bereitete er den Weg für etwas, was wir heute *outsourcing* und *management buy out* nennen. Darüber hinaus konfrontierte er sie mit der Forderung, daß 50 Prozent ihres Umsatzes innerhalb der nächsten drei Jahre von eigenen Verkaufsaktivitäten oder aus der Auftragsfertigung für Fremde generiert werden mußten. Menichetti selbst gründete eine neue Marketingfirma, Italfabrics, in New York, die sich auf modische Stoffe für Teenagerröcke, Hosen und Jacketts spezialisierte. Er hatte sich ausbedungen, daß diese Firma nicht mehr als 30 Prozent des Produktionsvolumens von Firmen der Menichetti-Gruppe in Auftrag geben würde.

Diese Firmenaufteilung war extrem erfolgreich. Nach drei Jahren war die Maschinenauslastung größer als 90 Prozent, einschließlich der neuen Maschinen, die die Produktion um 25 Prozent gesteigert hatten. Nach fünf Jahren war die Zahl der Mitarbeiter durch natürliche Fluktuation um 30 Prozent reduziert.

Dieses Erfolgsmuster machte schnell Schule in der gesamten Prato-Region und in den frühen 80er Jahren gab es bereits mehr als 15.000 voneinander unabhängige Firmen mit durchschnittlich fünf Mitarbeitern, die mit Garnen und Tuchen einen Umsatz von etwa 1,6 Milliarden US-Dollar erzielten, von denen etwa 1,1 Milliarden US-Dollar für den Export bestimmt waren. Darüber hinaus beschäftigten Hilfs- und Dienstleistungsunternehmen wie Textilmaschinenmechaniker, Transportunternehmen, Spediteure, die auch die gesamte Zollabwicklung übernahmen, sowie Banken etwa 20.000 Mitarbeiter. Obwohl diese kleinen, unabhängigen Firmen im Wettbewerb miteinander stehen, gründen sie gemeinsame Firmen in Bereichen, in denen Größenvorteile oder monopolistische Strukturen effizienter sind, zum Beispiel für den Einkauf, die Logistik, Technologie-Innovation und Entwicklung.

Die Planung und den Bau von Fabrikanlagen mit den weltbesten und modernsten Webstühlen, CAD für neue, innovative Dessins mit Spezialprogrammen, die die Farben auf dem Bildschirm mit extrem hoher Genauigkeit bei der Farbwiedergabe in Rezepturen für die Färberei übersetzen, der Welt modernste, voll computergesteuerte Lagerhäuser, alles das kann man in der Prato-Region finden.

Diese Firmen arbeiten zusammen bei der Lösung gemeinsamer Probleme. Das interessante Phänomen ist, daß sie gleichzeitig zusammenarbeiten und in knallhartem Wettbewerb miteinander stehen. Sie sind in *coopetition* wie Ray Noorda von Novell es nannte.

Das große informelle Prato Netzwerk wird von sogenannten Impannatore geknüpft, die als Bindeglied zwischen den einzelnen Unternehmen in der Prato-Region und den Kunden fungieren. Diese Impannatore sind nicht bloße Verkäufer. Sie schaffen und gestalten neue Marktnischen und regionale Absatzmärkte und bauen dann die Netzwerke auf, die erforderlich sind, um die neuen Marktbedürfnisse zu befriedigen. Auftrag für Auftrag bringen sie die Spezialisten zusammen, die in der Lage sind, eine bestimmte Ware entsprechend der vom Kunden gewünschten Qualität und Lieferzeit herzustellen. Sie managen den gesamten Kernprozeß von der Designentwicklung über den Einkauf des Rohmaterials, das Spinnen,

Weben, Zuschneiden bis zur Finanzierung, den Zollformalitäten und den Transport bis zum Kunden!

Bereits in der zweiten Hälfte der 80er Jahre, also lange vor dem weiteren Bekanntwerden von Internet und E-Mail, begannen sie mit dem sogenannten Sprint-Projekt eine Art elektronischen Markt aufzubauen. Produktionsmöglichkeiten und Produktionskapazitäten der Hersteller wurden in einem fünfzigstelligen Code abgebildet und den Produktionsanforderungen von Einzelkunden und Modehäusern und Handelsketten gegenübergestellt. Auf diese Weise konnten Produktionskapazitäten praktisch wie an einer Börse gehandelt werden. Die Impannatore buchen auf diese Weise eine sehr spezifische Produktionskapazität für einen ganz bestimmten Zeitraum. Diese Networker oder Impannatore besitzen nicht eine einzige dieser Firmen, keiner ist ihnen unterstellt oder berichtet ihnen, aber es funktioniert, und zwar schnell, verläßlich, fair, offen und ehrlich. Und während die Textilindustrie im Rest Europas unter massivem Druck abbaute, wuchs sie in der Prato-Region um 300 Prozent!

In den zehn Jahren seit Massimo Menichettis Tod hat das Prato System seinen Erfolg aufrechterhalten. Obwohl die Menichetti Gruppe mit diesem Namen vom Markt verschwunden ist, haben sich seine Firmen unter den Namen ihrer neuen Eigner in das Prato Netzwerk integriert. Die Menschen in Prato waren in der Lage, ihre seit dem Mittelalter auf Wolle spezialisierte Technologie auf das Arbeiten mit Modefasern wie Baumwolle und Viskose zu übertragen, die das ganze Jahr Konjunktur haben. Heute sind die Prato Firmen sozusagen Hoflieferanten weltberühmter Modedesigner wie Armani und Hugo Boss. Professor Gianni Lorenzoni von der Universität Bologna, der die Entwicklung von Anfang an begleitet hat, betreibt eine detaillierte Forschung über die Entwicklung der Prato-Region. Er ist der Meinung, daß die überraschend schnelle und extrem erfolgreiche Transformation nur möglich wurde durch dieses neue organisatorische Muster, das auf einer völlig neuen Art der Kooperation, Kommunikation und Koordination der Arbeitsprozesse aufbaute.

Das Prato System ist ein Beispiel, das sich jetzt bereits seit über zwanzig Jahren in der Praxis bewährt und weiterentwickelt hat. Viele Unternehmungen, die in den letzten Jahren beispielhaft auf dem Weg in eine wünschenswerte Zukunft schienen, haben durch einen Wechsel in der Führung oder schlicht durch bestimmte situative Einschätzungen zukünftiger Entwicklungen von Rahmenbedingungen und Veränderungen von Werthaltungen Entscheidungen getroffen, die die Richtung ihres Weges verändert haben. Eine ganze Reihe der Firmen, die Mitte der 80er Jahre von Thomas J. Peters und Robert H. Waterman jun. bei ihrer Suche nach Spitzenleistungen zu den bestgeführten Unternehmen der USA gezählt wurden, sind heute weit abgeschlagen und gehören längst nicht mehr zu den *fortune 100-companies.* Trotzdem muß das, was sie damals richtig gemacht haben, heute nicht falsch sein. Sie haben es offensichtlich in den Folgejahren nicht vermocht, Grundtugenden wie Freiraum für Unternehmertum, sichtbar gelebtes Wertsystem, die Konzentration auf die eigenen Kernfähigkeiten und die Nähe zum Kunden konsequent weiterzuentwickeln.

Das gleiche gilt für die Unternehmungen und Organisationen, die wir im folgenden heute beispielhaft herausstellen wollen. Wir können nur ein momenthaftes Bild einer aktuell positiven Situation wiedergeben, das die Landschaft erhellt, in der diese Menschen heute erfolgreich arbeiten. Es bleibt offen, inwieweit sie die Erfolgsmuster verfeinern und in die richtige Richtung weiterentwickeln können. Unabhängig davon können sie uns aber Anregungen und Ideen für unser eigenes Handeln vermitteln. Wir sollten uns jedoch immer bewußt sein, daß jede Zusammenarbeit zwischen Menschen stattfindet, wenn auch möglicherweise von unterschiedlicher Herkunft und mit unterschiedlicher Werthaltung, mit unterschiedlichem Wissen und unterschiedlichen Fähigkeiten. Das alles auf ein gemeinsames Ziel hin sich gegenseitig ergänzend zu bündeln und zu unterstützen ist *leadership,* deren Qualität wesentlich zum Erfolg aller beiträgt.

■ Auf dem Weg zum globalen, virtuellen Land?

Puma, in den Fußstapfen von Nike, arbeitet ebenso erfolgreich wie das Unternehmen in Prato, aber als virtuelles Unternehmen mit einem starken Markenzeichen. Strategieentwicklung und Marketing sowie die Koordination des Netzwerks, die Kernkompetenzen des Unternehmens, sind nach wie vor in Herzogenaurach, einem kleinen Dorf in der Nähe von Nürnberg, angesiedelt. Eine zentrale Einkaufsorganisation und ein dezentralisiertes Einkaufsnetzwerk befinden sich in Asien. Produktionsstätten liegen in China, Taiwan, Indonesien und Korea, die Logistik in Hongkong, Verkauf und Distributionsnetzwerke in Europa, Afrika, Nord- und Südamerika, Asien und Australien. Mit Ausnahme der Kernfunktionen werden sämtliche unternehmerische Funktionen der Wertschöpfungskette von 80 global verteilten Partnerfirmen durchgeführt. Bis Ende 1996 sind von den ursprünglich 1.200 Mitarbeitern nur noch 500 in Deutschland übriggeblieben. Vor etwas mehr als vier Jahren noch mit dem möglichen Konkurs kämpfend, zahlt das Unternehmen heute bereits seinen Anteilseignern wieder eine Dividende. Pumas 32-jähriger Chef, Jochen Zeitz, sagt dazu:

„Wir müssen die alten Strukturen aufbrechen und Netzwerke mit Liefe-ranten, Herstellern, Distributoren und Kunden aufbauen, wenn wir über-leben und erfolgreich sein wollen."

Die Kooperationsstrukturen sind stabil. Die Mitarbeiter in den einzelnen, weltweit verteilten Partnerfirmen wissen, daß ihr Einsatz den Erfolg der Marke Puma ausmacht und daß der Erfolg dieser Marke auch ihr eigener ist. Puma ist wichtiger Bestandteil ihres Lebens geworden, sicher aber noch weit entfernt von der Ausprägung eines virtuellen Landes.

■ Produkt-Service als Kristallisationspunkt virtueller Organisation

In einem noch radikaleren Schritt baute Mahyar Mothraghi das PC-Monitor Geschäft der finnischen Firma Nokia gegen massiven Wett-bewerb in den USA auf. 1992 investierte er sein gesamtes Startkapital von 100.000 US-Dollar in Marketing und Informationsbroschüren. Mit einem Umsatz von 160 Millionen US-Dollar hat er heute sechs Prozent des 17-Zoll-Monitor-Marktes in den USA erobert. Seine Firma *„hat sich bereits aufgebläht zu fünf Mitarbeitern"*, einschließlich ihm selbst. Er küm-mert sich gemeinsam mit einem Assistenten um Markennamen und Marketing-Aktivitäten und managt mit zwei weiteren Finanzspezialisten alle finanziellen Angelegenheiten von Sausalito aus. Lokale Vertriebspart-ner mit der besten aktuellen Marktkenntnis sind über die gesamten USA verteilt. Der Kundendienst wird von technischen Service-Experten von Raleigh in Nord-Carolina aus wahrgenommen, die Logistik mit Lager und Distribution arbeitet von Charleston in Süd-Carolina und Oakland in Kalifornien aus, Marktkommunikation wird von Sausalito, Kalifornien aus gesteuert, während Anzeigen und Promotion von Mountainview in Kali-fornien aus bearbeitet werden. Die Herstellung liegt nach wie vor bei der Muttergesellschaft in Salo, Finnland. Das gesamte Netzwerk steuert sich weitgehend selbst durch intensive Nutzung von Videokonferenzen und dem Internet. Mothraghis wesentlicher Wettbewerbsvorteil ist Geschwin-digkeit, Flexibilität und eine sehr schlanke Organisationsstruktur. Ohne Rücksichten auf irgendwelche hierarchischen Empfindlichkeiten kann Nokia auf Kundenwünsche sehr schnell eingehen und größere Probleme innerhalb einiger Wochen statt wie bisher in Jahren lösen.

Mothraghi überläßt mit dieser Struktur Fragen der Teilhaberschaft am Unternehmen seinen Netzwerkpartnern. Er selbst ist mit seinem Team nach wie vor eingebunden in die immer noch hierarchische Nokia-Orga-nisation. Aber er hat mit seinem Erfolg die erste Brücke geschlagen zu einer Organisationsform, die bereits viele Elemente des zweiten Szenarios, nämlich Small Companies – Large Networks, enthält.

Beispielhaft ist aber auch die Art und Weise, wie er diese Struktur aufgebaut hat. Der erste Fokus waren Großkunden, die perfekten Service rund um ihre Rechner brauchten. Konsequent suchte Mothraghi Vertriebsspezialisten, die bei seinen Zielkunden bereits erfolgreich eingeführt waren und komplementäre Produkte verkauften wie Computer, Software und anderes. Gemeinsam mit diesen Vertriebsspezialisten kristallisierte er die entscheidenden Erfolgsfaktoren heraus, 100 Prozent Betriebssicherheit. Dafür ließ er von den Vertriebsfachleuten die besten Servicefirmen identifizieren und „freiwillig auf ihn zukommen". Gemeinsam mit den Servicespezialisten entwickelte er das Hundert-Prozent-Konzept für Betriebssicherheit und identifizierte das Haupterfolgskriterium, perfekte Logistik. Also überließ er es den Serviceleuten selbst, sich die besten Logistiker für ihre Aufgabe zu suchen und schloß mit beiden Verträge ab, die sie am Grad der Zielerreichung beteiligten. Entsprechend ließ er die Distributionslogistiker die besten und verläßlichsten Importlogistiker auswählen. Durch diesen Prozeß bildete er das Basisvertrauen zwischen den beteiligten Partnern und das Verantwortungsgefühl für die Zielerreichung über die eigene Funktion hinaus. Alle sind auf das Hundert-Prozent-Konzept fokussiert und werden entsprechend bei Zielerreichung bezahlt. Alle denken im Gesamtprozeß und machen alles nur Denkbare möglich, das gemeinsame Ziel zu erreichen. Alle sind selbständige Unternehmer.

Bedingt durch diesen Aufbauprozeß kann er die Abstimmung des Netzwerkes untereinander auch weitgehend sich selbst überlassen und sich voll auf Marketingstrategie und Finanzsteuerung konzentrieren.

■ Nahe am Kunden mit selbständigen Partnern

Auf ähnliche Weise hat Benetton durch eine extrem schnelle Reaktion auf Kundenwünsche seinen Umsatz in nur sieben Jahren auf 1,7 Milliarden US-Dollar verdreifacht. Die heißesten Farben gab es mehr oder weniger über Nacht in allen Verkaufsstellen, unmittelbar nachdem die Kunden die Modetrends gesetzt hatten. Statt Wolle oder Garne zu färben und damit Sweater, Pullover und Jacken stricken zu lassen, produzierte Benetton die Teile aus neutralem Garn und färbte sie dann exakt entsprechend den aktuellen Kundenwünschen. Die Verknüpfung von Online-Information aus allen Geschäften mit allen Teilnehmern der gesamten Versorgungskette machte diesen Erfolg möglich. Benettons Ziel war es, Kundenwünsche zu antizipieren und proaktiv zu handeln, um der erste auf dem Markt zu sein.

Auch wenn Benetton in den Jahren 1995 und 1996 durch die extrem provozierende und schockierende Werbung deutliche Absatzrückgänge hatte, hat sich das Konzept gut gehalten. Alle Händler sind selbständige Unternehmer und verhalten sich auch so.

Die Methoden der Kommunikation und Koordination von Prozessen sind signifikant schneller geworden und verteilter. Relevante Prozeßinformationen stehen praktisch gleichzeitig weltweit allen Beteiligten zur Verfügung.

Das macht Firmen wie Topsy Tail möglich. Topsy Tail ist ein Unternehmen, das mit drei Mitarbeitern, einem Chief Executive Officer, einem Chief Finance Officer und einem Marketing Direktor 80 Millionen US-Dollar in Haarpflegeprodukten umsetzt. Werkzeugmacher, Kunststoff-Spritzguß-Werkstätten, Verpackungsdesigner, Logodesigner, Qualitätssicherungsmanagement, Mailinglist-Firmen, Public-Relations, Verkauf und Distribution sind in mehr als 20 Unterauftragnehmer-Firmen *outgesourced*. Nur die Entwicklung neuer Produkte, die Marketing-Strategie und die Finanzen werden von dem Triumvirat höchst eigenhändig bearbeitet.

Aber auch in Deutschland gibt es bereits solche Beispiele. Die Cargo-Lifter-AG in Wiesbaden besteht praktisch nur aus ihrem Vorstandsvorsitzenden Carl von Gablenz, der mit Unterstützung großer internationaler Anlagenbauer und einer Gruppe von weltweit verteilten Entwicklungsspezialisten an einem Konzept bastelt, Schwerlasttransporte per Luftschiff punktgenau zum Einsatzort zu bringen, wesentlich schneller als über den Land- oder Wasserweg mit Spezialtransportern. Das Projekt soll zur Jahrtausendwende funktionsbereit sein. Telefonate und Videokonferenzen mit seinen Geschäftspartnern und extensiver Gebrauch des Internets für Dokumentenkommunikation und Nachrichten sowie für Marketing sind praktisch das Rückgrat der Firmenprozesse.

■ Erste Ansätze zur Transformation herkömmlicher Hierarchien

Start-ups virtuell erfolgreich aufbauen zu können ist vielfach belegt. Das zeigt die am Massachusetts Institute for Technology (MIT) aufgebaute Datenbank mit den Namen interessanter Organisationen in mehr als 250 Fallbeispielen eindrucksvoll. Aber wie können große, herkömmlich hierarchisch organisierte Unternehmen die gleiche Schnelligkeit und Flexibilität bekommen? Reicht es, alle Abteilungen intern zu vernetzen, ein Intranet aufzubauen und gegebenenfalls den einen oder anderen

Lieferanten in einem Extranet mit dem eigenen Unternehmen zu verbinden? Oder ist mehr notwendig?

Die 1991 gegründete Babcock-Dienstleistungs-GmbH (BDL), Tochter der Deutsche Babcock-Gruppe, machte 1996 mit 160 Mitarbeitern im Bereich technisches und kaufmännisches Gebäudemanagement, Flächenmanagement und komplementäre Dienstleistungen, Management eines Lotus-Notes Intranets für rund 120 angeschlossene Gesellschaften an 100 Standorten mit ungefähr 5.000 Notes-Anwendern und der Entwicklung praxisorientierter Lotus-Notes-Anwendungen zur Steuerung betriebswirtschaftlicher Prozesse nahezu 65 Millionen Mark Umsatz.

BDL hat mit dem Einsatz von Lotus-Notes zu einem Kulturwandel in der Babcock-Gruppe beigetragen. Quer über juristische Firmengrenzen und Länder hinweg hat BDL einen virtuellen Einkauf aufgebaut, der Lieferanten, Babcock-Firmen und Projekte in einem Netz miteinander verbindet und auf diese Weise

▶ Einkaufspotential bündelt, und zwar mit signifikanten Beiträgen zum Unternehmensergebnis,

▶ den gesamten Beschaffungsvorgang dezentral an der Stelle abwickeln läßt, die das Budget verantwortet und

▶ die Abwicklung von Standardeinkäufen vom Beginn des Einkaufsvorgangs bis zur abgeschlossenen Lieferung und Bezahlung innerhalb von 24 Stunden ermöglicht.

Interessant an diesem Fall aber ist der Transformationsprozeß. Dr. Friedrich, Geschäftsführer der BDL, motivierte seine Mitarbeiter, indem er ihnen die Möglichkeiten der Groupware über ein Schwarzes Brett, eine gemeinsame Datenbank als Secondhand-Markt für Babcock-Mitarbeiter, nahebrachte. Anhand derartiger Beispiele schulten zu Notes-Spezialistinnen weitergebildete Mitarbeiterinnen aus den ehemaligen Schreibpools die Mitarbeiter sozusagen im Vorübergehen, was im wörtlichen Sinne gemeint ist. Dadurch entstand nicht die übliche Schulungsatmosphäre, sondern eine interessierte, motivierte Atmosphäre und darüber hinaus der persönliche Kontakt, der dann den Griff zum Telefon und zur Hotline deutlich erleichterte. Der nächste Schritt war ein virtuelles Telefonbuch, bei dem jeder selbst für seine Adresse und seine Telefonnummer mit allen Titeln und Berufsbezeichnungen verantwortlich war. Wer anders als der Mitarbeiter selbst weiß über diese Daten besser Bescheid?

Parallel zu der dann immer stärker werdenden Nutzung von E-Mails anstelle von Aktennotizen und Hausmitteilungen auf Firmenbriefbögen wurde der technische Einkauf für Büromaterial, Computer-Hard- und Software über Notes so organisiert, daß eine bis 10.00 Uhr vormittags abgeschickte Bestellung bis spätestens am Folgetag nachmittags um 16.00 Uhr funktionsbereit auf dem Arbeitsplatz installiert war. Die Begeisterung über die von den Benutzern selbst entwickelten Applikationen führte dann zu dem firmenübergreifenden virtuellen Einkauf. Philosophie und Praxis der internen Kommunikation haben maßgeblich mit zu einem gesteuerten Übergang von hierarchischen Strukturen zu virtuellen, projektbezogenen Netzwerken beigetragen.

In der Zwischenzeit hat sich der Prozeß verselbständigt. Das Notes-Kompetenz-Zentrum ist Coach und Support bei schwierigen Prozessen. Alles andere lösen die Mitarbeiter selbst. Können Sie sich vorstellen, wie hoch die Reklamationsrate für nicht zufriedenstellend laufende Software-Applikationen ist? Auch wenn vieles der Softwarearchitektur an Eleganz zu wünschen übrig läßt, es funktioniert. Und Mitarbeiter des Notes-Kompetenz-Zentrums greifen nur ein, um bestehende Applikationen nach und nach miteinander zu vernetzen und die Integration bis in die Bilanz nahtlos sicherzustellen.

Auch die dänische Firma Oticon ist auf ihrem Weg von herkömmlichen hierarchischen Strukturen zu weitgehend selbstgesteuerten, virtuellen Organisationsformen schon weit vorangeschritten. Oticon arbeitet in, so formuliert es der Chief Executive Officer Lars Lind, einem gemanagten Chaos.

Das Unternehmen entwickelt und produziert mit 1.500 Mitarbeitern in einem globalen Netzwerk von Geschäftspartnern die weltweit bestentwickelte Hörhilfe unter der Bezeichnung Multi-Focus. Multi-Focus ist ein fast unsichtbares Gerät, das sich automatisch dem umgebenden Geräuschpegel anpaßt. Spezifische Hörhilfen werden auch PC im Ohr genannt, weil sie sich in ihrem Frequenzspektrum exakt auf das Fehlvermögen des Ohres einstellen lassen.

In der Zentrale in Kopenhagen liegen Produktentwicklung, Marketing und der internationale Verkauf, die Forschung ist verteilt auf Helsingör, Schweden und Sydney, der Einkauf wird in Jütland, Chicago und Canada abgewickelt, die Fertigung in Jütland und San Francisco. In über 15 Ländern Europas, Asiens, Amerikas und Australiens sind Mitarbeiter der Firma Oticon online miteinander verbunden.

Was ist der Hintergrund dieser Erfolgsstory? Oticon ist ein Unternehmen, das das virtuelle Büro der Zukunft realisiert hat. In unternehmerischen Teams liegt ihrer Meinung nach die Basis ihres Geschäftserfolgs.

Das virtuelle Büro arbeitet bereits jetzt praktisch völlig papierlos. Alle eingehenden Drucksachen von der Zeitung bis zur Post werden entweder bereits elektronisch empfangen oder unmittelbar nach Eingang gescannt. Das Papier wird recycelt. Im Eingang befindet sich ein großer transparenter Behälter, der das geshredderte Papier in einem Luftstrom umherwirbelt.

Die Mitarbeiter, einschließlich des Chief Executive Officers, haben weder ein persönliches Büro noch einen eigenen Arbeitsplatz. Arbeitsunterlagen, PC und Telefon befinden sich in einem Trolley, den der Mitarbeiter an den Ort eines jeweiligen Team-Meetings mit sich nimmt.

Neben dem virtuellen Büro ist die Führung der Mitarbeiter beispielhaft. Mitarbeiter setzen ihre eigenen Ziele und entwerfen entsprechende Arbeitspläne. Jeder Mitarbeiter hat einen Mentor, der bei Problemen Hilfestellung gibt und zusammen mit den Projektleitern sein Gehalt festsetzt.

Hohe Mitarbeitermotivation durch hohe Eigenverantwortung und unternehmerische Handlungsspielräume zeigen auch unter dem Strich Erfolg. Das Unternehmen konnte in den letzten Jahren durchgängig zweistellige Zuwachsraten veröffentlichen, einen Gewinn vor Steuern in der Größenordnung von 15 Prozent verzeichnen sowie jedes Jahr mehr als zehn Neuentwicklungen auf den Markt bringen.

▨ Virtuelle Produkte – Kommunikation und Koordination total

Architekten und Bauplaner von Industrie-, Büro- und Ausstellungsgebäuden in Nordamerika haben ein sehr komplexes Problem weniger. Sie gehen mit ihren Bau- und Einrichtungsplänen zu einem Projektanten von Lithonia Lighting und kaufen Licht.

Am Rechner führt Jeffrey F. Kernan, der Vizepräsident der Information and Management Services von Lithonia Lighting vor, was es heißt, Licht zu kaufen. In der Etage des Bürogebäudes sollen Büro- und Konferenzräume für ein Unternehmen aus der Modebranche gestaltet werden. Auf dem Bildschirm gehen wir durch verschiedene Räume, setzen uns an einen

Arbeitsplatz und empfinden die Wirkung unterschiedlicher Beleuchtungs-
konzeptionen fast körperlich nach. Per Klick wird Tageslicht erzeugt oder
die Atmosphäre eines Restaurants oder Theaters. Man erkennt, wie unterschiedlich ein und derselbe Stoff in seinen Farben und seiner Oberfläche
je nach Lichtfarbe, Beleuchtungsintensität und Lichteinfall wirkt. Die
Simulation, die mit dem Bauherrn zusammen durchgeführt wird, kalkuliert im Hintergrund gleichzeitig die erforderliche Investition sowie die
Auswirkungen der jeweiligen Leuchten und Leuchtmittelkombination auf
Klimatisierung und Betriebskosten. Die Entscheidungen fallen relativ
rasch unter Berücksichtigung der erforderlichen Lichtsituation, der
Investitions- und Betriebskosten und der Bauzeit. Denn alle an diesem
Projekt möglicherweise beteiligten Firmen, beispielsweise die Bauhand-
werker, Elektriker, Maler, sind ebenso wie die gesamte Logistik und die
eigene Produktion an dieses System angeschlossen.

Lithonia Lighting, weltweit der größte Hersteller von Beleuchtungs-
systemen mit mehr als 5.000 Mitarbeitern und einem Umsatz von mehr als
750 Millionen US-Dollar und Stammsitz in Conyers in der Nähe von
Atlanta, hat das sogenannte Lightlink-System entwickelt, einen integrierten Komplex von vernetzten Systemen, der jedes Teil der gesamten
Wertschöpfungskette von Lithonia miteinander verbindet, von Zuliefe-
rern über die eigene und fremde Herstellung bis hin zu Verkaufsagenten.
Unabhängig von der beeindruckenden Lightshow können Bauunter-
nehmer, Distributoren und Verkaufsagenten online die Verfügbarkeit von
Produkten prüfen und bestellen. Die verschiedenen Komponenten einer
komplexen Bestellung werden automatisch an die relevante Arbeitsgruppe oder Abteilung geschickt. Der Auftrag wird durch das gesamte
System verfolgt, einschließlich der Lieferfahrzeuge, so daß der Kunde
exakt die Ankunft der Sendung kennt. Flexible Produktionssysteme
ermöglichen schnelle Produktmodifikationen. Der Grad der Integration
mit allen geschäftsrelevanten Aspekten erlaubt Lithonia sehr schnell,
Produktkataloge mit bestimmten Produktgruppen und Preisen für individuelle Kunden zuzuschneiden. Das System konnte die Lieferfristen für
Bestellungen von Einzelsystemen auf weniger als einen Tag reduzieren.

Mit der neu entwickelten graphischen Software ist auf der Basis der
Architektenpläne und der Einrichtungsplanung die Beleuchtung mit all
ihren Auswirkungen auf die Gesamtinvestition und die Betriebskosten für
Beleuchtung und Büroklima, das heißt Air-condition, Heizung und
Lüftung, simulierbar. Lithonia ist damit in der Lage, durch Vernetzung
aller relevanten Baugewerbe und Dienstleister in ein virtuelles Gesamt-
unternehmen Licht, schlüsselfertig Licht zu verkaufen.

Dahinter steht ein Entwicklungsprozeß, der mehr als acht Jahre gedauert hat. Wesentlicher Schwerpunkt dieser Arbeit war nicht die Entwicklung der technologischen Voraussetzungen, sondern der Aufbau eines Basisvertrauens aller Beteiligten untereinander. Je stärker die Integration war, desto weniger war es möglich, jeden einzelnen Fall im vorhinein mit einem sozusagen wasserdichten Vertrag abzusichern und desto offener mußten alle Beteiligten miteinander umgehen. Fairness und Vertrauen unter allen Partnern war der wichtigste Schlüssel zum Erfolg.

■ Auswirkungen auf Verträge, Steuern und Sozialversicherung

■ Vertrag kommt von „vertragen"

Die rasante Entwicklung des Arbeitsmarktes wird es Anwälten zunehmend schwerer machen, spezifische Verträge für Produkte und Dienstleistungen zu entwerfen und von beiden Seiten akzeptiert zu bekommen. Der Chip-Hersteller LSI Logic sicherte seine Kundenbeziehungen gewöhnlich mit ausgefeilten Verträgen bis seine Manager bemerkten, daß sie in der Lage waren, die Produkte schneller herzustellen und zu liefern, als der Kunde in der Lage war, die Verträge zu prüfen. Wilf Corrigan, Chief Executive Officer von LSI erzählt:

„Einige unserer besonders dynamischen Kunden traten an uns heran und meinten: ‚Hören Sie, Sie können sich auf unsere mündliche Zusage verlassen, fangen Sie an zu produzieren! Unsere Fertigungstermine sind so eng, daß wir nicht warten können, bis die Verträge von allen relevanten Abteilungen bei uns und Ihnen akzeptiert worden sind.'"

So begann LCI, der größte Hersteller von Gate-Arrays in den Vereinigten Staaten, mit der Produktion und baute seine Kundenbeziehung auf Vertrauen und der Vermutung auf, daß die Geschäftspartner in der gleichen fairen und verantwortlichen Weise agieren würden wie sie selbst. In der Zukunft werden mehr und mehr Kundenbeziehungen auf gegenseitigem Vertrauen aufgebaut werden müssen, bei dem die gegenseitigen Interessen für eine gemeinsame, erfolgreiche Zukunft miteinander verbunden sind, insbesondere bei virtuellen Organisationen.

■ Eine neue Rolle der Gewerkschaften?!

Je mehr Menschen eines Tages als selbstangestellte Experten in einer virtuellen Unternehmensumgebung arbeiten, desto mehr werden sie verstehen, daß der Wohlfahrtsstaat mit seinen Institutionen wie Sozialversicherung, Rentenversicherung, Krankenkassen, Vorsorgeversicherung nicht mehr an Leistungen auszahlen kann, als eingezahlt worden sind, nach Abzug der gesamten Kosten für die Staatsbürokratie. Das könnte zu mehr Selbstverantwortung und zu Versicherungskonzepten führen, die auf die Bedürfnisse spezifischer Gruppen mit spezifischen Risiken und entsprechend angepaßten Prämien zugeschnitten sind. Die Writer's and Actor's Guilds in Hollywood nehmen heute bereits solche Aufgaben wahr. Sie kümmern sich um ihre Mitglieder weit mehr, als es eine herkömmliche Versicherung tut. Sie unterstützen und fördern ihre Mitglieder, stellen Kontakte zwischen ihnen und Verlegern und Produzenten in besonderen Events her und halten sie in der Diskussion.

Was wäre denn, wenn die Gewerkschaften, ähnlich wie die Zünfte im Mittelalter, sich dieser Form von Versicherung annehmen würden? Auf einmal bekämen die Aktivitäten einen völlig neuen Schwerpunkt. Er läge auf dem Bemühen, die Mitglieder *employable* zu halten, nämlich in der Form weiter- und ausgebildet genug, daß sich immer wieder neue Arbeitgeber finden würden, die diese auf dem letzten Stand der Technik stehenden Mitarbeiter einstellen. Eine Arbeitslosenversicherung in der Hand der Gewerkschaften? Ein völlig abwegiger Gedanke oder eine neue Aufgabe, die über die Zahlung von Streikgeldern beim Arbeitskampf hinausgeht? Einige Vordenker in der Führung von großen Gewerkschaften basteln bereits an ähnlichen Konzepten. Aber diese Entwicklungen scheinen noch in den ersten Anfängen zu liegen.

■ Staatliche Rahmenbedingungen entscheiden mit über Arbeitsplätze

Das Gesellschaftsrecht ist jedoch bereits jetzt im Zusammenhang mit den Unternehmenssteuern herausgefordert. Wenn Dienstleistungen mehr und mehr im Cyberspace generiert werden, wie zum Beispiel die Produktion von Software, bei der Mitarbeiter rund um den Globus über Intranets miteinander verbunden an demselben Entwicklungsprojekt arbeiten, kann eine den Teilnehmern des Netzwerks gehörende sogenannte invertierte Holding überall in der Welt ihren juristischen Standort haben und den überwiegenden Teil des Gewinnes aggregieren. Solange wie in den Ländern unterschiedliche Steuersysteme existieren, solange werden diese Holdings an steuerfreundlichen Plätzen angesiedelt werden.

Finanzminister Theo Waigel bemüht sich nicht umsonst um eine Harmonisierung der Steuersysteme, denn zur Zeit kämpfen Staaten mit der

Steuerwaffe. Insbesondere in Europa haben einzelne Länder bereits seit langem damit begonnen, über steuerliche Anreizsysteme Arbeit und Arbeitsplätze in ihrem Land zu halten oder auch gezielt ins Land zu holen. Belgien und Holland streiten sich um die besten steuerlichen Rahmenbedingungen für Logistik-Unternehmen. Die meisten europäischen Distributionslager liegen in Brüssel und Umgebung, auch wenn das aus rein logistischen Kalkulationen heraus durchaus nicht immer sinnvoll sein muß.

Auf diese Weise profitieren auch die Hersteller von Hardware zur Zeit noch von dieser Situation. Praktische Beispiele zeigen, daß sogenannte Commissionaire-Strukturen eine von verschiedenen möglichen Lösungsvarianten sind. Commissionaire sind juristische Personen in den Ländern, in denen die Endprodukte verkauft werden. Sie konzentrieren sich auf exakt die Dienstleistung, die in diesem Land entsprechend den Anforderungen der Kunden unabdingbar durchgeführt werden muß, wie zum Beispiel der Verkauf. Diese Verkaufsfunktion wird mit einer Kommission in Prozent vom Umsatz vergütet. Dabei ist dieser Prozentsatz so kalkuliert, daß die Finanzbehörden gerade noch nicht rote Zahlen sehen, und er ist so klein gehalten, daß die leitenden Mitarbeiter damit gerade überleben können. Dienstleistungen wie Rechnungsstellung, Postversand, Versand der Produkte, physische Distribution, Lagerhaltung wie auch der gesamte Rest der Wertschöpfungskette sind an Orten angesiedelt, an denen die Gesamtkosten ein Optimum darstellen. Sie müssen nicht notwendigerweise im Heimatland des Endkunden liegen. Das Unternehmen, das der Eigentümer der Waren vom Einkauf des Rohmaterials bis hin zum endgültigen Verkauf an den Kunden ist, mag im Paradies leben, im Steuerparadies natürlich, und daran sind auch die Führungskräfte der einzelnen Unternehmen beteiligt. Den wichtigeren Teil ihres Einkommens beziehen sie nämlich als Anteilseigner der invertierten Holding in Form von Dividenden, Aktienoptionen, Pensionszusagen, das heißt die Holding gehört praktisch den Tochtergesellschaften. Darin finden die Führungskräfte, die Unternehmer der Tochtergesellschaften die Motivation, in ihrer jeweiligen Umgebung kostengünstigst zu arbeiten.

Insbesondere in Deutschland spüren wir alle derzeit die Auswirkungen dieser noch völlig legalen Steuersituation. Trotz des steigenden Umsatzes und trotz steigender Aktienkurse bleiben immer weniger Steuern in Deutschland.

■ Erste Ansätze der Transformation zu neuen Formen der Zusammenarbeit

■ Charakteristiken virtueller Organisationen

Diese in immer größerem Umfange entstehenden virtuellen Organisationen, wie sie oben beschrieben sind, unterscheiden sich signifikant von denen, die man heute noch in herkömmlichen hierarchischen Firmen findet.

Sie zeichnen sich durch fünf gemeinsame Merkmale aus:

▶ Sie haben eine von allen getragene Vision und ein gemeinsames Ziel beziehungsweise eine von allen akzeptierte Methode oder von allen akzeptiertes Protokoll der Zusammenarbeit.
▶ Sie konzentrieren ihre Aktivitäten auf ihre Kernkompetenzen.
▶ Sie arbeiten gemeinsam in Teams von Kernkompetenz-Gruppen mit einem holistischen Ansatz entlang der gesamten Wertschöpfungskette.
▶ Sie generieren und verteilen relevante Informationen in Echtzeit oder *realtime* im gesamten Netzwerk. Dadurch sind sie in der Lage, sich extrem schnell zu koordinieren und Entscheidungen zu treffen.
▶ Sie delegieren Aufgaben von unten nach oben, wenn Größenvorteile, *economies of scale,* neue Rahmenbedingungen oder ganz einfach die Kompetenz der Gruppe als Ganzes an zentraler Stelle besser gegeben ist.

■ Einstellungen und Verhaltensweisen bestimmen den Erfolg

Eine von allen getragene Vision, eine akzeptierte Methode der Zusammenarbeit und eine ganzheitliche Vorgehensweise entlang der gesamten Wertschöpfungskette fordern von den Mitgliedern virtueller Organisationen bestimmte Einstellungen und Verhaltensmuster. Wie in den oben erläuterten Praxisbeispielen gezeigt, scheinen sich fünf typische Werthaltungen und ein bestimmtes Verhalten herauszukristallisieren.

▶ Offene und spontane Kommunikation ist die Basis für Vertrauensbildung und den Aufbau stabiler Kooperationsbeziehungen. Die Erfahrung zeigt, daß Vertrauen und gute Beziehungen nicht durch elektronische Kommunikation allein entwickelt werden kann. Die Teammitglieder müssen physisch zusammenkommen, um sich gegenseitig kennen- und schätzenzulernen. Robert Johnson, der Präsident des *Institute for the Future* in Menlo Park, Kalifornien, nennt es *travel for trust,* eine Reise, um Vertrauen aufzubauen.

▶ Vertrauen erwecken und vertrauenswürdig sein sind wesentliche Merkmale für jede erfolgreiche Zusammenarbeit.

▶ Emotionale Intelligenz, die Fähigkeit, eigene und fremde Emotionen positiv in den Prozeß miteinzubringen, Empathie zu schaffen. Uneigennützigkeit und Selbstkontrolle unterstützen den informellen Erfahrungsaustausch, regen Phantasie und Kreativität an und ermutigen ehrliche Kommunikation. Qualitative Eindrücke und Gefühle, die sich aus langjähriger Erfahrung gebildet haben, werden dadurch implizit Teil des Lösungskonzeptes.

▶ Unternehmergeist und Risikobereitschaft als persönliche Eigenschaften ermutigen den einzelnen, Initiative zu ergreifen, die darauf ausgerichtet ist, die gewünschten Ergebnisse zu erreichen. Der neue Kooperationspartner läßt sich nicht für die Zeit, die er am Arbeitsplatz verbringt, bezahlen. Aber er erwartet eine angemessene Beteiligung am Ergebnis der gemeinsamen Arbeit.

▶ Funktionale Exzellenz ist eine durchgängige Haltung. Jeder bemüht sich in seinem Bereich, seine Arbeit mit höchster Qualität durchzuführen, um den Kundenwünschen soweit wie möglich entgegenzukommen.

Aber das alles muß vorgelebt werden. Beiträge zur Teamarbeit treten gleichwertig neben die Bewertung individueller Leistung und sogenannte Teamnoten werden von allen Teammitgliedern verteilt und nicht vom Vorgesetzten. Offizielle Kommunikation über alle relevanten Projekt- und Firmenereignisse erfolgt ausschließlich über das Netz, aus dem sie jeder Mitarbeiter vom Vorstandsvorsitzenden bis zum Sachbearbeiter abholen kann.

■ Schritte in die richtige Richtung

Die meisten Unternehmen haben bereits verstanden, daß die Ausrichtung auf die individuellen Kundenwünsche über allem stehen muß, wenn man erfolgreich sein will. Virtuelle Organisationen und die Möglichkeiten der immer stärker zusammenwachsenden Info-Com-Industrie bieten viele Gelegenheiten, solche Strategien umzusetzen. Aber technologische Lösungen ersetzen nicht den grundsätzlichen Bedarf an zielgerichteter Führung. Technologie ist eine Voraussetzung dafür, Dinge anders und schneller zu machen als früher, aber Inhalt und Richtung machen immer noch den Unterschied zwischen Erfolg oder Scheitern aus.

Vier Schritte haben sich als hilfreich für Organisationen im Wandel erwiesen:

▶ Identifizieren und entwickeln eines gemeinsamen Verständnisses der aktuellen und Ziel-Kernkompetenzen des Unternehmens, um Mitarbeiterentwicklung in die richtige Richtung zu führen.

▶ Bereitstellen einer Infrastruktur, die Wissens- und Erfahrungsvermittlung, Kommunikation sowie das Arbeiten an gemeinsamen Projekten von lokal verteilten Teams unterstützt.

▶ Beobachten und bewerten nicht nur der harten Fakten der Unternehmensleistung, sondern ebenso der weichen Faktoren, die die qualitative Verbesserung von Mitarbeitern und Dienstleistungen deutlich machen.

▶ Wechsel von der Bezahlung der Anwesenheit zur Anerkennung und Vergütung von individuellen Leistungen und Teamleistungen, einschließlich der finanziellen Beteiligung am Unternehmen.

Diese Faktoren können Schlüsselelemente sein, die Mitarbeiter, Organisationen und Unternehmen dazu veranlassen, sich auf ihre Kernkompetenzen zu konzentrieren und eine vernetzte Zusammenarbeit mit den Menschen fördern, an die die Nicht-Kernaktivitäten übertragen, *outgesourced*, wurden. Neue Weltbilder entstehen nicht abrupt. Sie wachsen aus einer Veränderung des Verhaltens als Antwort auf veränderte Umfeldrealitäten. Die rapide wachsende Info-Com-Industrie wird die neuen Rahmenbedingungen setzen und viele Varianten virtueller Organisationen werden sich entwickeln. Während ihrer Gestaltung und Umgestaltung brauchen diese Organisationen Führungspersönlichkeiten mit einer völlig neuen mentalen Landkarte oder *mental map*. Führungspersönlichkeiten, die den Weg vom Weltbild der Vergütung von Zeit aus dem Industriezeitalter finden zum Weltbild der Vergütung von quantitativer und qualitativer Leistung im Informationszeitalter. Die technische Seite der Kommunikation und Koordination von Prozessen in virtuellen Organisationen ist einschließlich relevanter Sicherheitsprobleme gelöst. Die mentale Transformation ist die Herausforderung! Die Chance liegt in der Initiative!

■ Literatur

■ Altvater, Elmar: Der Preis des Wohlstands. Münster 1992

■ Adams, John (Hrsg.): Transforming Work.
Alexandria, Virginia 1984

■ Ahrendt, Hannah: Vita Activa oder vom tätigen Leben.
München 1976

■ Aurobindo, Sri: Die Synthese des Yoga.
Bellnhausen/Gladbeck 1976

■ Bateson, Gregory: Geist und Natur. Frankfurt/Main 1984

■ Berry, Thomas: The Dream of the Earth. San Francisco 1988

■ Berry, Wendell: The Unsettling of America – Culture and
Agriculture. New York 1978

■ Biedenkopf, Kurt H.: Konsequenzen begrenzter Ressourcen für
die Gesellschaft. In: Verantwortung für die Zukunft.
Hrsg. vom Institut für Ökologie und Unternehmensführung e.V.
an der European Business School/Institut für Wirtschaft und
Gesellschaft Bonn e.V. Bonn 1989

■ Binswanger, Hans Christoph u. a.: Arbeit ohne Umweltzerstörung. Frankfurt/Main 1983

■ Bolz, Robert: Die Sinngesellschaft. Düsseldorf 1997

■ Bolz, Robert: Kult Marketing. Düsseldorf 1995

■ Bonus, Holger: Emissionsrechte als Mittel der Privatisierung
öffentlicher Ressourcen an der Umwelt. In: Marktwirtschaft
und Umwelt. Hrsg. von L. Wesehenkel. Tübingen 1981

■ Boulding, Kenneth, Economics of the Coming Spaceship Earth.
In: The Environmental Handbook. Hrsg. von Garrett de Bell.
New York 1970

■ Chögyam, Trungpa: Das Buch vom meditativen Leben.
Bern 1984

■ Chögyam, Trungpa: Spirituellen Materialismus Durchschneiden.
Küssnacht/Zürich 1973

■ Chouinard, Yvon: Coming of Age. In: Inc. Magazine, 1988

■ Dahlke, Rüdiger: Krankheit als Sprache der Seele.
München 1992

■ Dethlefsen, Thorwald: Schicksal als Chance. München 1979

■ Dierkes, Meinolf und Burkard Strümpel:
Wenig Arbeit, aber viel zu tun. Opladen 1985

■ Eisler, Riane: The Chalice and the Blade – Our History,
Our Future. New York 1987

■ Giarini, Orio und Patrick M. Liedtke: Wie wir arbeiten werden.
Der neue Bericht an den Club of Rome. Hamburg 1998

■ Grasskamp, Walter: Der lange Marsch durch die Illusionen.
München 1995

■ Grosz, Andreas (Hrsg.): Mode für Millionen: Steilmann –
ein Netzwerk von Menschen und Ideen. Frankfurt/Main 1998

■ Häsler, Alfred: Das Abenteuer Migros. Zürich 1985

■ Handy, Charles: Die Fortschrittsfalle.
Frankfurt/Main/New York 1995

■ Harman, Willis: Bewußt-Sein im Wandel. Freiburg 1988

■ Harman, Willis und John Hormann: Creative Work.
Indianapolis 1990

■ Harrison, Roger: Strategies for a New Age. In: Human Resource
Management, 1983, vol. 22 no. 3, S. 209-235

■ Hawken, Paul: Growing a Business. New York 1987

Heinrichs, Johannes und John Hormann: Wörterbuch des Wandels. München 1991

Hendersen, Hazel: The Politics of the Solar Age – Alternatives to Economics. Indianapolis 1988

Hormann, John: Anstiftung zur persönlichen (R)evolution. München 1991

Hutchins, Robert M.: The Learning Society. New York 1986

Kessler, Wolfgang: Wirtschaften im dritten Jahrtausend. Oberursel 1996

Kilmann, Ralph H., Covin, Teresa Joyce u. a.: Corporate Transformation. San Francisco 1988

King, Ursula: Women and Spirituality – Voices of Protest and Promise. New York 1989

Korten, David: When Corporations Rule the World. San Francisco 1995

Krugmann, Paul: The Age of Diminishing Expectations. Cambridge 1990

Laistner, Hermann: Ökologische Marktwirtschaft – ein Plädoyer für die Vernunft. Ismaning/München 1986

Lerner, Michael: The Politics of Meaning. New York 1995

Leopold, Aldo: A Sand County Almanac. New York 1966

Lovelock, J. E.: Gaia – A New Look at Life on Earth. New York, Oxford 1979

Maccoby, Michael: Why Work – Motivating and Leading the New Generation. New York 1988

Macy, Joanna u. a.: Thinking like a Mountain – Towards a Council of all Beings. Philadelphia 1989

■ Mc Lagan, Patricia und Christo Nel: The Age of Participation. San Francisco 1995

■ Mumford, Lewis: The Transformations of Man. New York 1956

■ Naisbitt, John und Patricia Aburdene: Re-inventing the Corporation. New York 1985

■ Nidiaye, Gottwald und John Hormann: Führung durch Intuition. Kreuzlichen 1997

■ Nutzinger, Hans: Das Konzept des qualitativen Wachstums und die Schwierigkeit seiner Umsetzung. Heidelberger Ringvorlesung 1986, S. 1136-1148

■ O'Toole, James: Vanguard Management. New York 1985

■ Pascarella, Perry und Mark A. Frohman: The Purpose Driven Organization. San Francisco 1989

■ Peters, Thomas: Thriving on Chaos. New York 1988

■ Priddat, Birger: Arbeitswelten. Marburg 1996

■ Ray, Michael (Hrsg.): The New Paradigma in Business. New York 1993

■ Rifkin, Jeremy: Das Ende der Arbeit. New York/Frankfurt/Main 1995

■ Robertson, James: Future Wealth – A New Economics for the 21st Century. England 1990

■ Schaef, Anne Wilson: When Society becomes an Addict. New York 1987

■ Schumacher, E. F.: Good Work. New York 1979

■ Schumacher, E. F.: Small is Beautiful – Economics as if People Mattered. New York 1973

Seibt, P. C.: Die kreative Gemeinschaft, genannt
Jakob Schläpfer AG. Vortrag anläßlich der Verleihung des
Gottlieb Duttweiler Preises an Lisbet und Robert Schläpfer
am 13. 12. 1988

Semler, Ricardo: Meaning without Managers. Harvard Business
Review 67 no. 5, 1989, S. 76-84

Senge, Peter M.: Die fünfte Disziplin. Stuttgart 1998

Sperry, Roger: Changing Priorities. In: Annual Review of
Neurosciences 1981, S. 1-11

Suzuki, Shunryu: Zen Mind, Beginner's Mind. New York 1970

Tart, Charles (Hrsg.): Transpersonal Psychologies. New York 1975

Then, Werner: Die Evolution in der Arbeitswelt. Bonn 1994

Theobald, Robert: The Rapids of Change – Social Entrepreneur-
ship in Turbulent Times. Indianapolis 1987

Tichy, Noel und Ram Charan: Speed, Simplicity, Self-Confience.
An Interview with Jack Welch. In: Harvard Business Review,
vol. 67 no. 5, S. 112-120

Toffler, Alvin: Powershift. New York 1990

Vollrath, Klaus und Ali-Akbar-Daghati: 17 Jahre Erfahrung mit
einem unkonventionellen Unternehmensmodell. Berlin o. J.

Wald, George: The Cosmology of Life and Mind. In: Synthesis of
Science and Religion – Critical Essays and Dialogues.
San Francisco 1988

Weisbord, Marvin und Sandra Janoff: Future Search.
San Francisco 1995

Weizsäcker, Christine und Ernst von Weizsäcker: Eigenarbeit
in einer dualen Wirtschaft. In: Anders arbeiten – anders wirtschaften. Hrsg. von Joseph Huber. Frankfurt/Main 1983

■ Weizsäcker, Ernst von: Faktor Vier. München 1995

■ Wilber, Ken: A Brief History of Everything. Boston 1986

■ Wilber, Ken: Halbzeit der Evolution. München 1981

edition

ZUKUNFT DER ARBEIT
ARBEIT DER ZUKUNFT

HTTP://ZUKUNFT-DER-ARBEIT.UNIVERSUM.DE
E-MAIL: ZUKUNFT-DER-ARBEIT@UNIVERSUM.DE

Das Projekt

Die Diskussion um die Zukunft der Arbeit gewinnt an Intensität. Sie bewegt sich im Zentrum gesellschaftlicher Probleme und Entwicklungen, die heute im Brennpunkt stehen, wie die Strukturkrise des Arbeitsmarktes, die Globalisierung der Weltwirtschaft, der Zusammenschluß Europas und nicht zuletzt die revolutionären Veränderungen durch die neuen Informations- und Kommunikationstechnologien. Gefordert sind neue Orientierungen, Umdenken, Kreativität.

Die Edition will ein Forum für die Diskussion schaffen, eine Gedankenwerkstatt, einen Ort der Auseinandersetzung, der langfristig, auf Perspektiven hin angelegt ist. Die Herausgeber der Edition stammen aus Wissenschaft, Wirtschaft und Politik und tragen – schon durch diese Zusammensetzung – einer Vielfalt der Positionen Rechnung.

Dabei versteht sich die Edition als Initiative, die über das Verlegen von Büchern hinausgeht. Sie publiziert Positionen und Standpunkte, Forschungsergebnisse, Prognosen, politische, gesellschaftliche und soziale Entwürfe; initiiert wissenschaftliche Untersuchungen; fördert die öffentliche Diskussion durch Symposien, Streitgespräche, internationalen Erfahrungsaustausch.

Erstmals in Deutschland widmet ein Verlag eine ganze Edition dem Thema „Zukunft der Arbeit – Arbeit der Zukunft".

edition

Zukunft der Arbeit
Arbeit der Zukunft

HTTP://ZUKUNFT-DER-ARBEIT.UNIVERSUM.DE
E-MAIL: ZUKUNFT-DER-ARBEIT@UNIVERSUM.DE

Die Herausgeber

Prof. Dr. Hans-Jörg Bullinger

Leiter des Instituts für Arbeitswissenschaft und Technologiemanagement (IAT) der Universität Stuttgart und des Fraunhofer-Instituts für Arbeitswirtschaft und Organisation (IAO) in Stuttgart. Schwerpunkte der Institutsarbeit liegen im Bereich Informationsmanagement und Produktionsmanagement.

Dr. Walter Eichendorf

Geschäftsführer der Zukunft der Arbeit/EXPO 2000 GmbH. Geschäftsführer der Bundesarbeitsgemeinschaft für Sicherheit und Gesundheit bei der Arbeit e.V. (Basi). Stellvertretender Hauptgeschäftsführer beim Hauptverband der gewerblichen Berufsgenossenschaften (HVBG).

John Hormann

Zukunftsforscher und Managementberater. Langjährige Tätigkeit als Manager für IBM in New York, Paris und in verschiedenen Städten Deutschlands. Zahlreiche Publikationen zu Fragen künftiger Denk-, Arbeits- und Gesellschaftsformen, – zum Beispiel FUTURE WORK und NEW SPIRIT.

Prof. Dr. Ernst-Moritz Lipp

Mitglied des Vorstandes der Dresdner Bank und des Management Board Investment Banking. Lehrtätigkeit an der Johann Wolfgang Goethe-Universität Frankfurt. In den 80er Jahren Generalsekretär des Sachverständigenrates zur Begutachtung der gesamtwirtschaftlichen Entwicklung („Fünf Weise"). Als Vorsitzender des Londoner Clubs führte er die Umschuldungsverhandlungen mit der Republik Polen, die mit der Emission der polnischen Brady-Anleihen Ende 1994 ihren erfolgreichen Abschluß fanden. Seit 1995 leitet er die operative Vorbereitung der Dresdner Bank auf die Europäische Währungsunion.

Siegfried Pabst

Diplom-Volkswirt, Verlagsleiter und geschäftsführender Gesellschafter der Universum Verlagsanstalt GmbH KG in Wiesbaden. Geschäftsführer der Arbeitsgemeinschaft Jugend und Bildung e.V. Bis in die 80er Jahre mehrjährige Tätigkeit als Leiter der politischen Abteilung der F.D.P. in Bonn und als Leiter der Grundsatzabteilung der Friedrich-Naumann-Stiftung.

edition

ZUKUNFT DER ARBEIT
ARBEIT DER ZUKUNFT

Oleg Cernavin, Dr. Ulrich J. Wilken (Hrsg.)

DIENSTLEISTUNG PRÄVENTION

Bedarf, Konzepte, Praxisbeispiele

ISBN 3-923221-93-2
DM 98,00
Erscheint im Oktober 1998

Der Arbeits- und Gesundheitsschutz wandelt sich. In den Vordergrund tritt ein ganzheitliches Verständnis von Prävention: Sie umfaßt Arbeitsbedingungen, Umwelt und Gesundheit. Sie setzt auf die Motivation der Mitarbeiterinnen und Mitarbeiter und ist somit zugleich Bestandteil betrieblicher Innovation. Sie entwickelt sich zu einer Dienstleistung für Unternehmen, die spezielle Anforderungen und Kundenwünsche berücksichtigt, und trägt dazu bei, daß Unternehmen in der globalisierten Wirtschaft wettbewerbsfähig bleiben.

Experten aus Wirtschaft und Verbänden behandeln folgende Fragen:

▶ Wo ist Prävention dringend notwendig?
▶ Wie sind kundenorientierte und bedarfsgerechte Konzepte zu gestalten?
▶ Welche Grundlagen erfordert eine zielgerichtete Präventionsdienstleistung?
▶ Wie sehen Beispiele einer erfolgreichen Praxis aus, etwa die Resultate eines integrierten Gesundheitsmanagements im Betrieb?

Die Herausgeber

Oleg Cernavin ist Geschäftsführer der BC Verlags- und Mediengesellschaft und des intagt – Institut für Arbeit, Kommunikation und Gesundheit in Wiesbaden. Er entwickelt seit vielen Jahren Kommunikationskonzepte und Medien für Unternehmen und Organisationen und arbeitet an Forschungsprojekten zu kommunikationswissenschaftlichen und betriebsorganisatorischen Fragestellungen.

Dr. Ulrich J. Wilken war wissenschaftlicher Mitarbeiter im Berufsgenossenschaftlichen Institut für Arbeitssicherheit (BIA). Er koordinierte dort das Forschungsprojekt „Prävention 2000+" im Rahmen der Dienstleistungsinitiative des Bundesministeriums für Bildung, Wissenschaft, Forschung und Technologie.

edition

ZUKUNFT DER ARBEIT
ARBEIT DER ZUKUNFT

Dr. Walter Eichendorf (Hrsg.)

WORK IT OUT

Beiträge zur Zukunft der Arbeit

ISBN 3-923221-91-6
DM 68,00
Erscheint im Oktober 1998

Der Band verschafft einen fundierten Einblick in die aktuelle Auseinandersetzung um die Zukunft der Arbeit. Der Autorenkreis – Experten aus Wirtschaft und Wissenschaft – trägt der Vielfalt der Positionen Rechnung und bietet einen Überblick über den Stand der Diskussion.

Schwerpunkte

► Globalität: Die Welt im Dorf
► Arbeit, Erwerb und Tätigkeit: Was bleibt zu tun?
► Personalentwicklung: Mittelpunkt Mensch
► Szenarien: Die Zukunft hat schon begonnen

Die Autoren

Dr. Heik Afheldt (Herausgeber des TAGESSPIEGEL, Berlin), Dr. András Békés (Staatliches Oberinspektorat für Arbeit und Arbeitssicherheit, Budapest), Dr. Hans Böhm (Deutsche Gesellschaft für Personalführung e.V., Düsseldorf), Prof. Dr. Hans-Jörg Bullinger (Fraunhofer Institut für Arbeitswissenschaft und Organisation, Stuttgart), Dr. Werner Dostal (Institut für Arbeitsmarkt und Berufsforschung der Bundesanstalt für Arbeit, Nürnberg), Dr. Fritz-Jürgen Kador (Bundesvereinigung der Deutschen Arbeitgeberverbände, Köln), Patrick M. Liedtke (Bericht an den Club of Rome, Darmstadt), Prof. Dr. Thomas W. Malone (Sloan School of Management – MIT, Cambridge USA), Prof. Dr. Gerd Mutz (Münchner Projektgruppe für Sozialforschung), Prof. Dr. Birger P. Priddat (Universität Witten-Herdecke), Dr. John Rutayuga (Ukimwi Orphans Assistance, Washington), Dr. Andreas Schleef (Vorstand der AUDI AG, Ingolstadt), Dr. h.c. Wolfgang Schultze (Vorstand der Preussag AG, Hannover), Prof. Dr. Michael Schumann (Universität Göttingen), Hanswerner Voss (Institut für Biometrie und Epidemiologie GmbH an der Universität Bochum).

edition
ZUKUNFT DER ARBEIT
ARBEIT DER ZUKUNFT

Dr. Fritz Fliszar

Jede Masse Klasse
Vom Aussterben der Arbeitslosigkeit

ISBN 3-923221-94-0
Erscheint im Frühjahr 1999

Der Übergang von der Industrie- zur Informationsgesellschaft legt ein hohes Tempo vor und bestimmt mit seiner Dynamik alle Lebensbereiche: Arbeit, Bildung und Freizeit. Die Auswirkungen sind in der Arbeitswelt deutlich zu spüren: Ganze Branchen verschwinden, neue entstehen, der Charakter der Arbeit verändert sich grundlegend.

Fritz Fliszar analysiert die Trends und entwickelt Prognosen für die künftige Informationsgesellschaft. Er zeigt, welche Chancen und Risiken sich für den einzelnen und die Gesellschaft ergeben.

Schwerpunkte
► Arbeit und Leben
► Global Economy and Local Business
► Innovationen und urbanes Wohnen
► Globales Dorf und lokale Welt

Der Autor
Dr. Fritz Fliszar ist freier Publizist. Er war Anfang der 80er Jahre Bundesgeschäftsführer der F.D.P; anschließend zwölf Jahre lang Leiter der Friedrich-Naumann-Stiftung und gründete deren Liberales Institut. Seine derzeitigen Arbeitsgebiete sind das beginnende Informationszeitalter, die Telekommunikation und Multimedia.

edition

ZUKUNFT DER ARBEIT
ARBEIT DER ZUKUNFT

Prof. Dr. Hans-Jörg Bullinger,
Dr. Heinz Murmann

DIENSTLEISTUNG

DER DYNAMISCHE SEKTOR

ISBN 3-923221-95-9
Erscheint im Frühjahr 1999

Dienstleistungen sind zum Wachstumsmotor der Wirtschaft geworden. Ihre Bedeutung für den Arbeitsmarkt und die Gesamtwirtschaft wird weiter zunehmen. Die neuen Informations- und Kommunikationstechnologien verändern den Charakter vieler Dienstleistungen und schaffen neue. Dienstleistung ist der dynamische Sektor der Zukunft.

Schwerpunkte

▶ Was sind Dienstleistungen?
▶ Sind die bisherigen Definitionen und Abgrenzungen noch gültig?
▶ Wie wirkt sich die Globalisierung auf den Dienstleistungssektor aus?
▶ Welche neuen Dienstleistungen entstehen?
▶ Wie sehen neue Unternehmens- und Arbeitsformen aus?
▶ Welche Anforderungen stellen sich an die Arbeitnehmer?
▶ Wie sind die Arbeitsmarkt-Perspektiven?
▶ Welche Veränderungen ergeben sich in einzelnen Berufsfeldern?

Die Autoren

Prof. Dr. Hans-Jörg Bullinger ist Leiter des Instituts für Arbeitswissenschaft und Technologiemanagement (IAT) der Universität Stuttgart und des Fraunhofer-Instituts für Arbeitswirtschaft und Organisation (IAO) in Stuttgart. Schwerpunkte der Institutsarbeit liegen im Bereich Informationsmanagement und Produktionsmanagement.

Dr. Heinz Murmann ist Journalist. Seine beruflichen Stationen sind: Deutsche Zeitung in Köln, Zeitungs- und Rundfunkkorrespondent in London, Tätigkeit beim Handelsblatt in Düsseldorf, anschließend beim Kölner Stadt-Anzeiger. Von 1987–1991 war er Vorsitzender des Deutschen Presseclubs.